Volker Herres / Klaus Waller

Der Weg nach oben

Volker Herres / Klaus Waller

Der Weg nach oben

Gerhard Schröder – eine politische Biographie

Econ

Der Econ Verlag ist ein Unternehmen
der Econ & List Verlagsgruppe

ISBN 3-430-17584-4

Gesetzt aus der Sabon bei Franzis-Druck GmbH, München
Druck und Bindung: Graphischer Großbetrieb, Pößneck

Inhalt

II
MACHER UND STRATEGE

III
ANHANG

Vorwort
oder Cohiba und Currywurst

Die Karriere des Gerhard Schröder ist wohl einzigartig. Aufgewachsen in ärmlichsten Verhältnissen, brach er in den späten sechziger Jahren als »Linker« auf zum »Marsch durch die Institutionen«, um dreißig Jahre später in der »neuen Mitte« anzukommen und nach der Kanzlerschaft zu greifen. Heute ist Gerhard Schröder eine der schillerndsten, bekanntesten, beliebtesten, aber auch umstrittensten Figuren der deutschen Politik. Ein »Naturtalent«, wie ihn sein einstiger Ziehvater Peter von Oertzen schon in den siebziger Jahren nannte, ein »political animal«, wie es – so Erhard Eppler – »in dieser Republik bisher noch kein halbes Dutzend gegeben hat.«

Klaus Waller und ich haben den Aufstieg dieses ebenso ehrgeizigen wie willensstarken und selbstbewußten Politikers nachgezeichnet. Im Mittelpunkt dieser Geschichte, von einem, der auszog, um Kanzler zu werden, steht nicht die minutiöse chronologische Dokumentation – eine solche Veröffentlichung gibt es mit der Schröder-Biographie von Béla Anda und Rolf Kleine bereits –, sondern die politische Einordnung und Wertung, sowohl durch Zeitzeugen aus Politik und Medien als auch durch die Autoren des Buches. Sofern das Privatleben des SPD-Politikers in diesem Buch eine Rolle spielt, wird es ebenfalls aus diesem Blickwinkel betrachtet – wobei hinsichtlich des langjährigen »Traumpaares« Gerhard und Hiltrud Schröder eine Trennung zwischen Privatem und Politischem ohnehin nur schwer zu ziehen ist.

In der »Konsequenz des Auftretens« sieht Schröder die Kontinuität seines politischen Lebens – von den Anfängen als Jungsozialist bis heute. Keine inhaltliche Definition gibt er, sondern eine methodische: Politik à la Schröder – im Stil verläßlich, in den Inhalten flexibel. So erklärt sich auch »die atemberaubende Mutation vom kapitalistenfressenden Juso zum Managerfreund«. Das schreckt nicht nur Gegner, sondern manchmal auch Weggefährten, denen die programmatische Verwurzelung Schröders zu dürftig erscheint, denen er »wie ein Kaiser ohne Kleider« vorkommt. Aber ist nicht Flexibilität, auch und gerade in inhaltlichen Positionen, nüchtern und leidenschaftslos betrachtet, unverzichtbares Erfordernis eines modernen Politikbetriebes und jedenfalls dann nicht beängstigend, wenn sie sich paart mit politisch und sittlich fundierten Maßstäben, wenn also ein Politiker über ein verläßliches Wertegerüst verfügt?

»Soziale Gerechtigkeit«, sagt Schröder, sei von seiner »Biographie nicht zu trennen«, aber »auf dem Hintergrund« seines Werdeganges habe er eben auch »ein sehr pragmatisches Verhältnis zur Wirklichkeit und zu den Möglichkeiten, diese zu verändern«. Politik sei nun einmal »zum Pragmatismus verurteilt, allerdings zu einem Pragmatismus mit Prinzipien«. Und er zitiert Kurt Schumacher, der nach dem Zweiten Weltkrieg in Hannover die deutsche Sozialdemokratie wiederbelebte und auf dem ersten Nachkriegsparteitag mahnte: »Man muß die Lehren aus dem Leben nehmen. Man kann einen sittlichen, einen wissenschaftlich fundierten Wunsch haben.

Aber man muß sich stets mit den Realitäten auseinandersetzen.«

In diesem Sinne hat sich Schröder immer als politischer »Macher« verstanden und zur »Macht« ein unbefangenes, pragmatisches Verhältnis entwickelt. »Wer Politik treibt, erstrebt Macht. Politik ist das Streben nach Machtanteil oder nach Beeinflussung der Machtverhältnisse«, hat der Soziologe Max Weber sachlich konstatiert. Und Gerhard Schröder hat sein gelegentlich ellenbogenmäßiges Vorpreschen gerechtfertigt und die hierzulande manchmal etwas schamhaft, gleichsam mit schlechtem Gewissen geführte Diskussion um die Macht offensiv gewendet, indem er fragt: »Was hat eigentlich jemand in der Politik zu suchen, der die politische Macht nicht will?« Wer darauf verzichte, »eine Machterwerbsstrategie zu entwerfen und zu verfolgen«, der mache »sich selbst überflüssig oder gar lächerlich«. »Politik ohne Macht«, so hat der Machtgelüsten unverdächtige Erhard Eppler einmal formuliert, das wäre »ein vegetarischer Tiger«.

Wer an die Spitze der Republik will, der braucht ein ausreichend starkes Ego, Vitalität, Machtwillen und den unerschütterlichen Glauben an sich selbst. Darin unterscheidet sich Gerhard Schröder gewiß nicht von Helmut Kohl. »Gott segne Sie, Herr Schröder, ich hoffe, Sie werden Kanzler«, begrüßte Friedensnobelpreisträger Erzbischof Desmond Tutu den niedersächsischen Ministerpräsidenten 1995 anläßlich eines Besuchs in Südafrika. Frei von Selbstzweifeln und ohne Irritation konterte dieser: »Ich glaube, der Mann weiß alles.«

Die Begebenheit wirft auch ein Schlaglicht auf Schröders Talent, sich öffentlichkeitswirksam in Szene zu setzen, gekonnt auf der Klaviatur der Medien zu spielen (denn natürlich wurde der Wortwechsel professionell »vermarktet«) und mit einem sicheren Gespür für Stimmungen auf Stimmenfang zu gehen. Schröder hat die Hand gleichsam am Puls des Volkes und orientiert sich konsequent am politischen Erfolg, an der vermuteten Mehrheitsmeinung. Seine Wandlungsfähigkeit und Anpassungsbereitschaft haben Schröder Mißmut und manchmal auch Spott seiner Gegner eingebracht. »Wenn die Mehrheit es morgen erfordert«, so Joschka Fischer, »daß er sich zu Kaiser Wilhelm stilisiert, würde er sich einen wunderbaren Zwirbelbart zulegen. Und wenn es notwendig wäre, als bayerischer König Ludwig II. ins Kanzleramt zu kommen, würde er im Starnberger See schwimmen und einen Schwan küssen.« Ein Populist sei er eben, heißt es dann. Aber ist nicht »der geläufige Vorwurf, er verhalte sich populistisch«, so fragt NDR-Kommentator Jürgen Kellermeier zu Recht, gegenüber einem Politiker »ungefähr so sinnvoll wie der Versuch, einem Fußballer zum Vorwurf zu machen, daß er Tore schießen will?«

Als Journalist habe ich Schröder erstmals im niedersächsischen Wahlkampf 1986 beobachtet. Niemand hatte dem jungen Bundestagsabgeordneten die Spitzenkandidatur in Niedersachsen angeboten, sondern er hatte – typisch für seinen Werdegang – sich ebenso selbst- wie machtbewußt ins Spiel gebracht und innerparteilich durchgesetzt. Um so größer war seine Enttäuschung, als am Wahlabend Prognose und erste Hochrechnungen zeigten: Schröder hatte – trotz großer Zugewinne für die SPD – sein Ziel, den »schwarzen Monarchen«, CDU-Ministerpräsidenten Ernst Albrecht, abzulösen, knapp verfehlt. Niederlagen passen nicht zum Selbstbild des erfolgshungrigen und siegesverwöhnten Schröder. Nach vier Jahren als Oppositionsführer konnte Schröder 1990 das Rückspiel für sich entscheiden. An der Spitze einer rot-grünen Koalition wurde er niedersächsischer Ministerpräsident. »Das kann mir nun keiner mehr nehmen«, kommentierte Schröder mit besitzergreifenden Worten, wie sie für einen Aufsteiger aus kleinen Verhältnissen typisch sind. 1994 erzielte Schröder die absolute Mehrheit der Mandate, die SPD regiert seither allein in Niedersachsen und konnte bei der Landtagswahl im März 1998, die Schröder in ein Plebiszit über den SPD-Kanzlerkandidaten verwandelte, ihr Ergebnis erneut verbessern. Bundeskanzler Helmut Kohl war gescheitert beim Versuch, den – wie er formuliert hatte – »Sozis in Niedersachsen eins überzuziehen« und seinen potentiellen Herausforderer bereits an der Leine zu Fall zu bringen.

Der große Erfolg Schröders bei der Landtagswahl 1998 versöhnte auch seine Partei mit dem »Heide-Strauß«, der die SPD zuvor regelmäßig mit Querschüssen aus Hannover genervt, die Bundestagsfraktion einmal »als Kartell der Mittelmäßigkeit« abgetan hatte und den Löwenanteil besaß an der Demontage des von ihm politisch wenig geschätzten Vorsitzenden Rudolf Scharping: »Wenn ich so werde, wie Rudolf Scharping mich will, würde sich meine Frau scheiden lassen.« Erst unter dem neuen Parteivorsitzenden Oskar Lafontaine, dem »Großen Integrator«, gelang die parteiinterne Rehabilitation des Genossen Gerd. Bei aller unter einem Mantel der Harmonie ausgetragenen Rivalität waren sich die beiden führenden Sozialdemokraten der in die Jahre gekommenen Enkelgeneration einig, bei der Bundestagswahl 1998 nicht erneut nach der Devise anzutreten: »Getrennt marschieren, vereint geschlagen werden.« Das Motto hieß jetzt: »Helmut Kohl in seinem Lauf, hält wenn dann Gerhard Schröder auf.« Helmut Kohl, der nach sechzehn Jahren Kanzlerschaft in die absehbar letzte Bundestagswahl des 20. Jahrhunderts zieht, weil er, wie er formuliert, »es noch mal wissen will«, trifft auf einen Herausforderer, der es gewiß nicht weniger »wissen will«.

»Ich weiß, wo ich herkomme«, betont Schröder gern. Und diese Herkunft mag seine Willensstärke, seinen politischen Ehrgeiz, seine Kampfeslust erklären. Wer selbst nicht »mit einem Silberlöffel im Mund« geboren wurde, mag verstehen, wie prägend Schröders frühe Jahre für seinen Politikstil sind. Das, was ihm häufig als Opportunismus vorgeworfen wird, speist sich aus einem lebensnahen Pragmatismus, dem es vor allem darum geht, ganz konkret die Verhältnisse zu verbessern – in der Gesellschaft und auch die eigenen. Wenn also die SPD dafür eingetreten ist, daß es auch »Arbeiterkinder« einmal besser haben sollten, so kann man sicher sein, daß einer wie Schröder dies immer ganz direkt verstanden hat. Warum auch sollte er für Gerechtigkeit und Aufstiegsschancen der kleinen Leute eintreten und sie für sich selbst nicht in Anspruch nehmen? Schröder über Schröder: »Die Vergangenheit, auf die ich stolz bin, hat mir geholfen, meinen Weg zu finden. Ich wollte immer meine Situation verbessern. Aber ich wollte es eben nicht nur für mich. Ich wollte es auch für andere. Und deshalb bin ich zur Politik gegangen. Wenn man es selbst geschafft hat, dann verpflichtet das auch dazu, etwas zu tun, daß andere das auch erreichen können.«

Natürlich gehört die Betonung der eigenen Herkunft auch zum geschickten Selbstdarstellungsritual des Gerhard Schröder, den *Spiegel*-Redakteur Jürgen Leinemann einmal als einen »Instinktmenschen mit atemberaubender Versessenheit auf Wirkung« charakterisiert hat. So antwortet er auf die Frage nach seinem liebsten Popsong: »*In the Ghetto* – weil das der beste Song von Elvis ist.« Und so wie er sich gern mit teurer, kubanischer Cohiba-Zigarre, edlem Rotwein und zeitgenössischer Kunst als weltläufiger Bonvivant präsentiert und auch den Besuch des Wiener Opernballs nicht scheut, so gern gibt er sich auch burschikos als bodenständiger Kumpel, der gern einmal einen Imbiß »für 'ne Currywurst« aufsucht.

Aufsteiger, Populist, Volkstribun, Landesvater, Staatsmann, Stratege, Macher und Machtmensch – auf dem Höhepunkt seines Lebensweges hat Schröder etwas von allem. Beim Finale seines Weges von unten links durch die Mitte nach oben bewegt er sich ebenso souverän unter Genossen wie unter Bossen.

»Nur mit dem Unmöglichen als Ziel kommt man zum Möglichen«, hat der spanische Schriftsteller Miguel de Unamuno formuliert. Bei Schröder lautet die individuelle Variante dieser Weisheit: »Wenn man nur eins will im Leben, dann kriegt man's auch.« Schröder jedenfalls wollte wohl seit seiner Zeit als junger Abgeordneter in Bonn immer nur eins: Bundeskanzler werden – auch wenn er noch 1990 als neuer niedersächsischer Ministerpräsident in einem Fernsehinterview auf die Frage, ob er sich vorstellen könne, eines Tages Kanzlerkandidat und auch Kanzler zu sein, lachend antwortete: »Nein, nein! – Das liegt auf dem Level, als ob ich mir vorstellen könnte, einmal Weihnachtsmann zu sein.«

Volker Herres
Cuxhaven 1998

I

Ein politisches Leben

Arm, aber glücklich
Eine Kindheit wie im Roman

Für die 84jährige Erika Vosseler gab es im Frühjahr 1998 einen großen Wunsch: »Wir wollen hoffen, daß er Präsident wird. Wollen wir ihm mal die Daumen drücken!«

Er – das ist ihr Sohn Gerhard Schröder, der wenige Tage zuvor zum dritten Mal zum Regierungschef von Niedersachsen gewählt und daraufhin zum *Kanzler*kandidaten der SPD benannt worden war. Was für ihn der Anlaß zu einem jener Sätze war, bei denen selbst besten Freunden manchmal mulmig wird, weil sie von einem scheinbar unbegrenzten Selbstwertgefühl, manche sagen von Hybris, künden: »Die Mehrheit der Menschen (gemeint ist: in ganz Deutschland, d.V.) setzt ihre Hoffnungen auf die deutschen Sozialdemokraten und auf mich.«

Die Bemerkung fiel keineswegs in einem Interview zwischen Tür und Angel oder in der euphorischen Stimmung einer Wahlnacht-Siegesfeier. Nein, es war der wohlüberlegte vierte Satz in der Regierungserklärung des alten und neuen Ministerpräsidenten Gerhard Schröder. »So egozentrisch«, kommentierte die *Süddeutsche Zeitung*, »haben Politiker in demokratischen Gesellschaften ihren Machtanspruch selten erklärt.«

Dieser unverschleiert – Schröder selbst würde sagen: unverkrampft – vorgetragene Machtanspruch zieht sich durch das ganze politische Leben des niedersächsischen Politstars: Wie kommt ausgerechnet dieser Politiker zu einem derartigen Selbstbewußtsein? Lassen sich aus seiner Kindheit und Jugend Schlüsse ziehen, die Stil und Eigenarten des Politikers Schröder erklären? Ist seine Herkunft, die in auffälligem Kontrast zu seiner heutigen Stellung steht, der Schlüssel seines Erfolges?

Aus ärmlichsten Verhältnissen

Auf den ersten Blick mögen diese Fragen abwegig klingen. Denn wenn man Kindheit und Jugend des Gerhard Schröder betrachtet, erscheint eher die von ihm selbst im Nachhinein lachend getroffene Feststellung berechtigt: »Gelegentlich wundert man sich, daß aus uns Kindern doch etwas Ordentliches geworden ist.«

Gerhard Fritz Kurt Schröder stammt aus ärmlichsten Verhältnissen und wurde am 7. April 1944 im kleinen Ort Mossenberg bei Detmold – heute Stadtteil des lippischen Blomberg – geboren. Seine Herkunft ließ alles andere als eine wie auch immer geartete berufliche oder politische Karriere erwarten. Sicher denkt man bei einem führenden SPD-Politiker nicht unbedingt an ein gutbürgerliches oder gar reiches Elternhaus. Schröders schärfste Konkurrenten der sogenannten Enkelgeneration kommen alle aus eher kleinbürgerlichen Verhältnissen: Oskar Lafontaine stammt aus einer katholischen Arbeiter- und Handwerkerfamilie, Rudolf Scharpings Vater ging mit seiner Möbelfirma in Konkurs und arbeitete dann als Angestellter, Heidemarie Wieczorek-Zeul ist Tochter eines Lebensmittel- und Gemüsehändlers.

Auch Helmut Kohl kommt übrigens aus einfachen, allerdings wohlgeordneten Verhältnissen, aufgewachsen in einer typisch deutschen Beamtenfamilie der dreißiger Jahre als Sohn eines Steuersekretärs am Finanzamt Ludwigshafen.

Bei Schröder sieht das alles sehr viel extremer aus. Er kommt wirklich von ganz unten. Sein Vater, Fritz Schröder, fiel – wie übrigens auch der von Oskar Lafontaine – im Zweiten Weltkrieg, wenige Tage nach der Geburt des Sohnes. Über ihn ist lediglich bekannt, daß er vor der Soldatenzeit als Kirmes-Hilfsarbeiter tätig war. Die Mutter, wie in der damaligen Zeit üblich, ohne Berufsausbildung, bezog Sozialhilfe, die natürlich nicht ausreichte. Sie mußte Sohn Gerhard und dessen fünf Jahre ältere Schwester Gunhild mit Hilfsarbeiten, vornehmlich Putzen, durchbringen. Eine, wie der oben zitierte Wunsch, ihr Gerhard möge »Präsident« (sie meint natürlich, Kanzler) werden, ausdrückt, ebenso herzliche wie schlichte Frau.

Die Not hielt auch dann noch an, als sie später erneut heiratete und drei weitere Geschwister (ein Junge, zwei Mädchen) geboren wurden. Der Stiefvater, Paul Vosseler, war ebenfalls Hilfsarbeiter und litt an Tuberkulose. Er verbrachte die meiste Zeit in Sanatorien und fiel als Familienvater praktisch aus. Kurz: eine Kindheit wie aus einem sozialkritischen Roman des 19. Jahrhunderts.

Und so fühlt sich Gerhard Schröder selbst bemüßigt, die Dinge wieder etwas ins Lot zu bringen. Natürlich stimmte das mit den ärmlichen Verhältnissen, mit der Barackenwohnung direkt am Rande des dörflichen Fußballplatzes, scherzhaft »Villa Wankenicht« genannt. Denn immer, so Schröder, »wenn die Spieler sonntags antraten, konnten von dieser Seite aus nur verkürzte Ecken geschossen werden, und bei uns wackelten die Wände, wenn großes Bolzen angesagt war«. Selbstverständlich mußte er arbeiten, in der Landwirtschaft, jeden Tag nach der Schule von eins bis sechs. Ja, die Lage war objektiv schlimm, einer später geborenen Generation kaum zu vermitteln, aber gerade das verleitet zur Legendenbildung, die Schröder selbst relativiert hat: »Zum Beispiel wird angenommen, daß es Kindern in wirklich armen Verhältnissen von vornherein schlecht gehen müßte. Das war nicht so. Zurückblickend kann ich nur sagen: Ich hatte eine außerordentlich glückliche Kindheit, gekennzeichnet von viel Freiheit.«

So seien die Kinder – anders als dies mancher in einem solchen Milieu erwarten würde – nie geprügelt worden. »Wir wußten ganz genau: Wenn die Mutter wütend war, mußte man nur weglaufen, und sei es im Zimmer, um den Tisch herum meinethalben. Dann lief die hinter einem her und fing an zu lachen. Dann war alles vorbei, dann konnte man sich auch greifen lassen, dann setzte es nämlich nichts mehr.«

Auch in der Erinnerung der Mutter steht Harmonie im Vordergrund: »Wir haben uns immer alle gut verstanden. Das kann man nicht anders sagen. Wenn wir auch nicht viel Geld hatten und so, aber eine schöne Familie waren wir doch.« Und die jüngste Schwester, Ilse Brück, ergänzt: »Wir haben uns in der Familie gegenseitig Schutz und Stärke gegeben.«

Arbeit in der Landwirtschaft

Im Volksmund heißt es: »Was uns nicht umbringt, das macht uns nur stärker.« Pech für die neunzig oder mehr Prozent, die eine solche Kindheit umbringt – sprich: die für immer im Milieu der »Unterklasse« (Schröder) gefangen bleiben. Positiv aber für den, der daraus Nutzen ziehen kann. Und so spürt man, wie Stolz mitschwingt, wenn Schröder erzählt, was er als junger Schüler damals alles an – vorwiegend landwirtschaftlichen – Hilfsarbeiten verrichten mußte, für fünfzig Pfennig die Stunde: Rüben verziehen, Kartoffeln lesen, Pferdewagen lenken bzw. Traktoren fahren, Getreidegarben auf die Dreschmaschine hochreichen, Tiere hüten. Das alles »hat mir ja auch viel gebracht.« Es waren für ihn »gar nicht so schlechte Erfahrungen«, sozusagen frühe Trainingseinheiten für die späteren Sechzehn-Stunden-Arbeitstage, erst als Rechtsanwalt, dann als Politiker.

Wichtig für das Politikverständnis Schröders ist, daß er den Rückblick auf seine Kindheit durchaus differenziert vornimmt. Er verfällt nicht in die Attitüde eines autoritär erzogenen Mannes, der die Prügel seiner Söhne mit dem Argument rechtfertigt: »Das hat noch keinem geschadet.« Er denkt auch an die neunzig Prozent, die ähnliche Schicksale nicht »produktiv verarbeiten« können, weil sie erst gar nicht den Schritt heraus tun können. Chancengleichheit im Bildungswesen zu schaffen, bei diesem traditionellen, elementaren Ziel der Sozialdemokratie ist der häufig als unstetig angesehene Quertreiber Schröder mit seiner Partei im reinen. »Chancengleichheit, unabhängig vom Portemonnaie der Eltern« sagt er, sei »ein Wert, für den zu kämpfen sich lohnt«.

»Ödipus Rex« oder geborener Regent?

Den Stolz, eine nicht einfache Kindheit bewältigt zu haben, entwickelte Schröder erst, nachdem die schwierige Zeit vorbei war. Als Kind denkt man über so etwas nicht groß nach, vor allem dann nicht, wenn man gar kein anderes Leben kennt. Genauso wenig reflektierte Gerhard über die verantwortungsvolle Rolle, die er als ältester Sohn einer praktisch vaterlosen Familie übernahm. »Ihr Vater ist im Krieg gefallen, und Ihr Stiefvater hatte Tuberkulose. Was für ein Vaterbild konnte sich denn da entwickeln?« wurde Schröder von einem Fernsehmoderator gefragt. »Keines« war die ebenso schlichte wie erhellende Antwort.

Liegt hier der Schlüssel zum Verständnis des heutigen Selbstbewußtseins und Machtanspruchs? Die Psychoanalyse hat für einen solchen Fall, daß der Sohn sich keine Auseinandersetzung mit einem Vater liefern müsse, die Erklärung parat, der Junge fühle sich dann als »Ödipus Rex« – als allmächtiger, unverwundbarer Held, quasi als Gatte der Mutter.

Aber Schröder hält von solchen Deutungen, zumindest in bezug auf seine Person, überhaupt nichts und legt Wert auf die Feststellung, gar kein auf die Mutter fixierter Junge gewesen zu sein, weder im positiven Sinne noch gar als sogenanntes Muttersöhnchen. »Denn das hätte ja vorausgesetzt«, so Schröder, »daß die Mutter präsent gewesen wäre. Die war aber die meiste Zeit über auf der Arbeit.«

Die Kinder waren, so betont Schröder, auf sich selbst

gestellt, waren praktisch für sich selbst verantwortlich. In dieser Familienkonstellation dürfte sich das starke Selbstbewußtsein des jungen Mannes entwickelt haben. Hier konnte und durfte er das Gefühl der Macht zum erstenmal spüren und auch ausleben: Nach Aussagen seiner Geschwister fühlte sich Gerhard für sie verantwortlich und übernahm die Regentschaft. Ilse Brück, Schröders jüngere Schwester, berichtet: »Ich kann mich gut daran erinnern, daß Gerhard immer der Boß in unserer Familie war, weil Mutter ja auch berufstätig und damit oft weg war. Ältester Bruder, das war schon was, da mußte man dann schon auch mal spuren.«

Je älter Gerhard wurde, desto mehr mußte er auch der Mutter in heiklen Situationen beistehen, etwa wenn ihr Vertreter eine Schreibmaschine aufgeschwatzt hatten, die sie gar nicht bezahlen konnte. Schröder erzählt über seine Mutter, daß man ihr verkaufen konnte, »was immer man wollte, wenn man nur sagte: Wenn Sie jetzt diese Schreibmaschine nicht kaufen, werden ihre Kinder in der Schule zurückgesetzt«. Es war Aufgabe des Sohnes, dann den Ratenvertrag zu annullieren, was nicht immer gelang. Vielleicht, so resümiert Schröder, lag in solchen Auseinandersetzungen der spätere Wunsch begründet, Rechtsanwalt zu werden.

Vor allem zwei Eigenschaften bewundert Schröder nach eigener Aussage noch heute an seiner Mutter: Zum einen, »daß sie die Stärke hat, mit den kompliziertesten und bescheidensten Lebenssituationen erstaunlich gut fertig zu werden«. Und zum anderen, daß sie in bewundernswerter Weise »Schlechtes verdrängen« und »selbst in der schlimmsten Situation noch etwas Gutes entdecken« könne. »Ich glaube«, so Schröder über Schröders Vitalität, »davon habe ich ein bißchen mitgekriegt.«

Tore auf Vorlage von Marx

In der Familie war Gerhard Schröder die unumstrittene Nummer eins. Doch das genügte ihm als gesellschaftliche Anerkennung bereits damals nicht. Wo aber konnte einer wie er in der gesellschaftlichen Enge des kleinen Dorfes sonst noch Anerkennung finden und auf sich aufmerksam machen? Der Ort war biographisch vorgezeichnet: auf dem Fußballfeld. »Sport war eine Möglichkeit, sich zu beweisen, es aber auch anderen zu beweisen«, sagt Schröder. Er nahm diese Gelegenheit wahr, von der Jugendmannschaft bis zur 1. Herrenmannschaft, auf verschiedenen Positionen, aber »immer vorne«. Sein ehemaliger Teamkollege im TUS Talle, Heinz Pohl: »Für mich war er der klassische Mittelstürmer. Er war sehr kopfballstark, konnte spurten und hatte auch einen guten Schuß. Und er war ein fairer Spieler, weil er es gar nicht nötig hatte, unfaire Mittel einzusetzen. Seine Devise war damals schon, wie später in seiner politischen Laufbahn: Gewinnen, gewinnen, gewinnen!«

Und Gerhard Schröder, den sie beim TUS Talle »Acker« nannten, weil er auf dem Platz so rackerte, amüsiert sich heute noch über eine erst im nachhinein beziehungsreiche Episode: Der Rechtsaußen der Mannschaft – »nicht der Linksaußen«, sagt Schröder und lacht – hieß nämlich Marx. Und der örtliche Sportkorrespondent konnte jeden Montag im Spielbericht den Satz loswerden: »Auf Vorlage von Marx sandte Schröder eiskalt ein.«

Aufwärts durch Bildung

Dem Fußball blieb der junge Gerhard Schröder treu, aber »weiter als bis zur Landesliga habe ich es nicht geschafft«. An eine »Unterschichtskarriere à la USA« – Anerkennung und Reichtum über den Sport – war zur damaligen Zeit in Deutschland nicht einmal im Boxen, geschweige denn im Fußball zu denken.

Vorrang hatte für den jungen Schröder naturgemäß der Beruf. Die acht Volksschuljahre in der zweigliedrigen Zwergschule hatte er mit gutem Erfolg überstanden. »Vor allem im Turnen«, so Schröder, war er »ein guter Schüler«, nur »im Malen und Singen« sei er »hundsmiserabel« gewesen: »Ich kann kein Instrument spielen. Ich kann keinen Menschen malen, nicht einmal ein Pferd.« Und Schröder war kein angepaßter Schüler. Die Tochter des Dorflehrers, Elisabeth Webel, erinnert sich, daß öfter mal »Oma Schröder gefragt war, beim Lehrer anzutanzen, um dann für den Enkel ein gutes Wort einzulegen«.

Ein weiterführender Bildungsweg nach der Volksschule stand in seinem sozialen Milieu nicht zur Debatte. Als der Dorfpfarrer den Jungen auf die guten Zeugnisse ansprach und meinte, er habe das Zeug zum Studieren, antwortete dieser: »Ja, wie soll ich das denn machen, wie soll denn meine Mama das bezahlen?« – Mit vierzehn Jahren verließ Schröder die Schule. Die Idee, auf der Abendschule die Mittlere Reife nachzuholen und später auf einer Kollegschule sogar das Abitur zu absolvieren, um dann Jura zu studieren, formte sich erst allmählich nach der Lehre als Einzelhandelsverkäufer, die er im nahegelegenen Lemgo bei August Brand, einem Gemischtwarenhändler am Markt, absolvierte.

Mit siebzehn Jahren kam Schröder nach Göttingen und arbeitete dort im Eisenwarengeschäft Feistkorn als Verkäufer. Zum ersten Mal in seinem Leben war er der kleinen lippeländischen Dorfwelt entronnen. Zum ersten Mal auch beschäftigte er sich intensiv mit Politik, ging auf Wahlkampfveranstaltungen verschiedener Parteien.

Im Herbst 1963 fiel dann seine Entscheidung: Schröder trat in die SPD ein: »Mir schien damals, daß diese Partei am ehesten in der Lage war, jemandem wie mir eine Chance durch Politik zu bieten, eine Chance, an Bildung teilzuhaben.« Für sich selbst wartete er nicht auf Hilfe von außen, sondern nahm nun sein Schicksal selbst in die Hand. Auf der Abendschule holte er 1964 die Mittlere Reife nach. Danach ging er ans Siegerland-Kolleg nach Weidenau und begann das Abitur nachzuholen. Er lebte von 200 Mark im Monat, die ihm als Halbwaise zustanden. Ein Jahr später wechselte er auf das Westfalen-Kolleg in Bielefeld, wo er 1966 Abitur machte. Von der Bundeswehr war er als einziger Sohn einer Kriegerwitwe befreit. So konnte er zum Wintersemester 1966/67 in Göttingen an der Georg-August Universität das Studium der Rechtswissenschaften aufnehmen. Der erste und beschwerlichste Schritt auf dem Weg nach oben war geschafft.

Der Antrieb, Politik zu machen.

Die frühe Zugehörigkeit zur Sozialdemokratischen Partei Deutschlands ist sicher ein Beleg dafür, daß der junge Hilfsarbeitersohn von früh an sowohl Gestaltungswillen als auch ein soziales Gewissen empfunden hat. Er selbst hat darauf verwiesen, daß seine Motivation auf diesem Weg unter dem Motto stand: »Ich will da raus.« Er wollte selbst bestimmen und nicht mehr über sich bestimmen lassen. Und sein »Antrieb, Politik zu machen«, so Schröder, sei »auch ein Stück Kompensation für die Vergangenheit«.

Aber sicher hätte es da auch andere Möglichkeiten gegeben. Ein Einzelhandelsverkäufer, der sich nicht mehr vom Chef traktieren lassen will, kann sich einen besseren Job suchen. Oder davon träumen, selbst einmal ein Geschäft zu besitzen. Als er für sich selbst entschieden hatte, daß sein persönlicher »Weg nach oben« nur – wie er heute gern betont – über den Bildungsweg führen konnte, hätte der aufstiegshungrige Schröder dennoch andere Studiengänge wählen können, Betriebs- oder Volkswirtschaft etwa, um das große Geld zu verdienen.

Gewiß, dies wäre zumindest seinerzeit auch als Rechtsanwalt möglich gewesen, etwa als Wirtschaftsanwalt und/oder Notar. Aber Schröder ging andere Wege, verteidigte Demonstranten, homosexuelle Pfarrer und Mitglieder der terroristischen Rote Armee Fraktion. Als Anwalt stemmte er sich gegen gesellschaftlichen Mainstream und suchte spektakuläre Fälle. Der Weg ins ganz normale bürgerliche Leben war nicht sein Weg. Er strebte eben nicht nur im materiellen Sinne nach oben, sondern suchte gesellschaftliche Anerkennung und politische Betätigung. Das lag gewiß auch daran, daß sein Studium in eine Zeit fiel, in der sich von den Universitäten aus eine bisher im Nachkriegsdeutschland nicht gekannte Politisierung der Gesellschaft anbahnte. Aber es hatte seine Ursache auch in den Erfahrungen der Jugend, die dazu führten, daß bei Schröder, wie die *Zeit* einmal schrieb, »ein Element der Unversöhnlichkeit gegenüber der gutsituierten, bürgerlichen Gesellschaft zurückblieb«, so daß »vieles an seinem Verhalten dadurch zu erklären sei, daß er es ›denen‹ zeigen wollte.« Seine erste exponierte politische Position führte ihn an die Spitze der seinerzeit ganz und gar nicht bürgerlichen Jungsozialisten.

Bürgerschreck und Integrator
Schröder übernimmt die Jusos

Nicht aus revolutionärem Impetus war Schröder zur SPD gekommen, sondern weil er, wie er sagt, Helmut Schmidt, damals noch Hamburger Innensenator, bewunderte. Der hatte sich vor allem bei der Bekämpfung der legendären Sturmflut im Februar 1962 den Ruf des zupackenden Machers erworben. Das gefiel Schröder ebenso wie Schmidts rhetorisches Talent, das ihm den Spitznamen »Schmidt-Schnauze« einbrachte. Auch heute noch sieht Schröder in diesen Eigenschaften des früheren sozialdemokratischen Bundeskanzlers Parallelen zu sich. Und es ist bezeichnend, daß Altkanzler Schmidt, der nach seiner Demission lange Zeit SPD-Parteitage mied, fast 80jährig den Leipziger Parteitag im April 1998 besuchte, jenen Parteitag, der Gerhard Schröder offiziell zum Kanzlerkandidaten der SPD und Herausforderer von Schmidts Nachfolger Helmut Kohl nominierte.

Schröders frühe Jahre in der SPD fielen in eine Zeit des gesellschaftlichen Auf- und Umbruchs in der Bundesrepublik. Die Adenauersche Restaurationsperiode ging ihrem Ende entgegen. Die SPD hatte sich – maßgeblich auf Betreiben Herbert Wehners – mit ihrem Godesberger Programm 1959 von altem ideologischen Ballast befreit. Doch der Wandel von der klassenkämpferischen Oppositionspartei zur regierungsfähigen Volkspartei forderte seinen Preis. Der Eintritt in die Große Koalition unter Kanzler Kurt-Georg Kiesinger brachte der SPD 1966 erstmals die Regierungsbeteiligung in Bonn, wirkte aber auf viele Parteilinke abstoßend. Das »Ja« der Partei zu den Notstandsgesetzen stieß auch auf eine breite innerparteiliche Oppositon. Parteiaustritte waren die Folge.

Außerhalb des parlamentarischen Systems begann der Aufbruch der studentischen Jugend. Der Protest richtete sich gegen die konservative Spießigkeit und Enge der deutschen Nachkriegsgesellschaft. Ihre Symbole, beispielsweise feierliche, klassische Universitätsrituale, wurden attackiert und verhöhnt: »Unter den Talaren der Muff von tausend Jahren«, skandierten die Studenten. Der Protest ging aber weiter und richtete sich ganz allgemein gegen die Ungerechtigkeiten dieser Welt, symbolisiert durch den als besonders grausam empfundenen Krieg der Weltmacht USA im kleinen Vietnam.

Führende organisatorische Kraft in diesem Prozeß des Aufbegehrens war der Sozialistische Deutsche Studentenbund (SDS), der schon lange nicht mehr zur SPD gehörte. Unzählige Nicht-Organisierte begannen sich zu politisieren. Mit der Zeit suchten diese Apo-Aktivisten auch eine organisatorische Heimat. Einige wenige schlossen sich zur terroristischen Rote Armee Fraktion (RAF) zusammen. Viele organisierten sich in maoistisch oder wie auch immer orientierten K-Gruppen, manche stießen zur orthodox-kommunistischen DKP – und sehr viele strömten zur SPD, um über die Jungsozialisten Einfluß zu nehmen.

Dort war das SPD-Mitglied Gerhard Schröder längst zu Hause. Mitglied der Jungsozialisten ist ohnehin jedes SPD-Mitglied unter 35 Jahren. Eine weitere politische Heimat brauchte er als Student in der südniedersächsischen Universitätsstadt Göttingen nicht, ein »Flecken«, den Schröder als »nicht gerade die Kultstätte der revolutionären Bewegung« charakterisierte.

So kann Schröder heute zu Recht darauf verweisen, daß er nicht Mitglied der außerparlamentarischen Opposition gewesen sei, und somit im engeren Sinne auch kein 68er. Aber die Ideen seiner Kommilitonen haben sein Engagement innerhalb der Organisation der Jungsozialisten dennoch entscheidend geprägt.

Das Studium als Privileg

Doch das kam erst später. Schröder machte an der Universität nie Politik. Die Arbeit in einer »Traditionskompanie wie der SPD« habe ihm nähergelegen, betont er: »Ich habe keinem Studentenparlament, nichts, keiner studentischen Gruppe angehört, sondern ich war halt bei den Jungsozialisten, das hat mir gereicht an Einbindung.«

Als Abiturient des zweiten Bildungswegs »begreift man Studium anders als diejenigen, die den ›normalen Weg‹ gegangen sind, nämlich als ein unerhörtes Privileg«, so Schröder. Er habe das Studium genossen, sei zwar die ersten vier Wochen morgens um acht in die Vorlesung gegangen, aber dann habe er die Zeit lieber genutzt, bis zwölf zu schlafen – was er ja zuvor im Leben nie habe machen können. »Ich habe das Studium als ein wirkliches Privileg erfahren, als eine Zeit, die zu meinen glücklichsten gehört.« Schröder erhielt ein staatliches Stipendium. In den Semesterferien arbeitete er auf dem Bau.

Wie die meisten Studenten, die zuvor bereits in einem Beruf gearbeitet haben, war Schröder nicht in Gefahr, zum ewigen Studenten zu werden: »Ich habe nicht mehr als zehn Semester studiert und dann Examen gemacht. Aber ich hatte genügend Zeit, zum ersten Mal, um auch faul zu sein, wenn die Sonne schien.« Offenbar hatte er die nötige Auffassungsgabe und Arbeitsorganisation, um auch als gelegentlicher Faulenzer und Langschläfer sein Studium ohne größere Verzögerungen abzuschließen. 1971 legte er mit einer Arbeit über die sogenannten Berufsverbote sein erstes Staatsexamen mit der Note »voll befriedigend« ab. Anschließend arbeitete er als Assistent bei seinem Hochschullehrer, Professor Christian Stark.

Während des Studiums war Schröder nicht nach Rebellion zumute. »Auf dem Hintergrund meines Werdegangs hat man ein sehr pragmatisches Verhältnis zur Wirklichkeit und zu den Möglichkeiten, diese zu verändern.« So blieb immer eine gewisse Distanz zu den eigentlichen Vertretern der Apo, wohl eben auch, weil er selbst – im Gegensatz zu ihnen – nicht aus einem bürgerlichen Hause kam.

»Ich bin zwar sehr beeinflußt worden von der Bewegung«, sagt Schröder, »aber ich habe in dem Sinne nie dazu gehört, vielleicht auch aus Abneigung, mich in Gruppenzwänge hineinzubegeben. Das war mir immer zu wenig Individualität und zu viel Gruppenzwang, vermittelt über Ideologie« – was ihn störte, obwohl er »eigentlich kein ideologiefeindlicher Mensch« sei.

Mit den Theoriediskussionen der 68er aber konnte Schröder nichts anfangen, sie blieben ihm verschlossen. Die Lektüre der Schriften von Theodor W. Adorno, Max Horkheimer, Jürgen Habermas und Herbert Marcuse gehörte nicht zu den Leidenschaften des bodenständigen Realisten Schröder. »Ich kann von keinem Buch sagen: Dies ist die überragende politische Veröffentlichung, die mich nachhaltig beeinflußt hat. Es gibt keinen Schlüssel für meine Lektüre. Ich habe versucht, an alles heranzukommen, was ich kriegen konnte – einfach, weil ich unheimlich neugierig bin.« Vor allem durch das Studium eines Marxismus-Leninismus-Lexikons wappnete sich Schröder für die theoriebeladenen Wortgefechte der Juso-Treffen. Aber der in jenen Jahren zu Recht konstatierte Einbruch linker Theorien in die SPD war Schröders Sache nicht. Er blieb Politiker, auch wenn er sich verbal geschickt im linken Mainstream bewegte. Seine Ziele waren nicht revolutionärer Art. Das Establishment wollte er weniger bekämpfen als vielmehr sich selbst etablieren.

Dem Zug der Zeit aber entzog sich Schröder nicht: Die Jugend damals war links, linker als es einer Volkspartei wie der SPD lieb sein konnte. Und Schröder machte mit dieser Jugend Politik.

Innerparteiliche Opposition

Bald hatte es die SPD, die inzwischen mit Willy Brandt den Kanzler stellte, nicht mehr nur mit der außerparlamentarischen Opposition zu tun, sondern auch mit einer innerparteilichen. Zwar wurde Willy Brandt von den Jungsozialisten unterstützt. Unvergessen ist die große Bonner Demonstration am 26. April 1972, dem Vortag des gescheiterten konstruktiven Mißtrauensantrags gegen den Kanzler. Doch Brandt hatte in seiner Regierungserklärung das Versprechen abgegeben, »mehr Demokratie« zu wagen, und vor allem die Jugend nahm ihn beim Wort. Verschiedene Entwicklungen, so insbesondere der »Radikalenerlaß«, der Ausschluß politisch radikal Denkender vom öffentlichen Dienst, standen im Gegensatz zu solch hehren Ankündigungen. Die Jungsozialisten traten für eine systemüberwindende Reformpolitik ein, die das konstatierte Primat der Ökonomie über die Politik brechen sollte. Sie verfolgten dabei eine Doppelstrategie, die einerseits auf Unterstützung des sogenannten »außerparlamentarischen Kampfes« zielte, andererseits aber Veränderungen innerhalb der SPD bewirken wollte.

Während im außerparteilichen Engagement anfangs tatsächlich Erfolge zu verzeichnen waren – etwa beim Engagement für die Rechte der Mieter -, mündete der innerparteiliche Kampf in eine abgehobene Theoriediskussion, die zu allem Überfluß noch zu einer fast unüberwindlich erscheinenden Fraktionierung der SPD-Jugendorganisation führte. So wurde eine praktische Wirkung der Jusos jahrelang verhindert.

Drei Gruppen standen sich in den siebziger Jahren innerhalb der Jungsozialisten gegenüber:

- Die *Reformsozialisten*, die systemüberwindende Reformen, wie die Vergesellschaftung der Produktionsmittel, schrittweise über eine Mobilisierung der Lohnabhängigen erreichen wollten. Die Reformisten glaubten, eine regierende SPD könne – wenn sie nur wolle – eine neue, bessere Gesellschaftsordnung herbeiführen und so das Schicksal der arbeitenden Klassen verbessern.
- Die *Stamokap-Gruppe* (Stamokap = Staatsmonopolistischer Kapitalismus), die für ein Bündnis aller von der »Monopolbourgeoisie« objektiv abhängigen Schichten eintrat, einschließlich der »kleinbürgerlichen Zwischenschichten«, und den Staat als Erfüllungsgehilfen der Konzerne ansah. Mit ihrer Interpretation der Leninschen Theorie vom »Staatsmonopolistischen Kapitalismus« bewegten sie sich ideologisch in der Nähe von DKP und SED. Politisches Ziel war die Eroberung des Staates, um den Kapitalismus abzuschaffen.
- Die *Anti-Revisionisten*, die in erster Linie auf die »Entfaltung der Basismacht der Lohnabhängigen« setzten, um so eine Krise des Systems herbeizuführen. Ziel war primär die »Mobilisierung und Selbstorganisation der unterprivilegierten Klassen entlang ihrer Interessen«.

Zu dieser, im SPD-Bezirk Hannover entstandenen Gruppierung gehörte Gerhard Schröder.

Marxist aus Gerechtigkeitsdrang

Der Göttinger Juso bezeichnete sich damals als »konsequenten Marxisten«, aber das war bei den SPD-Politikern der jüngeren Generation nichts Außergewöhnliches, und viele kamen wie Schröder eher über das Gefühl zu dieser Selbsteinschätzung als über das eifrige Studium theoretischer Literatur. Er sei auf der Suche nach einem Gesellschaftsentwurf gewesen, der seinem Gerechtigkeitssinn entsprach. Dabei stoße man automatisch auf solche geschlossenen Entwürfe, wie sie Marx vermeintlich gedacht habe, erklärte Schröder 1997 in einem Interview. Erst wenn man genauer hinschaue, merke man ja, daß das Marxsche Werk gar nicht so geschlossen sei, wie man gedacht hatte. Mit diesem, wie Willy Brandt einmal formuliert hatte, »Gefühlsmarxismus« war Schröder ein durchaus typischer Jungsozialist. Denn in den siebziger Jahren hatten theoriebewußte Studenten und Akademiker die sozialdemokratische Nachwuchsorganisation erobert und auf stramm linken Kurs geführt. Die Jungsozialisten vertraten mit ihren diversen Flügeln ein Sammelsurium von Ansichten marxistischer Theorien mit dem gemeinsamen Ziel der Überwindung des Kapitalismus. Den Staat bezichtigten sie, wie es Juso-Cheftheoretiker Johanno Strasser formulierte, der »eindeutigen strukturellen Begünstigung von Kapitalinteressen«. Auch Schröder war davon überzeugt, »daß man unser Wirtschaftssystem insgesamt beseitigen muß« und ging »ohne jeden Abstrich davon aus, daß eine sozial gerechte Gesellschaft voraussetzt, Privateigentum an Produktionsmitteln abzuschaffen«. Auch wenn

Schröder in vielerlei Hinsicht nie ein Vertreter der 68er Bewegung war, so war er eben doch ein Kind dieser Zeit: Student, Assistent, Kenner endloser Theoriedebatten: »In Göttingen, wo ich Jura studierte, hat mich die Studentenbewegung beeinflußt, der es ja nicht nur um akademische Reformen ging, sondern um einen ganz neuen Wind in der Gesellschaft. Das betraf die Außenpolitik, den Vietnamkrieg, die Innenpolitik, die Notstandsgesetze. Wir klagten die Bewältigung der nationalsozialistischen Vergangenheit ein, fragten laut, wie man die Nazi-Verbrechen hatte zulassen können, und wir setzten uns für umfassende Gerechtigkeit in der Gesellschaft ein. Das verband mich, der ich nicht mit einem großartigen Theorieansatz in die Politik gekommen war, mit den Theoretikern, ließ mich allerdings auch weiterhin in der praktischen Politik nach Lösungen suchen.« Schröder gehörte nie zu den Barrikadenkämpfern, zu den Ostermarschierern oder Sit-in-Veteranen – so wie übrigens Lafontaine auch nicht –, er war keine niedersächsische Ausgabe eines Rudi Dutschke oder eines Daniel Cohn-Bendit, aber natürlich hat ihn der Umbruch der siebziger Jahre politisch geprägt. »Gerhard Schröders plebiszitär errungene Kanzlerkandidatur könnte«, wie Reinhard Mohr im *Spiegel* schrieb, »pünktlich zum 30jährigen Dienstjubiläum der Revolte von 1968« doch noch eine aufmüpfige Generation an die Macht bringen und »die geballte Lebenserfahrung von mehr als drei Jahrzehnten abenteuerlicher Achterbahnfahrt zwischen ›revolutionärem Kampf‹ und ›neuer Mitte‹, zwischen ganz unten und ganz oben» versammeln.

Bei den ohnehin linken Jusos jedenfalls wurde Gerhard Schröder zum ganz linken Flügel gezählt. Und dies war auch eine Voraussetzung dafür, zur damaligen Zeit überhaupt Bundesvorsitzender werden zu können. Auf mehreren Bundeskongressen war Schröder zuvor aufgefordert worden, als Mitglied des Bundesvorstandes zu kandidieren. Jedesmal aber hatte er abgelehnt – mit der Begründung, er wolle Vorsitzender werden, sonst nichts. Diese risikofreudige Attitüde des »Alles oder Nichts« ist typisch für Schröder. So hat er auch im November 1997 seine Partei und die Öffentlichkeit mit der Ankündigung überrascht, für ein Ministeramt in Bonn stehe er nicht zur Verfügung, er käme nur als Kanzler. Ganz oder gar nicht, diese Haltung, so Schröder, »findet sich gelegentlich in meinem Leben, und das soll auch so bleiben«.

1978 war die Zeit reif für die Ambitionen des Jungsozialisten Schröder. Dringend wurde ein neuer Vorsitzender für die heillos zerstrittene Jugendorganisation gesucht, denn der bisherige Ober-Juso, Klaus-Uwe Benneter – einst mit Schröders Unterstützung gewählt –, war aus der Partei ausgeschlossen worden. Der führende Vertreter des Stamokap-Flügels hatte laut über Bündnisse mit der DKP nachgedacht. Solche Überlegungen waren zwar angesichts der marginalen Bedeutung des westdeutschen SED-Ablegers ohnehin irrelevant, doch gaben sie dem politischen Gegner Munition. Und als politischer Gegner wurde von vielen auch der etablierte SPD-Parteivorstand angesehen, der entsprechend reagierte.

Über diese Art von Juso-Politik urteilte Gerhard Schröder während seiner Zeit als Juso-Vorsitzender: »Sicher, meine Vorgänger waren häufiger in der Presse. Wenn ich morgen sage, der Kanzler (damals Helmut Schmidt, d.V.)

ist doof, bin ich auch in den Schlagzeilen. Nun ist er aber nicht doof, deshalb sage ich das nicht und stehe auch nicht so oft in der Zeitung. Damit kann ich leben.«

Schröder kandidierte Anfang 1978 auf dem Bundeskongreß der Jungsozialisten in Hofheim bei Frankfurt als Kandidat sowohl der Anti-Revisionisten als auch des führungslosen Stamokap-Flügels. Er wurde im zweiten Wahlgang gegen den Reformisten und Favoriten des SPD-Vorstandes, Ottmar Schreiner, an die Spitze gewählt.

Daß Schröder damals für politische Beobachter kein unbeschriebenes Blatt war, zeigt eine analytisch vorausschauende Passage aus einem Politikerporträt der *Frankfurter Rundschau*: »Unterschätzt wird Schröder sicher von den Gruppen, die ihn jetzt auf den Sitz des Juso-Bundesvorsitzenden hievten... Theoretisch ein Antirevisionist mit skeptischen Vorbehalten zur SPD, hält er praktisch von Dauerkonflikten und Verbalradikalismen gegenüber der SPD nichts. Schröder ist ein gewiefter Taktiker, der die Tricks und Klüngeltraditionen der Jusos perfekt beherrscht. Überraschungen werden in diesem Jahr nicht nur seine Bündnispartner, sondern auch die SPD-Führung mit ihm erleben.«

Schröder bekannte sich als neuer Vorsitzender auf dem Kongreß zwar insgesamt zur Politik des abgesetzten Benneter und verkündete lapidar: »Inhaltlich ist nix anders.« Er versprach aber eine weitaus pragmatischere Politik verfolgen zu wollen. Sein »Fraktionsdenken« sei »begrenzt«, und die Jusos sollten nicht »Partei in der Partei, sondern Teil der Partei« bleiben.

Sicher hatte das Partei-Establishment damals seine Schwierigkeiten mit Gerhard Schröder, aus historischer Perspektive aber war da genau der richtige Mann zur richtigen Stunde an die Spitze der Jugendorganisation gekommen. Er lieferte in dieser Position sein Meisterstück als Parteipolitiker ab.

Man muß bedenken: Schröder war bereits 33 Jahre alt, während viele seiner jungsozialistischen Mitstreiter zehn und mehr Jahre jünger waren, was in diesem Alter bekanntlich eine Menge ausmacht. Schröder war zu diesem Zeitpunkt nicht nur Juso-Vorsitzender des einflußreichen SPD-Bezirks Hannover, sondern auch Mitglied des dortigen Bezirksvorstandes, kannte sich also in der konkreten Parteiarbeit bestens aus. Und Schröder arbeitete – im Gegensatz zu fast allen seinen Mitstreitern – trotz des Umwegs über den zweiten Bildungsweg bereits in einem ordentlichen Beruf: 1978 hatte er sich als Rechtsanwalt in Hannover niedergelassen.

Durch außerordentlich geschicktes Taktieren wußte Schröder die drei Fraktionen in seine Arbeit als Vorsitzender einzubinden. Er verstand es, das Kräfteverhältnis genau auszutarieren; die drei, zuvor tief zerstrittenen Gruppierungen harmonisierten am Ende des ersten Schröderschen »Regierungsjahres« so, daß der Niedersachse von allen drei Fraktionen zur Wiederwahl vorgeschlagen wurde. Erstmals seit zehn Jahren gab es 1979 keine Kampfabstimmung um den Posten des Bundesvorsitzenden, erstmals in der Geschichte der Jungsozialisten wurde der jährliche Bundeskongreß um einen Monat vorgezogen, nur um dem Vorsitzenden die Wiederwahl zu ermöglichen. Zum turnusmäßigen Termin nämlich wäre Schröder bereits 35 Jahre gewesen und damit jenseits der wählbaren Altersgrenze der Jungsozialisten. Am 1. April 1979 wählten die Jusos mit 253 Ja-Stimmen bei 44 Nein-Stimmen bzw. Enthaltungen Schröder erneut zu ihrem Vorsitzenden.

Frieden gestiftet

Dabei war äußerlich scheinbar alles beim alten geblieben. Der Bundeskongreß in Aschaffenburg Anfang April 1979 ähnelte vorangegangenen Treffen in vielerlei Hinsicht, so daß der Beobachter des *Bayernkurier* in seinem Kongreßbericht eine »Zusammenkunft von einigen Idealisten, eifernden Doktrinären und schnell alternden Verbal-Revoluzzern« beschreiben konnte, die ein »unbeschreibliches Gestrüpp der Anträge und Beschlüsse« produzierte und auf welcher der »bekennende Marxist Schröder« »verrottete Versatzstücke aus dem sozialistischen Antiquitätenhandel« vortrug.

In Wirklichkeit aber war es dem Vorsitzenden geglückt, der Arbeit der Jungsozialisten eine neue Richtung zu geben und die Gefahr einer Loslösung von der SPD zu bannen.

»Schröder gelang«, so resümierte der *Stern* nach einem Jahr Juso-Vorsitz, »was kaum noch jemand für möglich hielt: Frieden zu stiften. Er tat das wie einst als bulliger Mittelstürmer im gegnerischen Strafraum, mit taktischem Geschick, aber auch bereit zu kräftigen Schienbeintritten. Seine Devise: ›Hört endlich auf mit Sprücheklopfen. Zurück zur Knochenarbeit an der Basis. Sonst laufen uns die Leute weg.‹ «

Die Zeit der großen Theoriedebatten bei den Jusos ging zu Ende. »Die Grenzen des Wachstums« – so der Titel des 1972 erschienenen Berichts des Club of Rome »Zur Lage der Menschheit« – und die Anti-Atomkraftbewegung hatten die Gesellschaft erneut erschüttert. Die grünen und alternativen Gruppierungen schlossen sich ab 1977 landesweit zusammen und erzielten erste Wahlerfolge. Ein Juso-Delegierter aus dem Bezirk Weser-Ems berichtete auf dem Kongreß: »Mit dem, was wir so in Juso-Arbeitsgemeinschaften machen, kommen wir bei den Jugendlichen nicht mehr an. Wenn wir große Politik anbieten, dann kommen vielleicht 20 Leutchen.« Gerhard Schröder, selbst viel mehr Praktiker als Theoretiker, hatte diese Entwicklung gespürt und die Jusos auf die Themen Jugendarbeitslosigkeit, Drogenkonsum, Berufsverbote verpflichtet, Probleme, welche die Jungsozialisten auch vor Ort aufgreifen konnten. Schröders Motto: »Wir sind ein Jugendverband. Die Probleme der arbeitenden und lernenden Jugend sind unsere Probleme.«

Autoritärer Polizeistaat?

Dies bedeutete nicht, daß die großen politischen Auseinandersetzungen von Schröder gemieden wurden. Dabei scheute er auch vor verbalen Kraftmeiereien nicht zurück. Ein ideales Feindbild lieferte der Linken damals Franz Josef Strauß, der gerade zum Kanzlerkandidaten der CDU/CSU avanciert war. Im *Vorwärts* konnte sich Schröder zu dieser Kandidatur verbreiten. Dabei vertrat er die Meinung, ein Wahlsieg der von Strauß geführten CDU/CSU würde die Bundesrepublik in einen »autoritären Polizeistaat« verwandeln.

Die zaghafte Frage des *Vorwärts*-Redakteurs, ob diese Befürchtung nicht etwas übertrieben sei, schließlich gebe es in der CDU/CSU auch andere Kräfte, wischte Schröder souverän beiseite: »Vereinzelter Widerstand aus den Sozialausschüssen kann getrost vernachlässigt werden. Er ist irrelevant. Viel wichtiger ist es, zu erkennen, daß der durch Albrecht repräsentierte CDU-Teil in allen inhaltlichen Fragen mit Strauß einig ist.... Programmatisch hat sich die CDU in den letzten Jahren unter dem Druck der CSU in eine reaktionäre Partei mit fließenden Übergängen zum organisierten Rechtsradikalismus verwandelt.«

Und Schröder unterstellte Strauß: Wo immer er zu der Auffassung komme, »mit dem Mittel der Demokratie seine politischen Ziele nicht erreichen zu können, wird er die Demokratie zur Disposition stellen«. Unter dem Motto »Freiheit oder Sozialismus« werde versucht, ein »unfreiheitliches – weil autoritär polizeistaatliches – politisches Konzept als freiheitlich zu verkaufen.«

Mit dieser, heute seltsam abwegig erscheinenden politischen Einschätzung war Schröder seinerzeit keineswegs isoliert, was allein schon die Tatsache belegt, daß ihm das SPD-Blatt, der *Vorwärts*, für das Interview eine ganze Zeitungsseite einräumte.

»Er wird noch was in der Partei»

Politische Agitation war die eine Seite, praktische Politik die andere. Schröders Leistung als Juso-Bundesvorsitzender brachte ihm nicht nur Anerkennung in der eigenen Partei, sondern wurde auch von der überregionalen Presse registriert. »Er wird noch was in der Partei« überschrieb die *Frankfurter Allgemeine Zeitung* ein Porträt des wiedergewählten Juso-Vorsitzenden.

Und im *Stern* porträtierte Heiko Gebhardt den Jungstar über vier Seiten. Auszug: »... in der Rolle des Bürgerschrecks ist Schröder eine krasse Fehlbesetzung. Mühelos bügelt er bei seinen Auftritten Klischeevorstellungen nieder, wie vergangene Woche im fränkischen Buchen, als er abends über das heikle Thema Berufsverbote sprach. Selbst einige Altgenossen, die bis heute die SPD an Kurt Schumacher messen, klatschten begeistert Beifall und waren sich einig: ›Der Junge ist in Ordnung.‹ Schröder biedert sich nicht an, er braucht nur er selbst zu sein, um die Vorurteile auszuräumen. Er redet eine klare, einfache Sprache, ohne elitäres Soziologen-Chinesisch, das viele seiner Mitstreiter kultivieren. Er denkt pragmatisch, allerdings noch nicht so beängstigend wie die Schmidts in Bonn ... Nein, ein linker Spinner ist er nicht, dieser Juso-Chef.«

Schließlich findet Heiko Gebhardt auch noch einen prophetischen Schluß für seinen Artikel. Elf Jahre, bevor es 1990 dann Realität wurde, zitiert er einen »Insider im Hannoverschen Landtag»: »Unter all den Untypen, die hier bei uns rumlaufen, endlich einer, der draußen ankommt. Vielleicht können wir mit dem mal den Albrecht kippen.«

Opportunist oder Sturkopf?

Doch so, wie jetzt das »politische Naturtalent«, so Niedersachsens damaliger SPD-Chef Peter von Oertzen, entdeckt und gelegentlich gefeiert wurde, so mußte es sich wegen seiner politischen Meisterleistung als Juso-Vorsitzender auch mit dem Vorwurf auseinandersetzen, ein »Opportunist« oder »Taktierer« zu sein. Zwar konstatierte Heiko Gebhardt: »Das ist ein völlig falsches Psychogramm, denn eher ist er stur wie ein urwüchsiger Niedersache.« Doch äußert Klaus-Uwe Benneter sicher keine Einzelmeinung, wenn er auch zwanzig Jahre nach den Ereignissen seinem ehemaligen Juso-Kollegen in einem TV-

Statement vorwirft, daß er sich durch die Zurückführung der Jusos an die Mutterpartei »auch selbst in den Vordergrund gebracht habe«, obwohl er doch damals »ganz schön links« gewesen sei (»Heute würde man sagen: Er war ein basis-demokratischer Fundamentalist«). Eine solche Bewertung legt den Maßstab einer idealtypischen, altruistischen Grundhaltung an, die wahrscheinlich überhaupt kein gestaltender Politiker besitzt, am wenigsten aber Gerhard Schröder.

Dieser selbst gibt zu, damals auch eigennützige Ziele verfolgt zu haben: »Was die Frage der Jungsozialisten angeht«, so sagte er später in einem Fernsehinterview, »das war in der Tat nicht nur gesellschaftspolitisches Engagement. Meine politische Karriere, das habe ich einzuräumen, hat auch etwas mit einem soliden Willen zu tun, die eigene Position zu finden und aus dem herauszukommen, was ich ja nicht nur als schön wahrgenommen habe: meine Jugend und die Umgebung, in der ich zu leben hatte.« Aber er fügt gleich hinzu, er nehme für sich in Anspruch, daß sich zu dieser Motivation auch ein weiterer Antrieb gesellt habe: »Ich habe schon ein Interesse daran, gesellschaftliche Zusammenhänge zu erkennen und sie entlang von Erkenntnis auch zu verändern.«

Engagement für die Freiheitsrechte
Ein politischer Anwalt

Politiker, so eine idealtypische Vorstellung, sollten aus allen denkbaren Berufen kommen, um in den Parlamenten das Volk in seiner ganzen Breite und Vielfalt vertreten zu können.

Daß tatsächlich von einer ausgewogenen Repräsentanz der Berufsgruppen in der politischen Klasse keine Rede sein kann, ist bekannt: Beamte sind eindeutig in der Überzahl, und immer mehr breitet sich der Typus des Berufspolitikers aus, der nie eine andere Tätigkeit ausgeübt hat. Die Volksvertretungen waren und sind eben kein Abbild des Volkes – und können es wohl auch nicht sein.

Die Bezeichnung »Historiker« etwa für Helmut Kohl weist lediglich darauf hin, daß der spätere Bundeskanzler als junger Mann studiert hat, sechzehn Semester lang übrigens, im Hauptfach Geschichte sowie u.a. Rechts- und Staatswissenschaften im Nebenfach, und daß er über ein historisches Thema, nämlich »Die politische Entwicklung in der Pfalz und das Wiedererstehen der Parteien nach 1945« promovierte. Außer einer kurzen Beschäftigung als Direktionsassistent der Ludwigshafener Eisengießerei Willi Mock und anschließend als Referent im »rheinland-pfälzischen Landesverband der Chemischen

Industrie« stand Kohl nicht im normalen Arbeitsleben. Sein Studium ging fast nahtlos über in die Laufbahn des Berufspolitikers.

Bei Gerhard Schröder sieht das ein wenig anders aus. Er hatte, als er nach dem mühsam erkämpften Abitur das Studium der Rechtswissenschaften begann, zunächst alles andere im Kopf, als Berufspolitiker zu werden. Er wollte als Anwalt arbeiten und verwirklichte dies auch. Schröder praktizierte, parallel zu seiner politischen Laufbahn, bis er 1990 Ministerpräsident wurde. »Leute raushauen«, wie er es in seiner drastischen Sprache formulierte, das faszinierte ihn. Ungerechtigkeiten ärgerten ihn, solche politischer Art forderten ihn geradezu heraus.

Juristisch gegen Berufsverbote

So überrascht nicht, daß er sich 1971 auch in seiner Staatsexamensarbeit mit einem politischen Thema auseinandersetzte: dem Extremistenerlaß. Dieser war zwar zu diesem Zeitpunkt noch gar nicht bundesweit in Kraft. Erst am 28. Januar 1972 wurden die »Grundsätze über die Mitgliedschaft in extremen Organisationen« in einer gemeinsamen Konferenz der Ministerpräsidenten unter Leitung von Bundeskanzler Willy Brandt beschlossen. Doch war bereits abzusehen, welch heißes politisches und juristisches Eisen hier geschmiedet wurde.

Herbert Wehner hatte noch wenige Tage vor dem Beschluß gemahnt: »Ich sehe keinen Sinn darin, die freiheitliche Grundordnung durch einen ersten Schritt zu ihrer Beseitigung schützen zu wollen.«

In der Sache ging es darum, die Beschäftigung links- oder rechtsradikal gesinnter Personen im öffentlichen Dienst zu unterbinden oder zumindest strengen Beschränkungen zu unterwerfen. Juristisch war die Verpflichtung zu verfassungstreuem Verhalten im öffentlichen Dienst nichts Neues. Aber die Vereinheitlichung und Konkretisierung der Überprüfungs- und Einstellungspraxis der Länder mündeten in der »Regelanfrage« beim Verfassungsschutz. Das war neu – und führte zu Einschüchterung, Schnüffelei und absurden Ergebnissen. Es wurde eben nicht mehr differenziert, sondern es reichte allein die Mitgliedschaft in einer radikalen, aber eben nicht verbotenen Partei wie der DKP, um Briefträger, Zoll- und Bahnbeamte oder Lehrer zu entlassen bzw. nicht einzustellen. Der Radikalenerlaß begründete so die im In- wie im Ausland heftig kritisierten Berufsverbote.

Der Jurist Schröder kam zu dem Schluß, daß die bloße Zugehörigkeit zu einer legal arbeitenden Partei keineswegs den Ausschluß aus ganzen Berufszweigen rechtfertigen konnte und verteidigte Betroffene.

Für die regierende SPD war die Debatte um die Berufsverbote kontraproduktiv. Sie gab der Linken – so auch den Jusos, denen Schröder dann später vorstand – Argumente gegen das Partei-Establishment in die Hand. In den Initiativen gegen die Berufsverbote, die überall in der Republik entstanden, kam es gerade zu dem, was man hatte verhindern wollen: zur Zusammenarbeit zwischen linken Demokraten und betroffenen Kommunisten. Hinzu kam die menschliche Dimension: Viele junge Leute sahen sich, etwa nach einem Studium für das Lehramt, plötzlich vor dem Nichts, nur weil sie ihr Recht auf politisches Engagement wahrgenommen hatten, von dem ja keineswegs gesagt war, daß es auf immer und ewig »orthodox-kommunistisch« bleiben mußte, sofern es das überhaupt war.

Willy Brandt konnte 1976 den französischen Sozialistenführer und späteren Staatspräsidenten François Mitterand »nur mit Mühe davon abhalten, einem ›Komitee zur Verteidigung der bürgerlichen und beruflichen Rechte in der BRD‹ noch mehr Lautstärke zu geben, als es schon hatte«. Er ist später selbst zu dem Schluß gekommen, daß der Radikalenerlaß ein politischer Fehler war. Und der Europäische Gerichtshof für Menschenrechte in Straßburg befand noch 1996 über die unrechtmäßige Praxis der Berufsverbote in der Bundesrepublik.

Als Gerhard Schröder 1990 niedersächsischer Ministerpräsident wurde, hob das Land den unter Ernst Albrecht konsequent angewandten Extremistenerlaß auf. Alle Verfahren, in denen es noch keine rechtskräftige Entscheidung gab, wurden eingestellt. Und allen Betroffenen, die rechtskräftig verurteilt worden waren, empfahl Schröder eine erneute Bewerbung: »Die werden dann so behandelt, wie alle anderen auch.«

Anwalt von Horst Mahler

Gerhard Schröder erwarb sich in Hannover, wo er 1976 nach dem mit »sehr gut« bestandenen zweiten Staatsexamen in die Kanzlei des Sozialdemokraten Werner Holtfort eingetreten war, rasch den Ruf eines sogenannten linken Anwalts. Bereits sein Referendariat hatte er in der Kanzlei von Holtfort absolviert, den er über die Arbeitsgemeinschaft sozialdemokratischer Juristen kennengelernt hatte. 1978 dann gründete Schröder zusammen mit Hela Rischmüller-Pörtner und Dietrich Buschmann eine eigene Kanzlei. Daß Schröder sich für Linke, für Radikaldemokraten und Umweltschützer einsetzte, brachte ihm harte Kritik des politischen Gegners ein. Ja, im niedersächsischen Wahlkampf 1978 verstiegen sich CDU-Politiker sogar zum Vorwurf, Schröder betätige sich »immer deutlicher als Verfassungsgegner«. Gegen diese rufschädigende Äußerung ging Schröder mit einer einstweiligen Verfügung vor.

Von derlei Attacken unbeeindruckt übernahm Gerhard Schröder 1978 den spektakulären Fall des Ex-Terroristen Horst Mahler. Als Mitglied der Baader-Meinhof-Gruppe hatte sich Mahler an einem bewaffneten Banküberfall sowie an der Befreiung des Gefangenen Andreas Baader beteiligt und war zu insgesamt vierzehn Jahren Haft verurteilt worden. Mahler wollte eine Wiederaufnahme seines Verfahrens erreichen, weil er 1973 hauptsächlich aufgrund der Aussagen eines äußerst zwielichtigen Zeugen, des abgesprungenen Terroristen Karl-Heinz Ruhland, verurteilt worden war – wegen »gemeinschaftlichen schweren Raubes in Tateinheit mit der Gründung einer kriminellen Vereinigung und Beteiligung an derselben«.

Das Echo auf die Übernahme dieses Mandats durch den damaligen Juso-Vorsitzenden war so gewaltig, daß Schröder – um der Kritik zu begegnen – öffentlich ein zweifaches Bekenntnis abgab: »Ich bin der Auffassung, daß wir einen Rechtsstaat in der Bundesrepublik haben, und ich bin weiter der Auffassung, daß es keine politischen Gefangenen in der Bundesrepublik gibt.« Im selben Atemzug aber griff er seine politischen Gegner an: »Ich bin im übrigen der Auffassung, daß man, wenn es um die Verteidigung elementarer Grundsätze der Rechtsstaatlichkeit geht, nicht sehr viel auf das Geschrei von rechts geben kann.«

Das »Geschrei von rechts« nämlich wollte weismachen, daß jemand, der einen Terroristen verteidigte, allein aufgrund dieses Umstandes zwangsläufig selbst einer sein mußte – zumindest aber ein Sympathisant. Nun standen zwar Juristen wie Horst Mahler selbst dafür, daß es Kumpaneien zwischen *einigen* Rechtsanwälten und Terroristen gegeben hatte. Aber erstens hatte sich Mahler inzwischen eindeutig und unmißverständlich vom Terror losgesagt, zum anderen aber ging es Schröder bei der Annahme des Mandats um die rechtsstaatliche Frage, »wieweit es Anwälten heute noch möglich ist, die Verteidigung von Terroristen zu übernehmen, ohne mit ihnen identifiziert zu werden«.

Geschrei von rechts

Fest steht: Die Übernahme dieses Mandats war in jeder Hinsicht eine mutige Entscheidung, zumal es offensichtlich war, daß Mahler diesen jungen – Schröder war damals 34 –, noch relativ unerfahrenen Anwalt hauptsächlich wegen seiner Funktion als Juso-Vorsitzender beauftragt hatte: Er wollte ein möglichst großes Medienecho, was er dann auch bekam. Und auch Schröder war klar, »daß die Übernahme eines solchen Mandats durch den Bundesvorsitzenden der Jungsozialisten öffentlich beachtet werden wird«. Nun ist Schröder ja keiner, der vor einem zu erwartenden Medienecho davonläuft, aber diesmal hatte er – wie er formulierte – »Schiß«. Er sah das »Geschrei von rechts« voraus, das sich erheben würde und das auch auf die Jusos abstrahlen konnte. Ihm war durchaus klar, daß konservative Zeitungen und Politiker Verbindungen zwischen Jusos und der Terroristen-Szene herstellen würden. Andererseits war der Fall natürlich auch geeignet, ihn zu profilieren – als Anwalt und als Politiker. Und schließlich, so Schröder, »können wir nicht gut abstrakt für Bürgerrechte, für Rechtsstaatlichkeit und Freiheit eintreten, aber dann, wenn wir persönlich gefordert sind, kneifen«.

Schröder informierte die Partei über seine Absicht, Mahler zu verteidigen, und bekam Rückendeckung. »Das muß man wohl machen«, sagte Bundesgeschäftsführer Egon Bahr, und Willy Brandt meinte: »Das muß ein Anwalt ganz allein entscheiden.« Allerdings hatte Schröder die rechtlichen Aussichten im Fall Mahler falsch eingeschätzt: Die Wiederaufnahme des Verfahrens wurde nicht zugelassen.

Gesundes Volksempfinden

Jahre später, 1987, hatte Gerhard Schröder – inzwischen niedersächsischer Oppositionsführer – bei der Vertretung Horst Mahlers mehr Erfolg, und wieder hatte sein Engagement auch eine politische Dimension. Mahler hatte den größten Teil seiner Strafe verbüßt und die Bewährungsfrist für vier Jahre Straferlaß ohne Beanstandung hinter sich gebracht. Seit zwei Jahren arbeitete er als juristischer Berater und wollte jetzt,1986, seine Wiederzulassung als Anwalt erreichen. Doch – einmal Terrorist, immer Terrorist - der Berliner Justizsenator (und spätere Bundesverteidigungsminister) Rupert Scholz lehnte zusammen mit dem Ehrengerichtshof den Antrag ab. Begründet wurde die Ablehnung mit einer inhaltlichen, aber nicht rechtlichen Argumentation. Unter anderem hieß es: »Trotz Ihrer innerlichen Abwendung von den Straftaten prägen diese wegen ihrer Schwere und ihrer Zielrichtung auch heute noch das Bild, das weithin von Ihnen besteht. Diese Umstände lassen erwarten, daß Ihnen von der Allgemeinheit – insbesondere einem beträchtlichen Teil der Rechtssuchenden und den Organen der Rechtspflege – nicht das Vertrauen entgegengebracht werden kann, das zur Erfüllung der dem Anwaltsstand obliegenden Aufgabe … erforderlich ist.«

Gegen diesen »Rückgriff auf das sogenannte gesunde

Volksempfinden«, wie das *Deutsche Allgemeine Sonntagsblatt* formulierte, legte Gerhard Schröder Rechtsmittel ein. In seiner Klageschrift verwies er auf einen juristischen Erfüllungsgehilfen des Dritten Reiches, einen SS-Hauptsturmführer und vom Nürnberger Gerichtshof verurteilten KZ-Aufseher, der nach der Haftverbüßung bereits 1953 seine Wiederzulassung als Anwalt erhalten hatte. Schröder argumentierte politisch und schrieb, es wäre fatal, falls sich herausstellen sollte, »daß es der westdeutsche Staat mit der Wiedereingliederung der NS-Verbrecher eiliger hatte als mit der Wiedereingliederung der Aktivisten der Studentenrevolte von 1968«.

Der Bundesgerichtshof gab schließlich Mahler und seinem Anwalt Schröder recht und bestimmte im Dezember 1987, Mahler sei wieder uneingeschränkt als Anwalt zuzulassen. Seine Straftaten lägen siebzehn Jahre zurück, er habe für sie gesühnt und eine echte innere Wandlung durchgemacht. Ein, wie Schröder zufrieden befand, Signal für die Behandlung ehemaliger Terroristen, die sich losgesagt hatten.

Die Irre der Unbeweglichkeit

Horst Mahlers Weg in den Terrorismus und seine gelungene Resozialisation waren von Person und Verlauf her sicher ein Einzelfall. Aber auch generell warnte Gerhard Schröder davor, bei der Verfolgung des Terrorismus – selbst im Gefängnis noch – zu überziehen und so die Chance einer »Deeskalation« zu verspielen. 1989 schrieb er im Zusammenhang mit der durch Hungerstreik unterstützten Forderung der RAF-Angehörigen nach Zusammenlegung in Gruppen: »... das ist doch die Lehre der letzten fünfzehn Jahre: Das bloße Einsperren derer, die man gefangen und abgeurteilt hat, löst das Problem letztlich nicht. Es schafft, so nötig das Einschließen ist, auf Dauer eben keine wirkliche Sicherheit … Die Überwindung des Terrorismus setzt die Überwindung seiner geistigen Grundlagen voraus. Die Überwindung ist Veranlassung der Umkehr ebenso wie vor allem die Unterbindung von neuem Zulauf. Der Staat, der das will, muß Kommunikation zulassen, und er muß sich daran beteiligen.«

Schröder warnte vor der »wohlfeilen Formel von der Nichterpreßbarkeit«, die in die »Irre der Unbeweglichkeit« führte. »Was aber ist das für ein Staatsverständnis, das dem Staat verbieten will, Vernünftiges zu tun, nur weil es auch von Unvernünftigen gefordert wird? Ist es nicht so, daß der demokratische Staat prinzipielle Festigkeit mit der Bereitschaft zum Nachgeben im Einzelfall verbindet und ihn eben diese Flexibilität vom absoluten Staat unterscheidet?«

Schröder setzte sich dafür ein, die RAF-Gefangenen in Kleingruppen zusammenzulegen, ein Angebot, das von einigen RAF-Gefangenen begrüßt wurde.

Innerparteiliches Gerechtigkeitsgefühl

Auch die eigene Partei bot dem Anwalt Schröder Gelegenheit, für seine demokratischen Grundüberzeugungen zu streiten. Anfang der achtziger Jahre, Schröder war Abgeordneter im Deutschen Bundestag, wurde kontrovers und heftig über die Stationierung atomarer Mittelstreckenraketen, über Nachrüstung und NATO-Doppelbeschluß diskutiert. Die SPD war in dieser Frage gespalten. Viele Sozialdemokraten mochten ihrem Bundeskanzler, Helmut Schmidt, nicht folgen, der es für unausweichlich hielt, entweder die Sowjetunion zur Abrüstung im atomaren Mittelstreckenbereich zu bewegen oder selbst Westeuropa mit modernen Mittelstreckenwaffen aufzurüsten, um ein militärisches Gleichgewicht und glaubhafte Abschreckung zu gewährleisten. Schmidt hatte sein politisches Schicksal mit dem NATO-Doppelbeschluß – Nachrüstung plus Verhandlungsangebot – verknüpft. Zu den Kritikern dieser Politik gehörte auch Gerhard Schröder, und er hat später einmal gesagt, er »wäre nicht (in der Partei, d.Verf.) geblieben, wenn die SPD den Nachrüstungsbeschluß exekutiert hätte«. Zwei Genossen in der SPD-Fraktion gingen indes besonders rigoros gegen die Schmidtsche Regierungspolitik vor: der Düsseldorfer Karl-Heinz Hansen und der Offenbacher Manfred Coppik. Diese gehörten zum äußersten linken Rand der SPD, hatten mehrfach durch, wie Bundestagskollegen formulierten, »profilneurotische Einzeltouren« auf sich aufmerksam gemacht und aus ihrer vehementen Ablehnung vor allem der Kernenergie- und Verteidigungspolitik ihres eigenen Kanzlers kein Hehl gemacht. Sie unterstützten den sogenannten »Krefelder Appell« gegen die Nachrüstung, und Manfred Coppik sagte nach einer Kundgebung der Friedensbewegung in Frankfurt, »die Hauptgefahr für den Frieden gehe gegenwärtig von der Politik der US-Regierung aus«. Helmut Schmidt soll laut Augenzeugen auf solche Äußerungen »vor Wut fast schreiend« reagiert haben. Das Faß zum Überlaufen brachte ein Artikel Hansens im linken Magazin *Konkret*, in dem er die rhetorische Frage aufwarf, ob der Kanzler »schlichte politische Schweinereien« vorhabe. Vor Jusos in Düsseldorf sagte Hansen, die Bundesregierung betreibe »eine Art Geheimdiplomatie gegen das eigene Volk«.

Die Reaktionen aus der eigenen Partei auf solche Eskapaden reichten von den Bezeichnungen »Wirrkopf« durch Helmut Schmidt und »Lump« durch den mächtigen nordrhein-westfälischen Sozialdemokraten Friedhelm Farthmann über die Einstufung als »geisteskrank« durch den innerdeutschen Minister Egon Franke bis hin zu der Drohung, man wolle dem Genossen am liebsten »ein Stuhlbein über den Kopf hauen«. Der Bezirk Niederrhein mit dem Hansen-Intimfeind Hans-Otto Bäumer an der Spitze, dem nordrhein-westfälischen Agrarminister im Kabinett von Johannes Rau, leitete schließlich ein Parteiausschlußverfahren gegen Hansen ein.

Meinungsfreiheit kontra Parteiräson

Die Rechtsanwälte Werner Holtfort, seinerzeit stellvertretender Bundesvorsitzender der Arbeitsgemeinschaft sozialdemokratischer Juristen, und Gerhard Schröder verteidigten Karl-Heinz Hansen vor den Parteigremien. Dabei stellten sie das im Grundgesetz garantierte »Recht, seine Meinung in Wort, Schrift und Bild frei zu äußern und zu verbreiten« über die Parteisolidarität. In ihrem Plädoyer vor der Schiedskommission stellten sie fest, daß dieses Grundrecht viel zu häufig eingeschränkt werde: »... entgegen dem guten Grundsatz im Artikel 5 des Grundgesetzes zittert die Republik vor der Macht des Wortes und setzt ihm nach Kräften Schranken: Es soll maßvoll, freundlich, glimpflich, angepaßt sein.«

Die beiden Verteidiger argumentierten vornehmlich politisch: »Hans Otto Bäumer ... hat das verständliche und hoch ehrenhafte Bestreben, den ganzen Bezirk Niederrhein geschlossen hinter die Verteidigungspolitik Helmut Schmidts zu bringen. Aber ein solches Streben nach Harmonie, nach Durchhalten eines ›Grundkonsenses‹ geht auf Kosten der Minderheitsmeinungen. Diese Minderheitler werden leicht zu Abweichlern gemacht, von da zu Außenseitern, von da zu Randgruppen. Hüten müssen wir uns vor einem Defizit an Demokratie. Heute ist die SPD eine Volkspartei. Eine Volkspartei muß Dissidenten tolerieren.«

Aber weder diese Argumentation noch der Hinweis darauf, daß auch Oskar Lafontaine – mit noch stärkeren Worten – die Verteidigungspolitik kritisiert hatte, noch Holtforts Frage, ob auch »der Vorsitzende der saarländischen SPD aus der Partei ausgeschlossen werden« solle, verfingen. Karl-Heinz Hansen wurde aus der SPD ausgeschlossen, sein Freund Manfred Coppick verließ die Partei freiwillig. Die beiden versuchten in der Folge, eine Partei links von der SPD, die USD, zu gründen, was aber fehlschlug. Die 50 000 Solidaritätsadressen, die Hansen im Laufe des Ausschlußverfahrens aus der Partei erhalten hatte, waren kein Indiz für die massenhafte Bereitschaft, die SPD aufzugeben – genauso wenig wie die Bereitschaft Gerhard Schröders, Hansen zu verteidigen, als Einverständnis mit dessen Politik verstanden werden konnte, sondern ausschließlich als Beleg für sein damaliges Verständnis von innerparteilicher Demokratie und Toleranz im Umgang mit Andersdenkenden. Auch wenn er den moralischen Rigorismus und den politischen Radikalismus Hansens nicht teilte – er selbst ist im Laufe der Zeit oft genug in Konflikt mit der Partei gekommen.

Verteidigung bürgerlicher Rechte

Seit 1978 arbeitete Gerhard Schröder zusammen mit den Rechtsanwälten Dietrich Buschmann und Hela Rischmüller-Pörtner in seiner eigenen Kanzlei. Sie entwickelte sich bald zu einer ersten Adresse in Hannover, wenn es um die Verteidigung bürgerlicher Rechte ging. In zahlreichen Prozessen bewies der Rechtsanwalt Gerhard Schröder noch bis zu seiner Wahl zum Ministerpräsidenten 1990 sein juristisches Können. Mal ging es um die Vertretung von homosexuellen Pfarrern gegen ihren Arbeitgeber, die Kirche, mal um Berufsverbote, mal um Protestaktionen der Anti-AKW-Bewegung in Brockdorf oder Gorleben.

In Stunden politischer Niederlagen und des Selbstzweifels dachte der Politiker des öfteren öffentlich darüber nach, daß er ja noch einen angesehenen bürgerlichen Beruf habe, von dem sich auch ganz gut leben lasse: »Ich habe von der Politik nie leben müssen. Ich habe dafür gesorgt, daß ich Anwalt war, bevor ich Politik machte, und ich könnte aus dem Stand von meinem anderen Beruf sehr gut leben. Ich möchte möglichst unabhängig sein. Dies gilt auch für meine Partei, in der ich sehr gern bin, aber von der ich wirtschaftlich unabhängig bleiben möchte.« Diese Unabhängigkeit brauchte – und gebrauchte – Schröder auf seinem Weg nach oben.

Ganz oder gar nicht
Ansturm auf die Staatskanzlei

Daß Schröders politischer Weg 1980 über den Juso-Vorsitz in den Bundestag führte, ist nicht überraschend. Die Namen ehemaliger führender Junggenossen, die in Bonn später eine wichtige Rolle spielten, sind Legion: Heidemarie Wieczorek-Zeul, Karsten Voigt, Wolfgang Roth und andere wirkten und wirken in der Bundespolitik an entscheidender Stelle mit.

Vom Bundestagsabgeordneten Gerhard Schröder allerdings ist im allgemeinen Bewußtsein nicht viel hängengeblieben. Am bekanntesten ist wohl die Episode, die im nachhinein immer und immer wieder kolportiert wurde und die er später als Kanzlerkandidat selbst nur zu gern erzählt hat: Als er nächtens mit Freunden alkoholisiert am Kanzleramt vorbeikam, sich dem Zaun zuwandte, daran rüttelte und schrie: »Ich will hier rein!«

Was wie eine feucht-fröhliche Anekdote klingt, hatte, wie Zeugen aussagen, eine zutiefst ernste Komponente. »Auf einmal«, so verklärte der *Stern* die Anekdote, »hing er da am Zaun des Kanzleramts, kletterte hoch wie ein Affe und brüllte den immer und immer wieder zitierten Satz. Jeden anderen, der gebrüllt hätte, daß er da rein wolle, hätte man ausgelacht. Doch bei Schröders Ausbruch, so erinnern sich die Zeugen jener Nacht, blieben sie stumm. Er sei in jenem Moment auf so ›ergreifende Weise überzeugend und willensstark‹ gewesen.« Später in derselben Nacht noch habe Schröder diesen Ausbruch mit den Worten bekräftigt: »Denn wenn man nur eins will im Leben, dann kriegt man's auch.«

Sicher ist: Bereits in seiner Bonner Zeit entwickelte Schröder strategische Pläne, wie er seinen Weg ins Kanzleramt nehmen könnte. In diese Zeit fiel der Machtwechsel in Bonn, und die jungen SPD-Abgeordneten sahen sich unvermittelt statt mit den Karrierechancen, die eine Regierungspartei zu bieten hat, mit der Mühsal der Opposition konfrontiert. Schröder aber hatte keine Lust, »in der Opposition herumzuhocken«. Über diese Zeit berichtete *Spiegel*-Reporter Jürgen Leinemann Bezeichnendes:

»Daß in Bonn nach dem Sturz von Kanzler Schmidt für junge, ehrgeizige Sozialdemokraten ›tote Hose‹ sei, darüber waren sich vor gut drei Jahren (1983, d.Verf.) in der linken Polit-Kneipe ›Provinz‹ Abend für Abend alle einig. An der Theke der gemütlichen Brutstätte des rot-grünen Chaos, gegenüber dem Kanzleramt Helmut Kohls, schwelgten linke Genossen in Auswanderungsphantasien, trösteten sich mit Gewerbescheinen für geplante Antiquitätengeschäfte, spielten Bier an Bier mit den jetzt grünen Kampfgefährten von einst die Straßenschlachten von 1968 noch einmal durch. Nostalgie-Brigade APO.

Gerhard Schröder aber konnte mit Apo-Erinnerungen wenig anfangen. Er schmiedete beim Bier halb scherzhaft, halb ernsthaft große Pläne für die Zukunft. Der ehemalige Juso-Vorsitzende und Jungabgeordnete der SPD-Hinterbank beschloß, Bundeskanzler zu werden, und entwarf Kabinettslisten für die 90er Jahre. ›Zuerst aber‹, dröhnte Schröder, ›muß ich Niedersachsen gewinnen‹.«

Nein, die Einordnung in die Fraktion, das Leben als parlamentarischer Hinterbänkler, das war Gerhard Schröders Sache nicht. Seit er als Abgeordneter des Wahlkreises Hannover Land mit 50,7 Prozent Erststimmen in das Parlament eingezogen war, hatte er zwar immer wieder versucht, sich in den Vordergrund zu spielen und Aufsehen zu erregen – und sei es nur, indem er Tumulte durch den Umstand verursachte, daß er ohne Krawatte ans Rednerpult trat, quasi als Vorkämpfer für die späteren Turnschuh-Grünen. Aber wie wohl die meisten Newcomer im Parlament, fühlte er sich in der »Bonner Käseglocke«, so Schröder, zunächst isoliert und alleingelassen. Er konnte weniger nach seinen eigenen Neigungen Politik machen, sondern mußte sich der Fraktionsführung beugen – was konkret bedeutete, daß er zunächst als stellvertretendes Mitglied im Bildungsausschuß sowie im Bauausschuß landete. Eine echte Aufgabe wurde ihm dann als Mitglied der Enquête-Kommission »Jugendprotest im demokratischen Staat«, die im Mai 1981 vom Bundestag eingesetzt wurde, zugeteilt. So weit lag seine Zeit als Juso-Vorsitzender ja noch nicht zurück.

Ansonsten versuchte er als Mitglied der »Parlamentarischen Linken« innerhalb der SPD, der sich in Bonn nicht unbedingt heimisch, sondern eher »auf Montage« fühlte, in möglichst vielen Reden nicht nur bundes-, sondern auch landespolitisch Punkte zu sammeln. Viele seiner Beiträge zielten auf Niedersachsen, was um so einfacher war, als der Hannoveraner Regierungschef Ernst Albrecht zeitweilig für einen Ministerposten im Kabinett Kohl im Gespräch war.

Wenn Schröder bei solchen Gelegenheiten auch manchmal zu Themen sprechen mußte, die nicht unbedingt zu seinen Spezialgebieten zu rechnen waren, so brachte ihn der Vorwurf, er habe »doch keine Ahnung« von dem, was er da erzähle, erst richtig in Fahrt: »Wenn ich dann höre, ich hätte keine Ahnung und sei kein Experte, werter Herr«, so beschied er einen Zwischenrufer aus der CDU/CSU in einer Agrardebatte, »dann will ich Ihnen nur einmal sagen: Die Bauern in Niedersachsen, in Ostfriesland, in der Wesermarsch haben die Schnauze von Experten Ihrer Couleur gestrichen voll. Das will ich Ihnen einmal sagen.«

Über Medien Fakten schaffen

Ansonsten mußte Schröder letztlich akzeptieren, daß die große Politik in Bonn von den Spitzen der Fraktion gemacht wird und nicht vom einfachen Abgeordneten. Dabei gewann er über die parlamentarische Arbeit Erkenntnisse – er selbst sagt: »Herrschaftswissen« -, die ihm für seine spätere Arbeit als Oppositionsführer und als Ministerpräsident in Niedersachsen noch von entscheidender Bedeutung sein sollten. Die Führungsspitze setzte nach seinen Beobachtungen ihren Zugang zu den Medien gezielt ein, um über Schlagzeilen Fakten zu schaffen, die dann zu einem Element der fraktionsinternen Auseinandersetzung wurden. Der Journalist Peter Gatter fragte Schröder in dem 1986 erschienenen Buch »Der Herausforderer»: »Es kann also passieren, daß Sie wichtige Entscheidungen der Fraktionsspitze erst aus der Zeitung erfahren?«

Schröder antwortete: »Ja natürlich. Wenn der Fraktionsvorsitzende vor die Presse geht und ein Thema transportieren will, dann haben wir das vorher diskutiert – oder auch nicht. Wenn wir nicht darüber gesprochen haben, dann ist durch die Presseerklärung erst einmal ein Fakt geschaffen. Wenn die Fraktion nämlich anderer Meinung ist, dann muß sie sich nicht nur mit dem politischen Inhalt auseinandersetzen, sondern auch mit der Tatsache, daß ein abweichendes Votum den Vorsitzenden desavouieren würde.

Somit findet politische Willensbildung in zweifacher Weise statt: Im Idealfall als Diskussionsprozeß, also als kollektiver Vorgang; im viel häufigeren Nicht-Idealfall wird oben etwas eingetütet, an dem dann unten allenfalls ein bißchen rumgemeckert werden kann – mehr aber auch nicht.«

Ein Politikstil, den er, wie er zugab, später selbst betrieben hat.

Das Studium der Macht

Studieren konnte Gerhard Schröder die Mechanismen der Macht hautnah zu einer Zeit, in der noch die drei ganz großen Sozialdemokraten der Nachkriegszeit aktiv waren: Kanzler Helmut Schmidt, Ex-Kanzler und Parteivorsitzender Willy Brandt und Fraktionschef Herbert Wehner. Über sein Verhältnis zu diesen drei »Vaterfiguren« (das Wort von der Enkelgeneration wurde erst später geprägt) sagte Schröder später: »Es war damals so, daß man Helmut Schmidt respektierte, Herbert Wehner ein bißchen verehrte, seiner Lebensgeschichte, auch seines Alters wegen, und zu Willy Brandt eine Zuneigung empfand – Liebe ist übertrieben.« Solche Gefühle erwuchsen aus nüchterner Distanz, denn: Wirkliche Vorbilder seien auch diese drei für ihn nicht gewesen – »die habe ich eigentlich nicht«.

Schröder konnte in Bonn die Mechanismen der Macht

noch an einem weiteren Profi, einem politischen Gegner, studieren: an Helmut Kohl.

In einer Rezension der Kohl-Biographie von Werner Filmer und Heribert Schwan, die zwei Jahre nach dem Amtsantritt des Bundeskanzlers erschien, warnte der damalige Bundestagsabgeordnete Gerhard Schröder: »Sein ausgeprägtes Machtbewußtsein darf vor allem auch von den Sozialdemokraten nicht unterschätzt werden.«

Aber der »unaufhaltsame Aufstieg des Helmut Kohl« sei nur zum Teil mit dessen »unstillbarer Lust an der Macht« zu erklären. Hinzu komme die »pfälzische Herkunft, diese Form von wein- und wurstseliger Provinzialität, dieses vertraute private Ambiente, in dem sich Kohl wohl und zu Hause fühlt«, dann ein »erstaunliches Selbst- und Sendungsbewußtsein« sowie schließlich die Fähigkeit, Seilschaften zu binden: »Ganz offensichtlich hat er es bereits in seiner Schüler- und Studentenzeit verstanden, Freunde an sich zu binden, sie für sich einzunehmen, sie zu verpflichten, ihnen in späteren Jahren dann auch Karrieren zu eröffnen, Posten zuzuschanzen.«

Zumindest in einem Punkt dürfte sich der Rezensent Gerhard Schröder schon damals mit seinem späteren Kontrahenten im Kampf um die Kanzlerschaft einig gefühlt haben. Er zitiert »Kohl über Kohl»: »Ich bin der beste Mann.«

Den Satz kann auch der Niedersachse sprechen.

Weg mit Hindernissen

Wenn auch Gerhard Schröder die Provinzialität Kohls in seiner Erfolgsanalyse als wichtigen Faktor noch vor dem Selbstbewußtsein und der Fähigkeit, Seilschaften zu knüpfen, herausstrich, so entsprach sein damals erwachter eigener Drang nach Niedersachsen eher politischem Kalkül als Erdverbundenheit. Er wußte: Wenn er in der Bundespolitik etwas werden wollte, mußte er sich erst Meriten in seinem Heimatland erwerben. Er mußte Ministerpräsident von Niedersachsen werden.

Aber der Weg dorthin war mit mächtigen Hindernissen gepflastert. Zum einen saß CDU-Ministerpräsident Ernst Albrecht, mit einer absoluten Stimmenmehrheit ausgestattet, scheinbar unbesiegbar im Sattel. Schon zweimal hatte er den niedersächsischen SPD-Vorsitzenden Karl Ravens bei Landtagswahlen deutlich geschlagen. Zum anderen aber dachte der in seiner Mehrheit konservative niedersächsische Parteivorstand nicht daran, den als links geltenden Schröder zum Spitzenkandidaten zu berufen.

Das mußte er dann schon selbst tun.

Mut und Bereitschaft zum Arbeiten

Gerhard Schröder warf den Hut in den Ring. 1983, zweieinhalb Jahre vor der nächsten anstehenden Landtagswahl, bekundete der damalige Bundestagsabgeordnete in einem berühmt gewordenen Interview mit der *Hessischen/Niedersächsischen Allgemeinen* seine Bereitschaft, als Spitzenkandidat gegen Ernst Albrecht anzutreten: »Wer das in Niedersachsen werden will, der braucht viel Mut und die Bereitschaft zu arbeiten. Beides ist bei mir vorhanden.« Er werde sich »auf keinen Fall nicht bewerben«.

Die doppelte Negation wurde so verstanden, wie sie gemeint war: als Bejahung des eigenen Anspruchs. Es war wieder eine jener Situationen, in denen Schröder »alles oder nichts« spielte. Er war zwar gerade erst als Nachfolger von Peter von Oertzen zum Vorsitzenden des SPD-Bezirks Hannover gewählt worden und hatte somit eine beachtliche Hausmacht hinter sich. Aber er agierte gegen die erklärte Strategie des Landesvorstandes.

Der nämlich hatte unter seinem Vorsitzenden Karl Ravens beschlossen, mit der Kandidatenkür noch zu warten. Zum einen wollte man einen möglichen Kandidaten nicht allzu lange »auf der Abschußbasis« vor dem Wähler präsentieren. Zum anderen aber hoffte das Partei-Establishment auf Hilfe von außen: In Bonn gab es nach dem Regierungswechsel den einen oder anderen Ex-Minister auf Jobsuche, und es wurde auch schon das eine oder andere vertrauliche Gespräch geführt.

So wurde der öffentliche Vorstoß Schröders als Regelverletzung aufgefaßt, denn bisher war es üblich gewesen, daß Personalfragen hinter verschlossenen Türen verhandelt – man kann auch sagen: ausgekungelt – wurden. Das Mitglied des Landesvorstands Hermann Oetting empfand das Vorgehen des jungen Genossen gar als »Schlag in die Fresse«. Dabei hatte Schröder nur nach der Devise gehandelt: Bevor du erst als dritter oder vierter genannt wirst, bring dich lieber selbst als erster ins Gespräch. Oder, wie es Karl Ravens formulierte: »Der nahm sich einfach, was er wollte.« Er hatte seine Lektion in Bonn gelernt und über die Medien Fakten geschaffen.

Notlösung zur Verhinderung von Schröder

Obwohl Gerhard Schröder über starken Rückhalt aus Hannover verfügte, war er noch lange nicht am Ziel. Unmittelbar nach seiner offen erklärten Kandidatur fühlte sich auch der SPD-Abgeordnete und Landtagsvizepräsident Helmuth Bosse nicht mehr an die ungeschriebenen Regeln gebunden und meldete ebenfalls seine Ansprüche an. Schließlich wurde Karl Ravens nach einigen Absagen (u.a. der Ex-Minister Hans Apel und Herbert Ehrenberg) auf der Suche nach einer Alternative zu Schröder doch noch in Bonn fündig: Die ehemalige Bundesministerin für Jugend, Familie und Gesundheit im Kabinett Schmidt, Anke Fuchs, aus Hamburg stammend, sollte sich ebenfalls auf dem Landesparteitag um die Spitzenkandidatur bewerben.

Die »Notlösung zur Verhinderung von Schröder«, wie es Parteifreunde ausdrückten, wurde von diesem naturgemäß als Affront empfunden, zumal er, der »Parlamentarische Linke«, die Tochter des ehemaligen Hamburger Bürgermeisters Paul Nevermann für eine »klassische Vertreterin des Kanals« hielt, jener Gruppe von Bonner Bundestagsabgeordneten also, die sich um den ehemaligen Minister für innerdeutsche Angelegenheiten, Egon Franke, gebildet hatte und die in der SPD eher für eine konservative Politik stand.

Die Feindbilder standen damals unverrückbar, und sie hielten auch noch lange vor. Der Zwist zwischen dem »Linken« Gerhard Schröder und den »Kanalarbeitern« wurde – von beiden Seiten – erst während der niedersächsischen Regierungszeit Schröders überwunden. Er selbst berichtete 1997 in einem Interview, daß er erst als Regierungschef nach 1990 den pragmatischen Politikansatz der Parteirechten respektieren gelernt habe, denn »meine politischen Möglichkeiten, die ich auf einmal hatte und mit denen ich umgehen mußte, waren keine anderen als deren; meine politische Praxis war keine andere als deren Praxis.« So habe sich in den letzten Jahren vor Egon Frankes Tod im April 1995 sein Verhältnis zu ihm gewandelt. Und Franke selbst hat bei Schröders zweiter Kandidatur, 1990, zu ihm gesagt: »Du warst nie mein Kandidat, aber jetzt bist du unser Kandidat.« Und »darin war eine Menge Anerkennung... Um diese Anerkennung habe ich mich bemüht, weil ich später begreifen mußte, daß meine innerparteilichen Gegner in den Auseinandersetzungen früherer Zeit mindestens ebenso oft recht hatten wie ich.«

Der Linke und der Rechte

Von dieser Einsicht war Schröder 1983 noch weit entfernt und seine innerparteilichen Gegner ebenfalls. So mußte er sich also dem Faktum stellen, daß er beim Rennen um die Spitzenkandidatur für die Landtagswahl 1986 zwei innerparteiliche Gegner hatte. In dieser Situation zeigte sich wieder einmal das Geschick des »political animal« Gerhard Schröder. Er knüpfte Bande zu Johann – genannt »Joke« – Bruns aus Emden, dem, wie er befand, »stärksten Mann in der Landtagsfraktion und intelligentesten auch«. Die beiden machten einen Deal: Bruns, stellvertretender Vorsitzender der SPD-Landtagsfraktion vom eher rechten Parteiflügel, sicherte »dem Linken« Schröder seine Unterstützung in der Frage der Spitzenkandidatur zu, wenn Schröder dafür nicht als Landesvorsitzender kandidieren würde, sondern ihm, Bruns, den Vortritt lasse.

Um dieses Treffen in der Bahnhofsgaststätte von Oldenburg rankten sich viele Legenden, und Schröder berichtete später in seinem Buch »Die Reifeprüfung« über die grundlegenden Überlegungen bei dieser Einigung. Dabei sei es um weit mehr als einen »Kuhhandel« nach dem Motto: »Du wirst Vorsitzender, ich mach' den Spitzenkandidaten« gegangen. Schröder: »Weit mehr als um irgendeinen Postenschacher ging es bei den Vorgesprächen (eines fand tatsächlich in der Bahnhofsgaststätte statt) um meine Annäherung – ich war damals Bundestagsabgeordneter – an die Landespartei und die neuerliche Einigung des Landesverbandes auf eine gemeinsam zu vertretende Politik. Niedersachsen ist ein Flächenstaat: Als Vorsitzender des Parteibezirks Hannover konnte ich so wenig ohne die ländlichen Bezirke wie jene ohne die Landeshauptstadt.« Schröder suchte die Annäherung und den Ausgleich mit der Landespartei und ihrem starken Mann, Johann Bruns, und sicherte sich so die Position des Spitzenkandidaten. Ein Muster mit Parallelen zu Schröders Vorgehen im Kampf um die Kanzlerkandidatur 1998.

Die Nähe zu den Massen

Nicht nur im Gespräch mit dem niedersächsisch-bodenständigen Johann Bruns suchte Schröder die Annäherung ans Land. Getreu seinem Motto, daß ein Politiker zuallererst »Zugang zu den Massen« finden müsse, machte er eine ausgedehnte Werbetour durch die niedersächsischen SPD-Ortsvereine und wetterte gegen die »Kinderlandverschickung« aus Bonn – gemeint war Anke Fuchs.

Diese hatte eigentlich geglaubt, leichtes Spiel zu haben, mußte dann aber feststellen, daß sie selbst in den Hochburgen der Parteirechten nicht genügend Unterstützung erhielt. Als zu erkennen war, daß es für sie bei der entscheidenden Abstimmung keine Chance geben würde, warf sie das Handtuch und legte ihre Kandidatur nieder.

Der Rest war mehr eine Formsache. Gerhard Schröder wurde auf dem Landesparteitag im Juli 1984 mit 169 Stimmen zum Spitzenkandidaten für die Landtagswahl bestimmt. Sein Gegenspieler Helmuth Bosse erhielt ganze 42 Stimmen.

Um zu verstehen, welch schwierige Aufgabe sich Gerhard Schröder vorgenommen hatte, muß man zunächst einen Blick auf die Ausgangslage in Niedersachsen werfen.

Dort regierte seit 1976 der studierte Philosoph, Theologe und Diplom-Volkswirt Dr. Ernst Albrecht wie ein echter »Monarch« – so sein Spitzname – das Land. Der ehemalige Bahlsen-Geschäftsführer war nach dem Rücktritt des SPD-Ministerpräsidenten Alfred Kubel 1976 mitten in der Legislaturperiode völlig überraschend zum Ministerpräsidenten gewählt worden, obwohl die CDU nicht über die Mehrheit verfügte. Wer Albrecht damals aus den Reihen der SPD/FDP-Koalition mitgewählt hat, ist niemals aufgeklärt worden.

Ernst Albrecht, seinerzeit noch respektlos »Ernstchen« genannt, mit einem Dauerlächeln, das bald zu seinem Markenzeichen wurde, avancierte zu einem der beliebtesten Politiker der Republik. Er hätte es beinahe bis zum Kanzlerkandidaten der Union gebracht, war vor der Bundestagswahl 1980 ernsthaft als CDU-Kandidat im Gespräch – als Alternative zu Helmut Kohl und Franz Josef Strauß, der schließlich in der Union das Rennen um den Herausforderer von Helmut Schmidt machte. Und die hypothetische Prognose ist nicht sehr gewagt, daß Albrecht gegen Bundeskanzler Schmidt wahrscheinlich ein besseres Ergebnis eingefahren hätte als der im Wahlkampf stark polarisierende CSU-Vorsitzende Franz Josef Strauß.

Als niedersächsischer Ministerpräsident, ausgestattet mit einem, wie Kritiker sagten, »ausgeprägten Hang zur Selbstherrlichkeit«, verstand es Albrecht wie kein zweiter, sich als konservativer Landesvater zu profilieren. Bilder Albrechts in Lodenkleidung als (Hobby-)Schafzüchter oder als Jäger paßten ebenso in dieses Klischee wie die stets und ständig demonstrativ zur Schau getragene »Heile-Familie-Attitüde« und seine konservativ-aufgedunsene Sprache. Kostprobe: »Aus Verantwortung meines Amtes, aber auch als Vater von sechs Kindern und Großvater von zwei Enkeln ...«. In einem völlig auf seine Person abgestellten Wahlkampf hatte Albrecht 1982 die absolute Mehrheit (50,7 Prozent) erreicht und regierte seither mit »verkappt feudalem Anspruch«, wie der *Spiegel* befand, als »schwarzer Monarch«.

1986 sollte alles beim alten bleiben, die CDU wollte Niedersachsen um jeden Preis halten, zumal es auch um bundespolitische Dimensionen ging: Mit einem Sieg Schröders hätte die SPD eine Mehrheit im Bundesrat errungen und es der CDU im Jahr der Bundestagswahl besonders schwer machen können. Mit einem Zahnpastalächeln strahlte Albrecht von den Plakatwänden, der Slogan: »Da weiß man, was man wählt«. Weitere Wahlslogans der CDU lauteten: »Niedersachsen wählt das Glück«, »Es geht uns gut. So soll es bleiben« und besonders eindrucksvoll: »Ja, Albrecht-Politik!« – allesamt Parolen, die der Wahlkämpfer Albrecht höchstpersönlich abgesegnet hatte.

Volkstümlichkeit kontra Gutsherrenimage

Krasser war der Gegensatz zwischen zwei Spitzenkandidaten kaum zu denken. Hier der 56 Jahre alte, sich unangreifbar gebende, schöngeistige Landesvater, der schon Bücher über »psychologische Fragen des mystischen Bewußtseins« zu Papier gebracht hatte, der gleich nach seinem Amtsantritt 1976 in seiner Schrift »Der Staat – Idee und Wirklichkeit« sein konservativ-autoritäres Politikverständnis offenbart hatte und bei dem man schon genauer hingucken mußte, um – wie Schröder formulierte – in ihm »einen der kältesten, aber auch intelligentesten CDU-Politiker« zu sehen. Auf der Gegenseite der 42 Jahre alte Widersacher mit dem Rebellenimage, das Schreckgespenst der Konservativen – nicht nur der Regierungspartei, sondern auch in der eigenen SPD.

Schröder wußte: Er konnte diesen Kampf nur gewinnen, wenn es ihm gelingen würde, einerseits einen stärkeren Rückhalt in der Bevölkerung – Volkstümlichkeit kontra Gutsherrenimage – zu finden und andererseits neue Wählerschichten, insbesondere über die zunehmend an Bedeutung gewinnenden ökologischen Themen, für sich zu gewinnen. Das mit der Volkstümlichkeit fiel ihm nicht schwer. Denn Schröder erwies sich schon damals als ein Mann, der beim Wähler »ankam«. Er brauchte sich nicht zu verstellen, als er im August 1985 unter dem Motto »Lernen Sie Gerhard Schröder persönlich kennen« durch das Land tourte und den »Politiker zum Anfassen« gab. Dabei »rackerte er wie noch nie«, schrieb Ehefrau Hiltrud später, »nach zwölf Monaten zeigte sein Tacho, daß er 45 000 Kilometer abgefahren hatte.« Nicht huldvoll schüttelte er die Hände seiner Fans, sondern freundschaftlich. Nicht nur die eigene Botschaft war sein Anliegen, sondern er wollte, wie er sagte, auch lernen: »Ich will gucken, wie es in den Regionen aussieht.« Schröder kommunizierte mit den Menschen, die ihn wählen sollten, von gleich zu gleich – schließlich war er von Herkunft ja einer von ihnen.

Als gelungener Schachzug erwies sich der doppeldeutige Schröder-Slogan seiner Wahlkampfstrategen: »Der neue Kopf«. Die Anspielung wurde von der Bevölkerung durchaus verstanden: Der legendäre Landesvater Hinrich Wilhelm Kopf, ebenso bodenständiger wie untadeliger Sozialdemokrat und erster Ministerpräsident des von der britischen Besatzungsmacht geschaffenen Landes Niedersachsen nach dem Krieg, war bekannt dafür, ein Herz für die kleinen Leute gehabt zu haben. Und die Sehnsucht nach einem neuen »Kopf« an der Spitze des Landes verstand Schröder geschickt zu wecken.

Nicht zuletzt zahlte sich sein unkonventioneller Umgang mit den Medien aus. Die großen Magazine wie *Stern* und *Spiegel* berichteten ohnehin über ihn. Jetzt zogen die regionalen Tageszeitungen nach, wie der langjährige niedersächsische *Spiegel*-Korrespondent Wolfgang Becker feststellte: »Da die lokalen Journalisten nicht auf Pressekonferenzen mit einem Statement abgespeist werden, sondern sich erstmals neben einen Spitzenkandidaten an den Biertisch klemmen dürfen, fließt ihnen derart viel in die Feder, daß ihre Blätter die Schröder-Tour schon dreispaltig aufmachen müssen; in den Ortsvereinen, sonst mit drei Zeilen zufrieden, trauen die Genossen ihren Augen nicht.«

Teures Lehrgeld

Schwieriger wurde es für Schröder, eine wirkungsvolle Strategie im Umgang mit der grün-alternativen Protestbewegung und deren Sympathisanten zu finden: Wie sollte er sich gegenüber der neuen politischen Kraft, den Grünen, verhalten? Bei der Antwort darauf mußte der Senkrechtstarter schließlich teures Lehrgeld zahlen.

Dabei hatte es zunächst so ausgesehen, als sei Schröder der ideale Mann, um diese Aufgabe zu meistern. Zwar hatte Schröder selbst nie zur studentischen Protestbewegung der 68er gehört und wahrte Distanz auch zur grün-alternativen Bewegung. Aber seine »Dialogfähigkeit« mit den Generationsgenossen hatte darunter nie gelitten. Die basisdemokatische Herkunft des linken Kandidaten Schröder schien hervorragend zum Politikverständnis der Alternativen zu passen, und auch in den Kernaussagen der Umweltpolitik – insbesondere, was den Ausstieg aus der Kernenergie anging – stimmten die Positionen überein.

Die Grünen in Niedersachsen, die 1978 erstmals als »Grüne Liste Umweltschutz« für den Landtag kandidiert hatten, und dem Parlament seit 1982 angehörten, hatten sich durch ihre Arbeit zweifelsfrei als »Realos« ausgewiesen, auf deren Zusammenarbeit man durchaus setzen konnte.

Da eine absolute Mehrheit für die SPD nahezu undenkbar schien, blieb eine rot-grüne Zusammenarbeit eigentlich die einzig realistische Perspektive für den angestrebten Machtwechsel. So sah es lange Zeit auch Schröder. Er schrieb: »Die Zusammenarbeit zwischen SPD und Grünen ist kein Selbstzweck, sondern Mittel zum Zweck. Der Sinn besteht darin, ein Reformbündnis aus Arbeitnehmerschaft und aufgeklärtem Bürgertum politisch handlungsfähig zu machen, das allein geeignet erscheint, die Probleme der letzten zwanzig Jahre des 20. Jahrhunderts zu lösen. Deshalb bin ich dafür, daß SPD und Grüne versuchen zusammenzuarbeiten. Zur Zeit sind diese beiden Parteien politischer Ausdruck der Arbeitnehmerschaft und des aufgeklärten Bürgertums.« Und sein Wahlkampfmanager Albrecht Müller befand, die SPD habe »gar keine andere Wahl« als ein Bündnis mit den Grünen anzustreben.

Doch die Bundes-SPD dachte – bis auf Willy Brandt, der, die Grünen einschließend, von »einer Mehrheit jenseits der CDU« gesprochen hatte, – anders. Johannes Rau, mit absoluter Mehrheit regierender Ministerpräsident in Nordrhein-Westfalen und Kanzlerkandidat der SPD, setzte im Bundestagswahlkampf 1986 auf »eine eigene Mehrheit«. Sein Credo lautete: »Diese SPD will nicht auf Platz 2, sie will auf Platz 1. Wir alle miteinander, wir können das schaffen.« Diese Strategie im Bund war nicht gerade realitätsnah, aber Schröder kuschte schließlich vor Raus Kurs.

Absage an die Grünen

Hiltrud Schröder erinnerte sich in ihrem Buch »Auf eigenen Füßen« an den entscheidenden Tag: Bodo Hombach und Wolfgang Clement, Raus Wahlkampfmanager, waren aus Düsseldorf angereist und redeten unter sechs Augen mit dem Hannoveraner Spitzenkandidaten. Sie zogen sich auf die Terrasse zurück. Hiltrud Schröder: »Ich blieb im Wohnzimmer und sah nur, daß Hombach und Clement immer abwechselnd auf Gerd einredeten. Er sagte nicht viel. Und das ist immer ein schlechtes Zeichen. Ich schaute aus dem Fenster und ahnte, jetzt kannst du Rot-Grün vergessen. Und genauso war es. Als die beiden gegangen waren, sagte Gerd mit zerknirschtem Gesicht: ›Ich kann hier nicht gegen Rau Wahlkampf machen‹.«

Aus »Unsicherheit, ja: Feigheit«, so hat er später selbst in seinem Buch »Die Reifeprüfung« bekannt, vollzog Gerhard Schröder den Schwenk und erteilte völlig überraschend den Grünen als möglichem Koalitionspartner eine Absage. Wieder einmal benutzte er, um Fakten zu schaffen, die Medien: In einem Fernsehinterview bescheinigte er den Grünen, sie seien nicht bündnisfähig.

»Unsicherheit« und »Feigheit« sind keine guten Ratgeber, doch muß man bei seiner Kehrtwendung die Konstellation in der Bundes-SPD berücksichtigen, der entgegenzuwirken Schröder nicht die Kraft hatte. Sowohl Oskar

Lafontaine im Saarland als auch Johannes Rau in Nordrhein-Westfalen hatten ihre Landtagswahlen ohne die Grünen gewonnen. Und so setzte Johannes Rau auch als Kanzlerkandidat auf die absolute Mehrheit. Eine Koalition zwischen SPD und Grünen in Niedersachsen aber hätte – so die damalige Meinung – diese Wahlkampfstrategie durchkreuzt. Konnte die SPD mit einem Gegner, den man bei den Bundestagswahlen möglichst aus dem Parlament drängen wollte, in Niedersachsen paktieren?

Aber es gab auch noch einen weiteren Aspekt, den Schröder damals betonte. Ihm sei klargeworden, so berichtet Hiltrud Schröder in ihrem Buch, »daß man den gradlinigen Niedersachsen eine Doppelstrategie in Bund und Land einfach nicht verkaufen könne, die hätten nicht umsonst zehn Jahre lang für den Betonkopf Albrecht gestimmt«.

Es habe »keinen Druck, wohl aber einen Entwicklungsprozeß bei mir gegeben«, erklärte Schröder nach der dramatischen Absage an die Grünen. Und er besaß seherische Fähigkeiten genug, um festzustellen: »Wenn einer das Opportunismus nennt, kann ich dagegen nichts machen.«

Schröder war, wie er selbst erkannte, mit seiner Strategie, ganz auf die absolute Mehrheit zu setzen, ein »Risiko eingegangen«. Ob ihn diese Strategie letztlich die entscheidenden Stimmen bei der Landtagswahl gekostet hat, wird sich nie klären lassen. Er selbst zumindest glaubt es. Aber weit verheerender wirkte sich der von Schröder selbst formulierte Opportunismus-Vorwurf aus, der ja nicht neu war, sich jetzt festigte und ihm bis heute von seinen Gegnern, auch den innerparteilichen, gemacht wird.

Das Verhältnis zwischen Schröder und Rau blieb nicht zuletzt aufgrund dieser Divergenz im Verhältnis zu den

Grünen dauerhaft belastet. Und während Rau im Bund noch für die alleinige Mehrheit der SPD kämpfte, gab Schröder – nicht gerade ein Loyalitätsbeweis – per Interview im *Deutschen Allgemeinen Sonntagsblatt* die Bundestagswahl bereits verloren und sprach sich für Oskar Lafontaine als nächsten Kanzlerkandidaten der SPD aus.

Realitätsfremde Strategie

Daß die Strategie, in Niedersachsen ganz auf die absolute Mehrheit zu setzen, trotz guter Meinungsumfragen realitätsfremd war, mußte auch dem Realisten und Pragmatiker Schröder klar sein. Es wäre vom Stimmenergebnis die glatte Umkehrung des Votums der vorherigen Landtagswahl gewesen, und solche Umwälzungen sind nur unter extremen politischen Verhältnissen denkbar. So kamen auch Äußerungen des Kandidaten zustande wie: »Ich wäre ja verrückt, wenn ich sagen würde, nur weil ein paar Grüne mich wählen könnten, kandidiere ich nicht.«

Solche Äußerungen wurden ihm zu Recht als Wankelmut angekreidet und schreckten vor allem jene ab, auf die er ganz besonders angewiesen war: seine eigenen Anhänger und Parteifreunde. Mal wurde ihm, aus Juso-Kreisen, nachgesagt, er lasse sich von den »Rechten unter Druck setzen«, mal spottete der ehemalige SPD-Ministerpräsident Alfred Kubel »Schröder-Kurs, was ist das? Der sucht doch noch selbst«. Zufrieden zeigte sich dagegen die SPD-Spitze in Bonn. Willy Brandt als Parteivorsitzender, Johannes Rau als Bundeskanzlerkandidat und Gerhard Schröder als Möchtegern-Regierungschef demonstrierten Einigkeit.

Der CDU hatte Schröder mit seiner Abwendung von der rot-grünen Option ein wichtiges Wahlkampfargument aus der Hand genommen. »Mit diesen Leuten will die SPD gemeinsame Sache machen«, behauptete die CDU, nun aber nicht mehr sehr überzeugend. »Diese Leute«, das waren die Grünen, denen die Partei des schöngeistigen Ernst Albrecht in Zeitungsanzeigen nachsagte, sie wollten den straffreien Drogengebrauch einführen und damit Hunderttausende von Jugendlichen ins Elend treiben, sie wollten Bereitschaftspolizei und Gefängnisse abschaffen, also Mörder und Sexualverbrecher frei herumlaufen und ihre Missetaten verrichten lassen, und schließlich wollten sie, »daß alle Babys im Mutterleib bis zur Geburt hin getötet werden können«. Der Grüne Otto Schily, der später zur SPD wechseln sollte, nannte diese Kampagne – sprachlich nicht weniger drastisch – eine »Goebbelssche Propaganda« und »zielbewußte psychologische Kriegsführung«.

»Vorläufig dritte Ehefrau»

In der Schlußphase des Wahlkampfes wurde auch Schröder selbst in die Sudelkampagne einbezogen. Vor allem sein Privatleben hatten die Gegner im Visier. Jemand, der bereits die dritte Ehe eingegangen war und selbst keine Kinder in die Welt gesetzt hatte, mußte einem Parade-Familien- und Großvater wie Ernst Albrecht als Ausgeburt an Unsittlichkeit vorkommen. In einem Gespräch mit einem Journalisten ließ sich Ernst Albrecht über charakterliche Defizite des Sozialdemokraten aus: »Wenn ich es ganz offen sagen soll, auch die Frauen, die mit ihm umgehen, sagen: Der kennt nur sich. Und deshalb kann man auch auf Dauer, sagen wir mal, kein Verhältnis haben zwischen den Geschlechtern. Denn in dem Augenblick, in dem es für sein eigentliches Lebensziel opportuner ist, sich irgendwo anders zu binden, wischt er alles andere beiseite. Er setzt sich über alles hinweg.«

Wie Albrecht an die private Meinung der Schröder-Frauen gekommen war, ließ er offen. Der *Spiegel* berichtete sogar über den Verdacht, der niedersächsische Verfassungsschutz habe Schröders Privatleben ausspioniert. Belegt oder bewiesen indes ist derartiges nicht.

Auf jeden Fall wurde die Tatsache, daß Gerhard Schröder gerade erneut geheiratet hatte, mehr oder weniger offiziell in die CDU-Kampagne einbezogen. Auf zahlreiche Wahlkampfplakate, auf denen Schröder mit seiner Ehefrau Hiltrud – die beiden führten den Wahlkampf »im Team« – zu sehen war, wurden Sticker geklebt: »Schröders vorläufig 3. Frau«. Redner der CDU machten in ihren Wahlkampfreden entsprechende anzügliche Bemerkungen.

Niederlage mit Zugewinn

Die Schlußphase des Wahlkampfes wurde von einem einschneidenden Ereignis überlagert: Dem Super-Gau im ukrainischen Kernkraftwerk Tschernobyl vom 26. April 1986.

Gegen Widerstände in der eigenen Partei nahm Schröder diese Katastrophe, deren Auswirkungen auch in Deutschland zu spüren waren und die viele Menschen in Schrecken versetzte, zum Anlaß, um im Wahlkampf – so wie auch die Grünen – lautstark einen Ausstieg aus der Atomenergie zu propagieren. Wörtlich erklärte er: »Die Konsequenz aus Tschernobyl muß sein: Wir müssen weg von dieser gefährlichen Form der Energieversorgung. Hier steht auch die Frage, ob demokratisch gewählte Politiker gestalten wollen und gestalten können oder ob die

Atomlobby in unserem Land siegen soll.« Im Wahlkampf wurde die Argumentation auf den Slogan verkürzt: »Das Risiko wegwählen«. Doch der Union gelang es, dem Thema die wahlentscheidende Dominanz zu nehmen.

In Bonn verfuhr Bundeskanzler Kohl nach der »alten Weisheit, daß die Regierung in Zeiten der Not etwas unternehmen muß, um der Bevölkerung den Eindruck zu vermitteln, sie sei handlungsfähig«. Kohl schuf kurzerhand das Bundesumweltministerium und holte den populären Frankfurter Oberbürgermeister Walter Wallmann an die Spitze. Dieses wirkte sich stimmungsmäßig auch auf den Niedersachsen-Wahlkampf aus und »überstrahlte« auch den Umstand, daß Ministerpräsident Albrecht die Kernspaltung noch immer als »derzeit sauberste Energiequelle« propagierte.

Lag es nun an dem eingetretenen Stimmungsumschwung, lag es an Schröders indifferenter Haltung gegenüber den Grünen oder lag es einfach daran, daß die Wähler vor der letzten Konsequenz eines Wechsels zurückschreckten: Es reichte nicht für Gerhard Schröder. Zwar verbesserte der Herausforderer den SPD-Stimmenanteil um stattliche 5,6 Prozent, was in jeder anderen Situation als gewaltiger Sieg gewertet worden wäre, aber da die FDP mit sechs Prozent Stimmen in den Landtag gekommen war, konnte Albrecht trotz eines Verlustes von 6,4 Prozent der Stimmen für die CDU im Verein mit den Liberalen weiterregieren, wenn auch nur mit einer Stimme Mehrheit.

Die Mühen der Ebene

Als Oppositionsführer im Landtag

»Was uns nicht umbringt, das macht uns nur stärker« – diese Devise Schröders vermochte ihn zunächst über die, wenn auch knappe, Niederlage nicht hinwegzutrösten. Daß es am Ende eines harten, von ihm mit ganzem Einsatz geführten Wahlkampfes nicht reichte, enttäuschte ihn zutiefst. Verlieren ist seine Sache nicht. In den Stunden der Niederlage konnte er, so sahen es Beobachter, die Tränen nur mühsam zurückhalten.

Zum Greifen nahe war sie gewesen, die Chance zur Regierungsübernahme – jetzt war es vorbei, und es mußte Bilanz gezogen werden. Und die war trotz allem positiv. Gerhard Schröder hatte den Stimmenanteil der Sozialdemokraten erheblich gesteigert – das war ein nicht zu unterschätzender Erfolg in der Niederlage. »Eine erträgliche Niederlage«, wie Schröder rückblickend sagte, mit der er »schnell fertig geworden« sei, auch wenn er »schon ein paar Wochen gedrückt herumgelaufen« sei. Von den Bonner Genossen bekam Schröder allenthalben Lob: Er habe »ein ordentliches Gesellenstück« abgeliefert, befand Willy Brandt.

Der Aufwärtstrend der SPD in Niedersachsen gab dem Bundestagswahlkampf wichtige Impulse. Gleichzeitig war für Johannes Rau und seine Bonner Mitstreiter die – als solche angesehene – Gefahr gebannt, daß sich ein SPD-Ministerpräsident Schröder mit den Stimmen der Grünen hätte wählen lassen. Daß dieser jetzt auch bundespolitisch Ansprüche stellte und ankündigte, auf dem nächsten SPD-Parteitag für den Vorstand zu kandidieren, lag in der Logik seines Wahlergebnisses und zeugte von seinem unerschütterlichen Selbstvertrauen.

Und schließlich: Was war schon eine Stimme Mehrheit für das gegnerische Lager? Das reizte doch geradezu zur tatkräftigen Opposition, zur Ankündigung, die »Wackelkoalition« des Ernst Albrecht möglichst noch während der Legislaturperiode ablösen zu wollen.

Dazu aber waren Präsenz und die volle Konzentration auf die Landespolitik erforderlich. Unmittelbar nach der Landtagswahl gab Gerhard Schröder sein Bundestagsmandat auf und zog als Oppositionsführer in den niedersächsischen Landtag. Bei der Wahl zum Ministerpräsidenten gab es keine Überraschungen: Ernst Albrecht wurde mit den 78 Stimmen der CDU/FDP-Koalition im Amt bestätigt, Schröder bekam 66 Stimmen, die Grüne Charlotte Garbe elf. Für Schröder hatte der parlamentarische Alltag in der Provinz begonnen. Vier Jahre mußte er die »Mühen der Ebene« auf sich nehmen, bevor seine große Stunde schlagen sollte.

Skandale, Skandale

Allerdings: Eine bessere Zeit, um Opposition zu betreiben, hätte es eigentlich nicht geben können. Die Regierung Albrecht schien tatsächlich so verschlissen, wie es Schröders SPD im Wahlkampf immer behauptet hatte. Ein Skandal nach dem anderen kam ans Tageslicht. Zwei parlamentarische Sonderausschüsse beschäftigten sich mit echten Dauerbrennern: dem »Celler Loch« und der »Spielbankenaffäre«.

1978 hatte der niedersächsische Verfassungsschutz eine – so *Der Spiegel* – »Schmierenkomödie« der besonderen Art inszeniert. An der Gefängnismauer der Justizvollzugsanstalt Celle zündeten die Geheimdienstler zusammen mit der Anti-Terror-Einsatztruppe GSG 9 eine Bombe. Eine nachfolgende Pressekonferenz funktionierte der zuständige Minister, Hans-Dieter Schwind, zur Märchenstunde um: Er behauptete, es habe sich um einen terroristischen Anschlag der »Rote Armee Fraktion« gehandelt, mit dem versucht worden sei, einen einsitzenden Gesinnungsgenossen zu befreien. In Wahrheit hatte die Aktion dem Ziel gedient, V-Leute in die Terroristenszene einzuschleusen, was letztlich aber mißlungen war. Soweit das »Celler Loch«.

Der parlamentarische Untersuchungsausschuß zur »Spielbankenaffäre« sollte ursprünglich nur die Hintergründe klären, weshalb 1987 in Hannover ein Spielkasino pleite gegangen war. Im Verlaufe der Untersuchungen kam der Verdacht auf, daß sich die CDU in den siebziger Jahren mittels eines Strohmannes an einem Kasino hatte beteiligen wollen, um ihre Finanzen aufzubessern. Im Gegenzug soll sie einem Spielbankengesetz zugestimmt haben. Zwar konnte dieser Verdacht trotz zahlreicher Indizien nicht bis in die letzten Einzelheiten aufgeklärt werden, doch mußte CDU-Innenminister Wilfried Hasselmann im Zuge der Ermittlungen des Untersuchungsausschusses zurücktreten. Er hatte behauptet, niemals gesellschaftliche Kontakte zum Kasino-Milieu unterhalten und keine Spenden bekommen zu haben. Diese Aussage konnte widerlegt werden – zumindest eine Spende in Höhe von 40 000 Mark ließ sich belegen.

Mit diesen Affären war der Vorrat an Skandalen keineswegs erschöpft. Ein von der Landesregierung eingesetzter Sonderermittler, Oberstaatsanwalt Hans Dieter Jeserich, der Vorwürfen gegenüber der Polizei nachgehen sollte, präsentierte aufsehenerregende Enthüllungen: Bis hinein in die Polizeiführung zählte er Straftatbestände und Dienstpflichtverletzungen von Beamten auf. Die Vorwürfe lasen sich wie das Sündenregister Schwerkrimineller: Strafvereitelung im Amt, Freiheitsberaubung, versuchte Aussageerpressung, Vorteilsnahme, Falschaussagen, Verletzung der Vertraulichkeit des Wortes. Bei vielen der Delikte beteiligt: der berühmt-berüchtigte Agent Werner Mauss.

Doch ob nun der Verdacht geäußert wurde, der Verfassungsschutz habe Journalisten zu Spitzeldiensten angeheuert, ob niedersächsische Polizisten (auch in höheren Rängen) beschuldigt wurden, an Sex-Orgien in Bordellen teilgenommen und sich so erpreßbar gemacht und möglicherweise auch strafvereitelnd betätigt zu haben, – überall sah Ministerpräsident Albrecht nur Verleumder am Werk, redete schön und überstand mit seiner Ein-Stimmen-Mehrheit alle Attacken von SPD und Grünen.

Eine verpaßte Chance

Im Dezember 1988 sah Schröder erstmals die realistische Chance gekommen, den angeschlagenen Regierungschef zu stürzen. Er brachte einen Mißtrauensantrag im Parlament ein, über den geheim abgestimmt werden mußte. Den einen oder anderen Abweichler im Regierungslager hoffte Schröder dabei für sich gewinnen zu können. Zwar schloß der Oppositionsführer ein rot-grünes Bündnis auf Regierungsebene auch jetzt noch aus, weshalb Grünen-Fraktionschef Jürgen Trittin in der Debatte zum Mißtrauensantrag eine Passage in seiner Rede strich, in der er zunächst hatte begründen wollen, »warum wir Sie diesmal wählen, Herr Schröder«. Trotz der unveränderten Distanz zwischen den Oppositionsparteien kalkulierte Schröder die Stimmen der Öko-Partei ein, weil diese bei den von ihm für das Frühjahr 1989 versprochenen vorgezogenen Neuwahlen mit Stimmengewinnen rechneten. Bis zu diesen Wahlen wollte Schröder eine Regierungs-»Kernmannschaft aus der Fraktion« bilden.

Es kam anders. Statt mindestens eine Stimme aus CDU oder FDP für sich zu gewinnen, fehlte Schröder zum Schluß der Abstimmung mindestens eine Stimme aus dem eigenen Lager. Dennoch vertrat er unmittelbar danach die Auffassung, es sei richtig gewesen, den Mißtrauensantrag gewagt zu haben.

Später drückte er sich da differenzierter aus. »So enttäuschend die Niederlage auch war«, so Schröder 1993 in dem Buch »Die Reifeprüfung«, »mußte ich doch einsehen, daß eine Fraktion, die zu großen Teilen aus aktiven Kommunalpolitikern bestand, welche vor Ort auf Kooperation und Wohlwollen der Landesregierung angewiesen waren, nicht unbedingt bereit war, den Kurs einer, im Sinne Schumachers, ›intransigenten Opposition‹ bedingungslos mitzusteuern.«

Mehrheit jenseits von CDU und FDP

Aus den vorgezogenen Neuwahlen wurde also nichts. Und bis zur regulären Landtagswahl 1990 mußte Gerhard Schröder noch einige Wechselbäder überstehen.

Zunächst schien für ihn eitel die Sonne: Bei den Europawahlen 1989 drehte sich das Stimmenverhältnis in Niedersachsen um. Die SPD erhielt mit 42 Prozent mehr Stimmen als CDU (35,9) und FDP (5,8) zusammen. Hinzu kamen die Grünen mit einer Steigerung auf 8,4 Prozent – das war nicht die für die Landtagswahl angestrebte absolute Mehrheit der SPD, zeigte aber, daß eine Mehrheit jenseits von CDU und FDP zu erreichen war.

Als nächstes wackelte die Ein-Stimmen-Mehrheit von Albrecht plötzlich und unerwartet. Weil er für den nächsten Landtag nicht mehr aufgestellt werden sollte, liebäugelte der CDU-Abgeordnete Kurt Vajen öffentlich mit den rechtsradikalen Republikanern. Er hatte sich mit deren Gründer und damaligem Parteichef Franz Schönhuber getroffen und danach in einer Pressemitteilung der Rechtspartei erklärt, daß er »weitestgehend die politischen Zielvorstellungen der Republikaner bejahe und die Partei für koalitionsfähig halte«.

Daß Vajen nicht erneut für die CDU in den Landtag sollte, hatte seinen Grund: Er war wenige Monate zuvor wegen Wahlbetrugs rechtskräftig verurteilt worden. Bei der Kommunalwahl 1986 hatte Bürgermeister Vajen in seinem Heimatdorf Brockel potentielle Wähler mit Briefwahlunterlagen besucht und aufgefordert, Wahlscheine auch gleich für abwesende Verwandte mitauszufüllen. Anschließend stiftete er die Betroffenen auch noch zu Falschaussagen an. (Zusätzlich wurde Vajen auch verurteilt, weil er volltrunken Auto gefahren war und sich anschließend mit den kontrollierenden Polizisten ein Handgemenge geliefert hatte, das diese nur durch das Anlegen von Handschellen beenden konnten. Aber das hat eher mit niedersächsischer Folklore als mit Politik zu tun.)

Jetzt schien Vajen eine Trumpfkarte in der Hand zu haben, und tatsächlich bemühte sich die Fraktionsspitze in langen Gesprächen um ihn. Ernst Albrecht, zu dieser Zeit schon dienstältester Ministerpräsident der Bundesrepublik, wollte dem Schwund seiner Mehrheit nicht untätig zusehen. Also schlossen CDU-Fraktionschef Jürgen Gansäuer und CDU-Generalsekretär Hartwig Fischer mit dem Republikaner-Sympathisanten einen Kompromiß. Er erklärte schriftlich, daß er sich »nach wie vor den Grundsätzen der Union verpflichtet« fühle. Albrecht wurde also, wie Gerhard Schröder es ausdrückte, »durch einen Republikaner, der noch ohne Parteibuch ist«, im Amt gehalten.

Da wiehert das Niedersachsen-Roß

Aber auf unsicheren Kantonisten kann man auf Dauer keine Politik aufbauen. In diesem Fall noch nicht mal kurzfristig: Vajen trat trotz der Bemühungen der Parteispitze aus der CDU aus, die Albrecht-Mehrheit war dahin. Die Freude im Schröder-Lager währte allerdings nicht lange – denn kaum war das parlamentarische Patt entstanden, trat auch ein SPD-Abgeordneter aus der Partei aus. Kurioserweise war dies mit Oswald Hoch ein Nachrücker, der gerade erst über die Reserveliste für einen ins Europäische Parlament wechselnden Abgeordneten in den niedersächsischen Landtag gekommen war. Diese Ironie der Hannoveraner Machtverhältnisse kommentierte die *Bild*-Zeitung mit den Worten: »Da wiehert das Niedersachsen-Roß«.

Oswald Hoch war in der SPD kein unbeschriebenes Blatt. Bereits von 1971 bis 1986 hatte der Versicherungsmakler aus Gifhorn dem Landtag angehört, allerdings als Hinterbänkler. Jetzt nach mehr als dreijähriger Pause kam er wieder auf die Abgeordnetenbank zurück – um am selben Tag aus der SPD auszutreten. Dies irritierte um so mehr, als er am Tag zuvor noch wörtlich erklärt hatte: »Für Schröder stehe ich, für Schröder kämpfe ich.« Nur 24 Stunden später hörte sich das anders an: Mit der »Scheiß-SPD« wolle er nichts mehr zu tun haben. Ausgetreten sei er, um das Patt im Landtag zu beenden.

Kein Wunder, daß bald das Gerücht von der »gekauften Mehrheit« die Runde machte. Belegt werden konnte dies allerdings nie.

Ein außergewöhnlicher Wahlkampf

Die Geschehnisse um Kurt Vajen und Oswald Hoch zeigten, wie instabil die Verhältnisse im niedersächsischen Landtag in dieser Legislaturperiode waren: Eine durch Skandale angezählte Regierung, kämpfte um den Machterhalt. Die Opposition fand während der gesamten Periode nicht zu jener Geschlossenheit, die für einen Wechsel nötig gewesen wäre. So blieb Schröder nur die Vorbereitung auf die Landtagswahl 1990, um endlich die von ihm ersehnten klaren Verhältnisse zugunsten der SPD zu schaffen.

Für den SPD-Anwärter auf das Amt des Ministerpräsidenten wurde es ein ungewöhnlicher Wahlkampf, erschwert durch Entwicklungen, die niemand hatte voraussehen können. Zum einen fehlte die geplante massive Unterstützung des Kanzlerkandidaten der Bundes-SPD: Kurz bevor Oskar Lafontaine mit insgesamt 15 Auftritten in den Wahlkampf eingreifen wollte, wurde der Saarländer durch ein Messerattentat lebensbedrohlich verletzt. Dann präsentierte die CDU mit Rita Süßmuth quasi eine zweite Spitzenkandidatin neben Ernst Albrecht. Und schließlich hatte die DDR nach der friedlichen Revolution des Jahres 1989 erstmals freie Wahlen durchgeführt – mit einem enttäuschenden Abschneiden der SPD. Das Thema Wiedervereinigung stand auf der Tagesordnung.

Nationale Gefühle

Die CDU nutzte in dieser Situation den Umstand, daß Schröder sich – wie viele andere auch – lange Zeit in der Frage der Wiedervereinigung geirrt hatte. 1986 hatte er zum Beispiel in dem Buch »Der Herausforderer« bekundet: »Ein Tor allerdings ist derjenige, der glaubt, Wiedervereinigung könne bedeuten, daß die DDR in der Bundesrepublik in irgendeiner Form aufgeht. Das ist es nämlich, was die Konservativen meinen, wenn sie vom Offenhalten der deutschen Fragen sprechen: Das Aufgehen der DDR in der Bundesrepublik. Das ist Unsinn, das werden wir nicht erreichen, und wenn wir davon reden, dann stiften wir damit nichts als Unfrieden.« Statt dessen plädierte Schröder aus »persönlicher Überzeugung, die mit der Meinung der SPD in dieser Frage nichts zu tun hat,« für Verhandlungen um einen Friedensvertrag unter Einschluß beider deutscher Staaten.

So war es jetzt das ganze Bestreben der CDU, Schröder als politischen Deppen hinzustellen. Großflächig plakatierte sie den Spruch: »Wiedervereinigung ist eine Lebenslüge! Gerhard Schröder, SPD«. Außerdem warf sie Schröder vor, Erich Honecker nach einem Besuch in der DDR einmal als »zutiefst redlichen Mann« charakterisiert zu haben – eine Fehlleistung, wie Schröder später einräumte.

Schröder selbst kalkulierte, daß die »verständliche Euphorie« über die Öffnung der DDR-Grenzen bald abebben würde. Er beobachtete, daß den Menschen die sozialen Probleme im eigenen Land Niedersachsen nicht weniger wichtig waren als nationale Gefühle, und er forderte auf seinen Wahlveranstaltungen, jetzt müsse darauf geachtet werden, daß an der Einheit »nicht die Millionäre verdienen und die Millionen zahlen«. Schröders Skepsis gegenüber der unkritischen Euphorie der Einheit und seine Sorge vor den sozialen Folgewirkungen erscheint rückblickend als durchaus berechtigt.

Das Tandem Albrecht/Süßmuth

Aber die Stimmungslage jener Tage war eine andere. Jene hatten es leichter, die jahrelang in Sonntagsreden die Einheit der Nation zwar beschworen hatten, aber insgeheim wohl genauso wenig mit ihr gerechnet hatten wie Gerhard Schröder. Der durch die zahlreichen Skandale und dreizehn Jahre Regierungstätigkeit gezeichnete Ernst Albrecht schien durch die Wiedervereinigung noch einmal Aufwind zu bekommen: »Es hätte mich doch gefuchst, wenn ich in dieser Situation aus der Politik ausgeschieden wäre«, erklärte er, nachdem die Wahlumfragen für die CDU wieder besser aussahen und ein Kopf-an-Kopf-Rennen mit der SPD voraussagten. Vor der Wende hatten die Prognosen der SPD mit 49 Prozent eine satte absolute Mehrheit der Landtagsmandate prognostiziert.

Die ansteigenden Sympathiewerte der CDU hatten nicht nur zu tun mit nationaler Begeisterung nach dem Zusammenbruch der DDR, sondern auch mit der Person Rita Süßmuth. Ernst Albrecht hatte sich in einem »gelungenen Coup« (*Süddeutsche Zeitung*) die vor allem bei Frauen beliebte Bundestagspräsidentin an die Seite geholt – quasi in einer speziellen christdemokratischen Variante der »Kinderlandverschickung« aus Bonn. Rita Süßmuth sollte Sozialministerin in einem neuen CDU-Kabinett werden und dann »in einigen Jahren«, wie Albrecht verkündete, »die Regierungsverantwortung übernehmen«.

Das Süßmuthsche Engagement für Niedersachsen hatte allerdings einen Schönheitsfehler: Die Frau aus Bonn wollte nur unter der Bedingung über den Wahltag hinaus in Hannover bleiben, daß sie auch wirklich regieren konnte. Bei einer eventuellen Niederlage der CDU stand sie von vornherein nicht als Oppositionsführerin zur Verfügung. Eine Einschränkung, die von der SPD im Wahlkampf weidlich ausgenutzt wurde. SPD-Chef Johann Bruns sprach von »Wahlkampfkosmetik« und einem »verlogenen Manöver«. Und der SPD-Bundestagsabgeordnete Norbert Gansel frotzelte, Ernst Albrecht versuche »das Celler Loch mit Rita Süßmuth zu stopfen«.

Gerhard Schröder ließ sich durch die Kandidatur der Bonner Politikerin nicht irritieren. Mit der Feststellung: »Jetzt brauchen die schon zwei Spitzenkandidaten gegen mich«, demonstrierte er Selbstbewußtsein.

Durchaus brauchbare Truppe

In der Wahlkampagne setzte der Ministerpräsidentenanwärter – stärker als vier Jahre zuvor – auf Solidität. Neben volkstümlichen Auftritten gab es jetzt auch Fernsehspots, die den Ex-Fußballer Schröder bei seinem neuen Sport, dem vornehmeren Tennisspiel, zeigten. Auch in seiner Kleidung hatte er das Image des Rebellen längst abgelegt, wobei er nach Ansicht mancher übertrieb. Jedenfalls meinte der ihm wohlgesonnene *Spiegel*, Schröder gebe sich »als Staatsmann im grauen Anzug mit rotweißer Krawatte, in einer Pose, die so unwirklich und starr wirkt, als habe jemand den ehemaligen Juso-Chef in eine Zwangsjacke gesteckt«.

Schröder also justierte sein Image neu, medienwirksam auf Effekte setzend, die, wie er selbst befand, mehr mit Show als mit Politik zu tun hatten. Doch das war nur eine Seite: Den politisch interessierten Wählern präsentierte der Oppositionsführer, der offiziell eine SPD-Alleinregierung anstrebte und jede Koalitionsaussage vermied, rechtzeitig vor der Wahl ein Schattenkabinett, das als »durchaus brauchbare Truppe« (*Hannoversche Allgemeine*) in mehrfacher Hinsicht Signale setzte.

Die eher konservative niedersächsische SPD-Klientel bediente Schröder mit der Nominierung des Braunschweiger Oberbürgermeisters, Gerhard Glogowski, zum Innenminister, der den richtigen sozialdemokratischen Stallgeruch schon in die Wiege gelegt bekommen hatte: Sein Vater war Fahrer des legendären Erich Ollenhauer gewesen. Neben ihm stand der SPD-Landesvorsitzende, der Ostfriese Johann Bruns, als designierter Finanzminister und Repräsentant des bodenständig-pragmatischen Teils der SPD.

Die wichtige Wählergruppe der Frauen sprach der von vielen als Macho eingeschätzte Gerhard Schröder mit der als nahezu sensationell empfundenen Tatsache an, daß dem elfköpfigen Schattenkabinett gleich fünf weibliche Mitglieder angehörten. Die einzelnen Mitglieder dieser Frauenriege wiederum standen für Signale in verschiedene Richtungen: So hatte Heidi Alm-Merk, präsentiert als künftige Justizministerin, bereits im Vorstand von *amnesty international* gearbeitet. Zwei der vorgesehenen Ministerinnen waren parteilos und sollten Wähler jenseits der eigentlichen SPD-Klientel ansprechen: Helga Schuchardt stand als ehemalige FDP-Politikerin für linksliberales Gedankengut. Sie sollte, wie zuvor bereits in Hamburg, das Kulturressort leiten. Monika Griefahn schließlich hatte sechs Jahre lang dem fünfköpfigen Weltvorstand von *Greenpeace* angehört. Sie galt als Idealbesetzung für das Umweltressort und war geeignet, grüne Wähler für die SPD anzulocken. »Der alte Satz Mao Tsetungs«, kommentierte Schröder seine Frauenriege, »›nicht nur die Hälfte des Himmels, auch die Hälfte der Erde gehört den Frauen‹, der muß mal praktisch werden.«

Es sollte sich zeigen, daß Schröder mit diesem Schattenkabinett nicht nur einen exzellenten wahlpolitischen Schachzug getan hatte, sondern daß diese Nominierungen sich auch nach gewonnener Wahl für die SPD als Vorteil erwiesen. Sie brachten Schröder nämlich bei den Koalitionsverhandlungen mit den Grünen personalpolitisch in die Offensive.

Rot-Grün regiert

Ministerpräsident in Niedersachsen

»Gerd is auf'm Pferd!« – gemeint war das niedersächsische Wappentier – skandierten Gerd Schröders begeisterte Anhänger am Tag des Sieges. Aber um in den Sattel gehoben zu werden, benötigte er noch Partner. Die SPD hatte zwar mit 44,2 Prozent der Stimmen die CDU (42,0 Prozent) überholen können, aber da die FDP mit sechs Prozent den Einzug in den Landtag geschafft hatte, brauchte Schröder die Grünen (5,5 Prozent) als Mehrheitsbeschaffer. Jetzt zahlte es sich aus, daß er die Koalitionsfrage im Wahlkampf ausgeklammert und damit offengelassen hatte – ein Zusammengehen mit den Grünen war nun keine Wendung um 180 Grad, wie es bei einem ähnlichen Wahlergebnis 1986 noch ausgesehen hätte.

Für Gerhard Schröder selbst war der Gedanke einer Zusammenarbeit naheliegend – schon in der vergangenen Legislaturperiode hatte es im Landtag punktuelle Zusammenarbeit gegeben, und bis auf die wahltaktische Absage an die Grünen 1986 hatte Schröder selbst diesen ja oft genug Politikfähigkeit zugesprochen. Aber Schröder war nicht die SPD, ja bei all seiner inzwischen erworbenen Autorität dachten nicht einmal alle Abgeordneten in dieser Frage wie er.

Für den Koalitionsvertrag mit den Grünen mußte Schröder also, wie er selbst schilderte, »erheblich werben«. In der Erinnerung, so Schröder, »waren es schon auch Akte von Hochseilakrobatik, die eher bodenständige, fahrlässig oft als ›rechts‹ bezeichnete Gefolgschaft des Ostfriesen Bruns oder des Braunschweiger Oberbürgermeisters Glogowski in die Vereinbarung mit den Grünen einzubinden«.

Im Rahmen des geltenden Rechts

Mit den Grünen selbst kam Schröder erstaunlich gut zurecht. In nur vier Wochen wurde ein umfangreicher Koalitionsvertrag ausgehandelt. In der für die Grünen zentralen Frage der Kernenergiepolitik und des Atomrechts bestanden zwischen Schröder und seinem Koalitionspartner keine grundlegenden Differenzen. So beschloß man, »im Rahmen des geltenden Rechts alle Möglichkeiten auszuschöpfen, um den Ausstieg aus der Atomwirtschaft in Niedersachsen zu erreichen«. Im Ziel einig, an das rechtsstaatliche Verfahren gebunden, blieb so auch für Schröder genug Spielraum für eine pragmatische, möglichst auf Konsens angelegte Politik des schrittweisen Ausstiegs aus der Nutzung der Kernenergie. Bei der Frage der atomaren Endlager im Schacht Konrad bei Salzgitter und in Gorleben bestand Konsens, Niedersachsen nicht, wie Schröder formulierte, zum »Atomklo« werden zu lassen, aber über diese prinzipielle Ablehnung hinaus verwies die Landesregierung auf bundespolitische Kompetenzen, die zu beachten seien.

In der Personalpolitik bewies Schröder Geschick. Er konnte sich weitgehend auf sein Schattenkabinett aus dem Wahlkampf stützen. Und er verstand es, die Ansprüche der Grünen auf ein für ihn erträgliches Maß zu reduzieren.

Als Trumpfkarte erwies sich dabei Monika Griefahn. Die ausgewiesene Umweltaktivistin sollte, wie vor der Wahl versprochen, Umweltministerin werden. Auf dieses Ressort aber hatten die Grünen naturgemäß als allererstes spekuliert. Schröder wußte: Die Grünen konnten schwer gegen die – auch und gerade bei ihrer Klientel – hochangesehene Monika Griefahn argumentieren und es sich ebensowenig erlauben, an dieser Personalie die Koalitionsvereinbarung scheitern zu lassen. Das hätten sie ihren Wählern nicht vermitteln können. Rigoros erklärte er: »Wer von *Greenpeace* zu uns kommt, ist nicht verhandelbar.« Die Grünen mußten sich, was das Umweltressort betraf, mit einem Staatssekretärsposten begnügen. Ebenfalls einen Staatssekretär durften sie ins Kultusministerium entsenden. In der Regierungsmannschaft von Gerhard Schröder erhielten sie zwei Kabinettsposten: Jürgen Trittin, Vorsitzender der grünen Landtagsfraktion, wurde Minister für Bundes- und Europaangelegenheiten, und Waltraut Schoppe, grüner Import aus Bonn, erhielt das Ministerium für Frauenfragen, Jugend und Sport.

Kein öffentliches Gezänk

Die Vereinbarungen wurden in intensiven Verhandlungen ohne öffentliches Gezänk erzielt – was ja keineswegs selbstverständlich war und ist. Als Johannes Rau gemeinsam mit seinem Wirtschaftsminister und Kronprinzen Wolfgang Clement fünf Jahre später die Grünen in den nordrhein-westfälischen Koalitionsverhandlungen zumindest personell ähnlich unterbutterte – sie bekamen das Umwelt- und das Bauministerium –, fühlten sich die

Alternativen durchaus gedemütigt und vorgeführt, und sie waren oft nahe daran, die Brocken hinzuschmeißen. Schröder aber verstand es 1990 geschickt, die Grünen davon zu überzeugen, daß mit 5,5 Prozent der Wählerstimmen die Bäume nicht in den Himmel wachsen. Zugleich vermittelte er den Eindruck, daß mit der Koalition in der Tat ein Politikwechsel in Richtung Rot-Grün eingeläutet würde, während Rau später zu dieser Zusammenarbeit eher gedrängt werden mußte und Clement keine Gelegenheit ausließ, den Primat der Ökonomie über die Ökologie zu betonen. Auch Schröder betrieb als rot-grüner Ministerpräsident alles andere als eine die wirtschaftliche Entwicklung durch ökologische Fesseln bändigende Politik. Es gelang ihm aber, diese Politik darzustellen als den gelungenen Versuch, »Ökologie und Ökonomie miteinander in Einklang zu bringen«, und die Ernsthaftigkeit dieses Versuchs konnte man ihm auch nicht absprechen.

Schröder betonte später, bei der Zusammenstellung der Kabinettsliste habe er eher eine »glückliche Hand« als Instinkt bewiesen, doch kommt man als Beobachter zu dem Schluß, daß beides mindestens eine gleich wichtige Rolle gespielt hat. In seinem Buch »Die Reifeprüfung« beurteilte Schröder sein Kabinett später so: »Wenn eine solche Konstellation verschiedener Temperamente und politischer Grundhaltungen, die nahezu die gesamte Bandbreite beider Bündnispartner spiegelt, es schafft, sich immer wieder zusammenzuraufen und dabei weit weniger Lärm zu verursachen als etwa die Geistesverwandten Graf Lambsdorff und Kohl, dann sagt das mehr über den Bestand der rot-grünen Koalition als alles theoretische Ausloten der gegenseitigen Konfliktzonen.«

Er lobte ausdrücklich das »freundschaftliche Miteinander« so unterschiedlicher Kabinettsmitglieder wie der grünen Frauenministerin Waltraut Schoppe, des Wirtschaftsfachmanns Peter Fischer, des »Landwirts *und* belesenen Linken« Karl-Heinz Funke, des »nicht immer sanft formulierenden« Bundesratsministers Jürgen Trittin und des ehemaligen VW-Betriebsratsvorsitzenden und Sozialministers Walter Hiller. Dieses Miteinander wäre ohne eine entsprechende Führung Gerhard Schröders sicher nicht möglich gewesen.

Dialog- und Spagatfähigkeit

Schröder führt seine Fähigkeit, Personen mit unterschiedlichen Fähigkeiten und Positionen zusammenzuführen, auf die politischen Erfahrungen seiner frühen Jahre, angefangen bei den Jusos, zurück. Auch im Bundestag, in der Auseinandersetzung mit den Grünen über Themen wie Rüstungspolitik, Atomenergie, vor allem aber in den Gesprächen mit jugendlichen Hausbesetzern für die Bundestags-Enquete-Kommission über Jugendprotest habe er »so einiges an Dialog- und Spagatfähigkeit trainieren können«, schildert er in seinem Buch »Reifeprüfung« und fährt fort: »Im Rahmen einer rot-grünen Regierungskoalition, wo es darum geht, die unterschiedlichsten Meinungen zu bündeln und zur Entscheidung zu führen, sind das alles recht nützliche Qualifikationen.«

Die nötige Dialogfähigkeit war für Schröder keineswegs selbstverständlich: »Ich hatte immer eine Neigung, lieber selbst zu entscheiden und hinterher zu erklären«, räumt er ein. »Nie hätte ich mir träumen lassen, daß ich wesentliche Teile meiner Arbeitszeit damit verbringe, Gespräche zu führen, meine Meinung zu erläutern, die Gegenargumente zu hören – überhaupt zuzuhören –, bis man dann zu möglichst einvernehmlichen Lösungen kommt. Aber mit einer Politik par ordre du mufti, mit autoritärem oder arrogantem Gehabe ist gerade in einer so spannenden Koalition wie der zwischen SPD und Grünen kein Blumentopf zu gewinnen. Hätten wir im Umgang miteinander nicht neue, wahrhaft kollegiale Umgangsformen gefunden – der Dauerkrach im Regierungsbündnis wäre vorprogrammiert.«

Alle Stimmen für Schröder

Gerhard Schröders SPD hatte zusammen mit den Grünen eine nicht gerade komfortable, aber ausreichende Mehrheit von drei Stimmen gegenüber der Opposition aus CDU und FDP. Bei der Wahl zum Ministerpräsidenten – für die SPD in Niedersachsen seit dem Fiasko beim gescheiterten Versuch, 1976 für Regierungschef Alfred Kubel mitten in der Legislaturperiode einen Nachfolger zu wählen, ein banger Augenblick – ging alles glatt.

Ja, es lief sogar besser, als zu erwarten war. Schröder erhielt alle Stimmen seiner Koalition, aus dem gegnerischen Lager gab es zwei Enthaltungen und zwei ungültige Stimmen.

Das Bündnis zwischen SPD und Grünen war von Anfang an entschlossen, sich als Modell gelungener rot-grüner Zusammenarbeit zu profilieren, und dieses Modell überstand tatsächlich die gesamte Legislaturperiode.

Zahlreiche Gesetze wurden in dieser Zeit verabschiedet. In der Bildungspolitik wurden die Gesamtschulen den anderen Schulformen gleichgestellt sowie insgesamt 2200 neue Lehrer eingestellt. Als sich herausstellte, daß dennoch – bedingt durch steigende Schülerzahlen – die Unterrichtsversorgung nicht zufriedenstellend war, beschloß die Regierung, den Lehrern zwischen einer halben und einer Stunde Unterricht mehr zu verordnen. Wütende Proteste der Lehrergewerkschaften waren die Folge.

Für den Verfassungsschutz wurden strengere Richtlinien und Kontrollen erlassen. Bei der Polizei wurde eine Organisationsreform eingeleitet.

Griefahn contra Töpfer

Umweltpolitisch brachte die rot-grüne Landesregierung in der Zuständigkeit der sozialdemokratischen Ministerin Monika Griefahn einige Neuregelungen auf den Weg. So wurde ein Klagerecht für Verbände eingeführt, die Schaffung eines Nationalparks Harz auch auf westlicher Seite vorangetrieben sowie ein Abfallgesetz verabschiedet, das den Schwerpunkt auf Vermeiden und Verwerten legte. In der Sondermüllpolitik setzte die Ministerin auf Kooperation mit der Wirtschaft.

In vielen atomrechtlichen Fragen mußte sie den Weisungen ihres großen Widersachers in Bonn, des Umweltministers Klaus Töpfer, folgen. Das gefiel der Mitt-Dreißigerin, deren Führungsstil schon zu ihrer Aktivistenzeit bei *Greenpeace* unangenehm aufgefallen war, überhaupt nicht. Zwar hatte sie sich damals großes Ansehen durch ihre Unerschrockenheit erworben. Etwa, als sie sich als lebende Boje gemeinsam mit anderen an ein Verklappungsschiff ankettete oder als sie einen Schornstein des Hamburger Chemiewerks Boehringer bestieg. Doch im menschlichen Miteinander wollte es nicht so klappen. Ein ehemaliger Mitstreiter: »Was Monika wollte, war richtig, aber wie sie das durchgeboxt hat, das mochten wir nicht hinnehmen.«

Gerhard Schröder hielt viel von der Arbeit seiner Ministerin, was sich schon daran ablesen läßt, daß er sie auch in sein zweites niedersächsisches Kabinett übernahm, an dem die Grünen nicht mehr beteiligt waren. So hielt er auch noch zu ihr, als sie 1995 in den Verdacht geriet, ihre Stellung mißbraucht zu haben, um ihren Ehemann, den Chemiker Michael Braungart, als Gutachter an die Planer der Weltausstellung Expo 2000 zu empfehlen und ihm so wirtschaftliche Vorteile zu verschaffen. Zwar wurde Monika Griefahn von Schröder kurzfristig beurlaubt, aber der zur Untersuchung des Falles eingesetzte ehemalige Bundesverfassungsrichter, Helmut Simon, fand keinerlei Anhaltspunkte dafür, daß Monika Griefahn ihre »Amtspflichten« verletzt hatte. Auch ein parlamentarischer Untersuchungsausschuß blieb ohne Konsequenzen. So blieb die Ex-Umweltaktivistin weiter im Amt.

Aufsehen erregte Monika Griefahn im rot-grünen Kabinett Schröder noch durch einen anderen, weniger dramatischen Umstand: Sie war die erste bundesdeutsche Ministerin überhaupt, die während ihrer Amtszeit in den Mutterschaftsurlaub ging. Sie meldete sich bei ihrem Chef Gerhard Schröder für zwei Monate ab, und der fand es »einfach toll«, daß seine Umweltministerin mitten während der Legislaturperiode ein Kind zur Welt brachte. Zwar gab es hier und da – vor allem von Männern – Gegrummel, ob eine Frau in einer so verantwortungsvollen Position die Geschäfte ein paar Wochen vor sich hin laufen lassen dürfe, aber auf die Solidarität ihrer Kabinettskolleginnen konnte sich Monika Griefahn verlassen. Frauenministerin Waltraut Schoppe verkündete, auf Kinder zu verzichten, weil die Amtspflicht vorgehe, sei »doch völlig absurd«. Es gebe viel zu wenig gebärfähige, junge Frauen in leitenden Positionen.

Die Berufung von Monika Griefahn zur Umweltministerin erwies sich als kluger Schachzug, weil Schröder so umweltpolitische Erfolge sich und der SPD zuschreiben konnte. Andererseits aber glaubte er, auch den Grünen innerhalb der Koalitionsregierung Felder für deren Profilierung überlassen zu müssen. Da bot sich zuallererst das von den Grünen besetzte Frauenressort an. Schröder hatte viele Frauenstimmen allein mit der Ankündigung gewonnen, daß in seinem Kabinett gleich viele Frauen und Männer vertreten sein sollten. Nun waren es im Ergebnis zwar nur vier Frauen geworden, aber mit Waltraut Schoppe stand immerhin eine schon in der Bundespolitik bewährte, profilierte Politikerin an der Spitze des Frauenressorts. Sie bewegte manches, auch wenn es ihr nicht gelang, dies jeweils öffentlichkeitswirksam herauszustellen. Die Frauenministerin mußte später eingestehen, daß selbst große Teile der Frauenbewegung ihre »kleinteilige« Arbeit nicht zu würdigen wußten.

Gab es zu Zeiten Albrechts in ganz Niedersachsen nur eine einzige Frauenbeauftragte, so sollte sich das nun bald ändern. Und zwar durch eine Reform ganz nach dem Geschmack der Grünen: das Frauenbeauftragtengesetz. Damit wurde allen 278 Kommunen Niedersachsens mit mehr als 10 000 Einwohnern vorgeschrieben, eine hauptberufliche Frauenbeauftragte zu berufen. Was vor Ort, in den Gemeinden, allerdings auch auf Widerstand stieß.

Ein Existenzgründerinnen-Programm wurde auf den Weg gebracht, für Bäuerinnen wurde ein landesweites Beratungsnetz geschaffen. Die Zuschüsse für die insgesamt 39 Frauenhäuser für mißhandelte Frauen und Kinder stiegen innerhalb der Legislaturperiode von 1,6 Millionen auf 4,34 Millionen Mark. Widerstände gegen die Politik Waltraud Schoppes kam auch aus den eigenen Reihen, vor allem von fundamental-feministischen Widersacherinnen. Mit 41 Mütterzentren verfügte das Land über ein dichtes Netz von Selbsthilfegruppen für Mütter und Kinder, was von Kritikerinnen als Förderung einer unzeitgemäßen Familienpolitik gewertet wurde. Auch daß Waltraut Schoppe sieben Koordinierungsstellen einrichtete, die Frauen mit Kindern den Wiedereinstieg in den Beruf erleichtern sollten, wurde von radikalen Feministinnen verurteilt: Sie wollten, daß Frauen ihren Beruf möglichst gar nicht unterbrechen.

Der Pragmatiker Gerhard Schröder ließ die auf ihrem Gebiet ebenso pragmatische Waltraut Schoppe gewähren. Daß sein eigenes Engagement für Frauenthemen Grenzen hatte, zeigte er nach dem Ende der rot-grünen Periode: Da wurde so mancher Beschluß wieder rückgängig gemacht – nicht zuletzt angesichts der Kosten und unter dem Diktat leerer Kassen. Und der SPD-Alleinregierung ab 1998 sollten dann auch nur noch zwei Frauen angehören.

Die »grüne Komponente»

Schröder wußte: Man mußte den Grünen Zugeständnisse machen. Desto eher würden sie sich auch in unpopuläre Entscheidungen einbinden lassen. Zumal, wenn man bei solchen unpopulären Maßnahmen grundsätzlich eine »grüne Komponente« einbaute. Es funktionierte. »Ausgerechnet im rot-grün regierten Niedersachsen werden Großprojekte genehmigt, denen man eigentlich höchstens noch im Freistaat Bayern eine Chance geben möchte«, schrieb die *Süddeutsche Zeitung*. »Irgendwie schafft es Ministerpräsident Gerhard Schröder (SPD) immer, die

Proteste der Umweltschützer an die Wand zu spielen – mit dem Argument Arbeitsplätze.«

Tatsächlich spielten die Arbeitsplätze zum Beispiel im Streit um die Ems-Vertiefung eine Hauptrolle. Die in Papenburg angesiedelte Meyer-Werft baut dort, vierzig Kilometer von der Küste entfernt, im größten Trockendock der Welt vor allem hochmoderne Kreuzfahrtschiffe. Das Problem: Die immer größeren Schiffe konnten durch die nur 6,80 m tiefe Ems nicht ins offene Meer gelangen. Aufträge drohten verlorenzugehen, Arbeitsplätze waren gefährdet.

Erst als die Landesregierung (und nicht die Eigner der Meyer-Werft) den Umweltverbänden einen »umfassenden Ausgleich ökologischer Schäden« zugesichert hatte, konnte eine Vertiefung des Flusses auf 7,30 m in Angriff genommen werden. 1.850 Menschen behielten ihre Arbeit.

Ein anderes Großprojekt war eine Teststrecke für Mercedes im Emsland. Der Bau solcher Einrichtungen ist den Grünen naturgemäß zuwider. Zu ihrer Ideologie gehört das Ziel, den Individualverkehr zu vermindern und gegen den Klimakiller Auto zu Felde zu ziehen. Schröder konnte die Grünen dennoch für die Mercedes-Teststrecke gewinnen, weil die Autofirma im Laufe der Verhandlungen zusagte, Kompensationsmaßnahmen im Bereich des Natur- und Artenschutzes vorzunehmen, die – wie Schröder stolz vermeldete – »weit über die rechtlichen Verpflichtungen hinausgingen.«

Eine Pipeline durchs Wattenmeer

Noch mehr Aufsehen erregte dann der Plan, eine Erdgaspipeline von Norwegen an die niedersächsische Küste anlanden zu lassen. Dazu mußte die sogenannte »Europipe« über 2,5 Kilometer durch das Wattenmeer gelegt werden. Dieser Küstenabschnitt aber war erst 1986 zum besonders schützenswerten Nationalpark erklärt worden. Umweltschützer, allen voran die Aktionskonferenz Nordsee, der Bund für Umwelt- und Naturschutz Deutschland (BUND) sowie der *World Wide Fund for Nature* (WWF), liefen Sturm.

Wie hier Ökologie und Ökonomie versöhnt wurden, ist ein Lehrstück. Zunächst stellte sich Schröder ganz auf die Seite der Naturschützer: Eingriffe in die »besonders sensible, schutzwürdige Natur des Wattenmeeres« seien kaum mehr zu vertreten, verkündete er. »Das Wattenmeer, eine Art biologischer Kläranlage und Heimat einer Vielzahl seltener heimischer Lebewesen und für Vögel aus ganz Nordeuropa«, so heißt es in der »Reifeprüfung«, »ist durch Schadstoffe ohnehin schon außerordentlich belastet worden; Anwohner und Naturschützer haben im Verbund mit verantwortungsvollen Umweltpolitikern lange genug darum gekämpft, das Watt als Nationalpark unter besonderen Schutz zu stellen.«

Aber auch für den Bau der Erdgasleitung fand er ökologische Gründe: Das Erdgas werde unbedingt gebraucht, um endlich das Atomkraftwerk Stade vom Netz zu nehmen; denn als Kompensation hatte die rot-grüne Koalition den Bau eines Erdgas-Energiewerkes geplant. Außerdem, so argumentierte Schröder, werde das Gas zur Realisierung weiterer umwelt- und energiepolitischer Ziele – etwa für den Bau neuer Blockheizkraftwerke und den Ersatz durch wenige umweltschonende Energieträger – gebraucht.

Und Schröder löste die »Preisfrage, sich auf eine Technik zu verständigen, mit der das Erdgas günstig und sicher angelandet werden kann, die aber das Ökosystem möglichst wenig belastet«. In zähen Verhandlungen mit dem zunächst ablehnend eingestellten norwegischen Energiekonzern Statoil erreichte er, daß die Pipeline nicht auf konventionellem Weg (also durch Aufreißen des Bodens) verlegt wurde, sondern durch ein unterirdisches Preßverfahren. Dies verursachte zwar 300 Millionen Mark Mehrkosten, was aber beim Gesamtpreis von drei Milliarden Mark für das Mammutprojekt offenbar zu verkraften war. »Nun hat Niedersachsen beides«, bilanzierte *Der Spiegel*, »die Kilowatt für die Ökonomen und das Watt für die Ökologen.«

Auf der Suche nach einem Energiekonsens

In der Atompolitik, eines der Kernthemen der Grünen, bewegte sich in den vier Koalitionsjahren nicht allzu viel. Zwar waren beide Seiten mit denselben Vorstellungen und Zielen – sprich: Ausstieg aus der Atomenergie – an die Arbeit gegangen, doch jenseits der Verkündigung hehrer Ziele erwies sich die Umsetzung in konkrete Politik als schwierig.

Gerhard Schröder hatte erkannt, daß ein Ausstieg nicht innerhalb weniger Jahre zu machen sei. Pragmatisch versuchte er zunächst, beide Lager – die Reaktorbetreiber und die Atomkraftgegner – an einen Tisch zu bekommen. Dies führte zu den sogenannten »Energiekonsensgesprächen« mit RWE und VEBA, an denen später auch die Bundesregierung und die Umweltverbände teilnahmen.

Die Gespräche standen Ende 1993 kurz vor einer Einigung, aber Schröder konnte die avisierten Pläne weder seinem grünen Koalitionspartner noch der eigenen Parteiführung schmackhaft machen, und auch die Gegenseite wollte sich letztlich nicht verbindlich festlegen. Zu unterschiedlich waren die Positionen auch innerhalb aller beteiligten Gruppen.

Auf den ersten Blick sah es so aus, als hätte Schröder seine Meinung diametral geändert. So war er bereit, einer Regelung zuzustimmen, die die Entwicklung und – zumindest theoretisch – auch den Bau einer neuen Generation von Kernkraftwerken ermöglicht hätte. Dafür aber sollten in der Regelung erstmals verbindliche – allerdings sehr langfristige – Restlaufzeiten für die noch im Betrieb befindlichen Kernkraftwerke und der unwiderrufliche Ausstieg aus der Wiederaufarbeitung von Brennelementen festgelegt werden.

Schröder war nämlich zu der Überzeugung gekommen, daß auch die Energiekonzerne ein originäres Interesse an solchen verbindlichen Fristen haben mußten: Das sei bei den langen Investitionszeiten und entsprechend hohen Milliardensummen nur verständlich. Im Gegenzug bot Schröder an, das umstrittene Atom-Endlager Schacht Konrad »vorurteilsfrei zu prüfen und bei positivem Ergebnis zu genehmigen«. Ferner sollten die Energieversorgungsunternehmen dem Bundestag ein vertraglich verbrieftes Widerspruchsrecht gegen Investitionen in eine kommerziell genutzte neue Reaktorgeneration einräumen. Für derartige Entscheidungen sollte eine Zwei-Drittel-Mehrheit notwendig werden. So wollte Schröder erreichen, daß ohne Zustimmung der SPD, beziehungsweise generell ohne die Zustimmung einer breiten Mehrheit in Politik und Bevölkerung, kein neues Atomkraftwerk gebaut werden könnte.

Da Beschlüsse über den Bau neuer Kernkraftwerke ohnehin erst nach 2005 zu erwarten waren, sollte es so künftigen Generationen überlassen werden, diese Frage im Licht neuer Erkenntnisse oder technischer Entwicklungen zu beantworten.

Kritiker warfen ihm vor, in der Kernenergiepolitik zu große Zugeständnisse zu machen. Ihnen hielt Schröder entgegen, er sei nach wie vor der Meinung, daß »wir auf Kernenergie verzichten müssen«, habe aber mit den Energiekonsensgesprächen, »einen Weg gesucht, es auch zu tun«.

In anderen Punkten hat Schröder in den ersten vier Jahren seiner Regierungstätigkeit durchaus auch seine Meinung geändert. Ursprünglich gegen den Bau eines neuen Kampfflugzeuges – damals noch: Jäger 90, später: Eurofighter – für die NATO eingestellt, warb er plötzlich dafür, daß dieses Flugzeug zumindest in Teilen in Niedersachsen gebaut würde. »Wenn klar ist, daß ein neues Flugzeug gebaut wird, dann kann man es auch in Deutschland bauen ... Da habe ich in der Tat meine Position unter dem Eindruck auch der Arbeitsplatzängste der Betroffenen, mit denen ich sehr eng zusammenarbeite, korrigiert.«

Für großen Wirbel sorgte Schröders Vorstoß, angesichts der angespannten Beschäftigungssituation auf den norddeutschen Werften, den Bau von U-Booten für Taiwan durch die Bundesregierung genehmigen zu lassen. Niemandem sei so recht verständlich zu machen, so meinte er noch im nachhinein, »warum Taiwan keine deutschen Kriegsschiffe bekommen darf, wohl aber deutsche Raketenteile«. Immerhin: Schröder hatte mit seinem Vorstoß sowohl gegen Parteitagsbeschlüsse der SPD und der Grünen als auch gegen die eigenen Kabinettsabsprachen gehandelt und wurde entsprechend heftig attackiert. Ein auf Antrag der CDU eingesetzter Untersuchungsausschuß zum Vorgehen Schröders war, wie *dpa* urteilte, »nutzlos, da der Schuldige schon vorher gestanden hatte, daß er ohne Rücksprache mit Kabinett und Koalition vorgeprescht war«.

Oberstes Ziel: Erhalt der Arbeitsplätze

Den Erhalt von Arbeitsplätzen bezeichnete Schröder immer wieder als das beherrschende Ziel seiner Regierung. Daß er dafür oftmals von zuvor verkündeten Prinzipien abwich, rechtfertigte er mit dem Ergebnis. Zum Ende der Legislaturperiode erhielt er noch einmal Gelegenheit, diese Haltung vor aller Öffentlichkeit zu demonstrieren. Im Oktober 1993 nämlich verkündete die Deutsche Aerospace AG (DASA) ihre Pläne, die Flugzeugwerft Lemwerder in Niedersachsen aufzugeben. Insgesamt 1200 Arbeitsplätze standen auf dem Spiel, in einer Region, für die es arbeitsmarktpolitisch keine Alternativen gegeben hätte. Schröder versprach staatliche Subventionen.

In monatelangen Verhandlungen wurde erreicht, daß der Betrieb weitermachen konnte. DASA-Leitung und Betriebsrat einigten sich auf den Vorschlag, das Werk in eine Gesellschaft des Landes Niedersachsen umzuwandeln. Zwar mußten die Beschäftigten Lohneinbußen hinnehmen, aber die Arbeitsplätze waren zunächst gesichert. »Schröder hat gehalten, was er versprochen hat«, war die durchgängige Meinung der Arbeiter, die zehn Monate lang für den Erhalt ihres Betriebes gekämpft hatten. Heute ist der Betrieb wieder in privater Hand.

Alte Animositäten

Der Ruf als Macher war es, der wesentlich dazu beitrug, daß Schröder 1994 erneut einen glänzenden Wahlsieg in

Niedersachsen einfahren konnte. Im Wahlkampf selbst bemühten sich SPD und Grüne um Profilierung auch zu Lasten des Partners; alte Animositäten brachen wieder auf. Die Grünen kreideten die aus ihrer Sicht unzureichende Politik des Ausstiegs aus der Atompolitik der SPD-Umweltministerin Monika Griefahn an. Im Falle einer erneuten Regierungsbeteiligung, so kündigten sie an, würden sie das Umweltministerium für sich beanspruchen. Bundesratsminister Jürgen Trittin hatte zwischenzeitlich Gerhard Schröder bei der Diskussion um den Eurofighter durch die Formulierung gegen sich aufgebracht, Schröder habe »einen Knall«. Zeitungen berichteten, das Koalitionsklima sei vergiftet. In der Tat war das Verhältnis zwischen Schröder und Trittin auch persönlich angespannt. Seinem rot-grünen Regierungsbündnis bescheinigte Schröder »ein Maß an funktionierender Zusammenarbeit, das für andere Koalitionen Beispiel ist« – allerdings »mit gelegentlichen Irritationen durch Trittin«.

Im Wahlkampf setzte Gerhard Schröder auf eine absolute Mehrheit für die SPD; er hätte aber fraglos auch erneut eine rot-grüne Koalition gebildet. Aber dazu kam es nicht. Die FDP schaffte den Sprung über die Fünf-Prozent-Hürde und damit den Einzug in den Landtag nicht. Und so konnte Schröder fürderhin mit, wenn auch äußerst knapper, absoluter Mehrheit regieren.

Macher in Krisenzeiten

Schröder regiert allein

Im Wahlkampf 1994 kämpfte Gerhard Schröder um die absolute Mehrheit: Eine Koalition, so erklärte er landauf, landab, sei immer nur die »zweitbeste Lösung« – und er wolle die beste. Die Tür allerdings zu einer Neuauflage von Rot-Grün ließ er stets offen.

Noch am Wahlabend des 13. März 1994 blieb Schröder zunächst bei dieser Linie. Der Abend verlief spannender, als dies in Zeiten relativ exakter Wahlprognosen und schneller Hochrechnungen üblich geworden ist. Der Grund: Es dauerte eine gute Stunde, bis die Zitterpartie der FDP beendet war und feststand: Die Liberalen hatten den Sprung über die Fünf-Prozent-Hürde nicht geschafft.

In seinen ersten Statements vor den Fernsehkameras äußerte sich Schröder vorsichtig zu den Chancen einer Alleinregierung, hielt sich aber noch alle Optionen offen. Für den Fall einer reinen SPD-Regierung kündigte er effektiveres und schnelles Arbeiten an, weil dann keine bürokratischen Abstimmungen mehr nötig seien. »Im Grunde geht es darum, eine Politik, die ja offenbar erfolgreich war, mit neuen Konturen fortzusetzen. Dafür wollen wir stehen, wenn es denn so kommt.« Aber: »Wenn es nicht so kommt, dann bin ich sehr dafür, die Arbeit der erfolgreichen Koalition fortzusetzen, wie ja offenbar auch die Bürgerinnen und Bürger in Niedersachsen meinen.«

Zuwachs für die Koalition

In der Tat konnte die Regierung das Votum der Wähler als Bestätigung für ihre Arbeit werten. Die Oppositionsparteien verloren beide eindeutig: Die CDU mit minus 5,6 Prozent, die FDP mit minus 1,6 Prozent. Die Koalition hingegen gewann hinzu: Insgesamt kam sie auf 51,7 Prozent der Stimmen, das waren genau zwei Prozent mehr als vier Jahre zuvor.

Allerdings ging dieser Zugewinn fast ausschließlich auf das Konto der Grünen. Diese hatten 1,9 Prozent zugelegt (von 5,5 auf 7,4 Prozent), Schröder hingegen den Stimmenanteil der SPD lediglich gehalten (44,3 Prozent statt 44,2 vier Jahre zuvor).

Weil die FDP aus dem Landtag flog, kam es zu dem paradoxen Ergebnis, daß die einzigen wirklichen Gewinner dieser Wahl, die Grünen, schließlich zum großen Verlierer wurden: Die SPD hatte jetzt eine Stimme mehr im Parlament als CDU und Grüne zusammen und Schröder dachte nicht daran, eine weitere Beteiligung der Alternativen an der Regierung überhaupt in Erwägung zu ziehen – im Gegensatz zu anderen Genossen. Schröder sagte wenige Tage später, er habe, als er am Sonntagabend zur Wahlparty ging, freudig gestimmt, erwartet, »jetzt jubeln alle, endlich können wir allein regieren, statt dessen rufen die: ›Rot-grün, rot-grün!‹«.

Doch schon zuvor, als sich die absolute Mehrheit abzeichnete, aber noch nicht hundertprozentig sicher war, hatte sich der Ministerpräsident auf die entsprechende Frage eines Reporters unmißverständlich festgelegt:

Schröder: »Mit einer Stimme Mehrheit ist schon deutsche Geschichte gemacht worden, warum nicht auch mal niedersächsische?«

Reporter: »Das wollen Sie auch machen?«

Schröder: »In jeder Hinsicht.«

Und dabei sah man ihm an, daß er nicht nur an Niedersachsen dachte.

Mit einer Stimme Mehrheit

Als Vollblutpolitiker setzte sich Schröder über die Unwägbarkeiten seiner hauchdünnen Mehrheit hinweg. Zu groß waren die Versuchung und die Freude, allein regieren zu können. Aber das Risiko, das Schröder einging, war nicht ohne: Der Vergleich mit der Situation Konrad Adenauers (dessen Bild der CDU-Spitzenkandidat Wulff übrigens in diesem Wahlkampf hatte plakatieren lassen), der 1949 mit nur einer Stimme Vorsprung (seiner eigenen) zum Bundeskanzler gewählt wurde und damit den Beginn einer **neuen** Ära markierte, war wohl kaum zu ziehen: 1949 ging es um grundlegende Weichenstellungen für die junge, westdeutsche Nachkriegsdemokratie, also durchaus um Schicksalsfragen der Nation, in denen die großen Volksparteien, Union und SPD, gänzlich unterschiedlicher Auffassung waren. Niedersachsen 1994 war damit nicht ernsthaft zu vergleichen. Schröder hätte also durchaus die Möglichkeit gehabt, trotz seines Vorsprungs einen oder zwei grüne Minister in der Regierung zu belassen. Da er sie zum Regieren nicht unbedingt nötig gehabt hätte (und damit keinerlei »Erpreßbarkeit« mehr gegeben war), hätte er faktisch keine Abstriche an seiner Politik machen müssen. Nur, warum hätte er dieses von manchen erwartete Signal geben sollen? Seine Losung hieß: »Grün sind wir selber«. Und mit Blick auf zukünftige bundespolitische Optionen kam es ihm darauf an, die politische Eigenständigkeit der SPD zu demonstrieren. Rot-grünes Lagerdenken war und ist seine Sache nicht. Schließlich konnte er durch die Alleinregierung beweisen, daß er, der erst vor kurzem bei der SPD-Mitgliederbefragung als Bundesvorsitzender durchgefallen war, doch imstande war, ganz allein sozialdemokratische Politik zu gestalten.

Dabei war ihm durchaus bewußt, daß es schwierig werden würde. Hatte er selbst nicht einer Albrecht-Regierung, die nur über eine Stimme Mehrheit verfügte, lange Zeit das Leben schwer gemacht? Und fehlte ihm nicht beim Mißtrauensantrag 1988 gegen Albrecht eine Stimme aus dem eigenen Lager?

Schröder riskierte es.

Als dann am 23. Juni 1994 der Landtag in Hannover über den neuen Ministerpräsidenten abstimmte, stellte sich heraus, daß Schröders Rechnung aufging. Die vergangenen Regierungsjahre hatten ihn in der SPD-Landtagsfraktion zur unumstrittenen Nummer eins werden lassen. Die Abgeordneten seiner Partei votierten geschlossen für ihn. Und nicht nur sie. Überraschend bekam der alte und neue Ministerpräsident auch noch die Stimmen von zwei Oppositionspolitikern. Zusätzlich gab es eine Enthaltung und eine ungültige Stimme, so daß das Votum (83 Ja- und 76 Nein-Stimmen) weit komfortabler für Schröder ausfiel, als es das Wahlergebnis hätte erwarten lassen.

Aber nicht nur bei der Wahl des Ministerpräsidenten reichte es. In die niedersächsische Politik zog ungewohnte Stabilität ein: Die Ein-Stimmen-Mehrheit der SPD hielt über die gesamte Periode.

In diesen Tagen war nur noch schwer vorstellbar, gegen welche Widerstände sich Schröder einst mühsam an die Spitze der niedersächsischen SPD gedrängt hatte. In der Partei war er gewiß weiterhin nicht von allen geliebt oder gar unumstritten, aber sein Führungsanspruch wurde allgemein akzeptiert. Einen Monat nach seiner erneuten Wahl zum Regierungschef wurde Gerhard Schröder vom Parteitag in Hannover mit 165 von 190 Stimmen auch zum neuen Vorsitzenden der SPD in Niedersachsen gewählt. Johann Bruns, der vor der 1986er Wahl den historischen Pakt mit Gerhard Schröder geschlossen hatte, zog sich, 62jährig, ganz aus der Landespolitik zurück.

Den Rückhalt durch die Partei benötigte der Ministerpräsident mehr denn je. Denn die wirtschaftliche Lage des Landes spitzte sich, vor allem durch den drastischen Rückgang der Steuereinnahmen, immer mehr zu. Hatte man für den Haushalt 1994 noch Einnahmen aus Steuern, Länderfinanzausgleich und Bundesergänzungszuweisungen in Höhe von 28,1 Milliarden Mark eingeplant, so kamen in Wirklichkeit 1,8 Milliarden Mark weniger in die Kassen. Trotz einer Haushaltssperre blieb am Ende ein Defizit von 576 Millionen Mark. 1995 wuchs das Defizit dann auf 626 Millionen Mark.

Schröder mußte gegensteuern und den von ihm zu verantwortenden Kurs seiner ersten Regierungsperiode korrigieren. Er kündigte drastische Sparmaßnahmen an, vor allem bei den Personalkosten des Landes, die insgesamt 42 Prozent aller Ausgaben verursachten. Jetzt rächte sich, daß während der rot-grünen Regierungszeit kräftig Geld ausgegeben worden war. Allein in der Landesverwaltung hatte das Kabinett Schröder 9000 zusätzliche Stellen, vor allem für Lehrer, Polizisten und Verwaltungsbeamte, geschaffen. Kein anderes westdeutsches Flächenland nahm seit 1989 mehr Kredite auf und gab mehr für Personal aus. Schröder riß nun das Steuer herum und beschloß, 8000 Stellen bis 1998 wieder einzusparen. Ohne eine solche Reduzierung hätten die Personalkosten bald die Hälfte des gesamten Etats aufgefressen. Den Stellenabbau, gegen den sich sofort massive Proteste bei Gewerkschaften und Interessenverbänden erhob, setzte Schröder per Richtlinienkompetenz ohne Absprache mit seinem Kabinett durch. Er sprach von den »einschneidendsten Sparmaßnahmen, die es jemals gegeben hat«.

Sparen durch Molav

Unter dem Stichwort »Molav« (»Modernisierung der Landesverwaltung«) wurde eine umfassende Verwaltungsreform eingeleitet. Unter anderem wurde das Landesverwaltungsamt, bis dahin mit 1700 Mitarbeitern die größte Behörde des Landes, aufgelöst. Die Aufgaben dieses Amtes übernahmen andere Behörden oder neu geschaffene, kleinere Ämter und Landesbetriebe. So wurden 570 Stellen eingespart.

Auch die Ministerialbürokratie blieb nicht ungeschoren. Insgesamt hundert Stellen wurden in der Regierungsverwaltung gestrichen. Schröder verkündete, es gäbe nun im Vergleich zur Albrecht-Ära achtzehn Referate und vier Abteilungen weniger.

Als Fehlschlag erwies sich der Plan, die Zahlungen an die Kommunen für die bevorstehenden Jahre jeweils um fünfhundert Millionen Mark zu kürzen und Zuweisungen an die Verpflichtung zu binden, die Gelder in Investitionen fließen zu lassen. Es hagelte massive Proteste aus den Kommunalverwaltungen. Und das höchste niedersächsische Gericht, der Staatsgerichtshof in Bückeburg, erklärte letztlich wesentliche Teile des kommunalen Finanzausgleichs, die Kürzung der Zuweisungen und die Zweckbindungen für verfassungswidrig, ebenso wie bereits zuvor den Landeshaushalt, weil die Kredite höher waren als die Investitionen.

Ausverkauf des Tafelsilbers

Um Löcher im Haushalt zu stopfen, mußte die Regierung niedersächsisches Tafelsilber verkaufen. So wurden die Harzwasserwerke für etwa 220 Millionen Mark veräußert. Durch den Verkauf der Öffentlichen Versicherungen Braunschweig und Oldenburg kamen 136 Millionen Mark in die Kassen und die Toto-Lotto-Gesellschaft brachte 398 Millionen Mark ein. Aus dem Verkauf von Liegenschaften flossen noch einmal 76 Millionen Mark in die Landeskasse.

Aber das alles reichte nicht: Die Landesregierung konnte ihr Ziel, die Verschuldung des Landes um nicht mehr als zehn Milliarden Mark ansteigen zu lassen, nicht erreichen. Also mußte weiter gestrichen und gekürzt werden. Schröder ging dabei auch unpopuläre Wege und setzte Einschränkungen im Sozialbereich – so beim Neubau von Kindergärten, Krankenhäusern und Sozialwohnungen – durch. Drastisch wurde auch in jenem Bereich gespart, den Schröder immer als zentrales sozialdemokratisches Anliegen auf seine Fahnen geschrieben hatte: bei der Bildung. So wurde die Lehrmittelfreiheit reduziert, und auch die Lehrer hatten ihren Beitrag zur Sanierung des Staatshaushaltes zu leisten.

Zwischen 1995 und 1996 sollte nur noch jede zweite frei werdende Lehrerstelle wiederbesetzt werden. Faktisch bedeutete dies einen drastischen Rückgang der Neueinstellungen. Zusätzlich wurden die neuen Lehrer zunächst nur noch im Angestelltenverhältnis oder auf Teilzeitbasis eingestellt und ihre Unterrichtsverpflichtung um eine Wochenstunde erhöht. Wieder hagelte es Proteste. Und Schröder goß mit einer saloppen Bemerkung Öl ins Feuer. Im Interview mit einer Schülerzeitung zeigte er zwar Verständnis für Demonstrationen gegen die Kürzungen im Bildungsbereich, nur nicht für »die Pauker, die mag ich wirklich nicht leiden, nee, weil die Leute benutzen ...«. Den demonstrierenden Lehrern hielt Schröder vor, daß es bei ihnen lediglich darum gehe, etwas mehr zu arbeiten, was er für zumutbar hielt, zumal sie – im Gegensatz zu vielen anderen – sichere Arbeitsplätze hätten. Und dann, wörtlich zu den Schüler-Reportern: »Ihr wißt doch ganz genau, was das für faule Säcke sind.«

Zwar berief er sich später darauf, daß das Interview nicht autorisiert worden sei, und daß er außerdem eher an seine eigenen schulischen Erfahrungen gedacht habe. Aber für viele Lehrer war Schröder dennoch zunächst einmal unten durch. Freilich änderte dies nichts am Sparkurs der Landesregierung.

Konsolidierung als Lernprozeß

So unpopulär dieser Kurs, der ja nicht nur den Lehrern weh tat, auch war, Gerhard Schröder gelang es, auch daraus noch Kapital für sein politisches Image zu schlagen.

Er kenne halt keine »Angst vor unbequemen Entscheidungen«, verkündete er. »Vor Krisen«, so schrieb Cornelia Bolesch 1996 nach einem Gespräch mit Schröder in der *Süddeutschen Zeitung*, »hat Schröder keine Angst. Im Gegenteil. Für ihn sind sie ›höchst produktive Zustände‹, die ihm das abfordern, was er wohl am besten kann: makeln, moderieren, vermitteln, anschieben, Lösungen kneten.«

Auf die immer lauter werdende Kritik und den Vorwurf der Opposition, er habe das Land in die Katastrophe getrieben, reagierte Schröder mit einer Verteidigung in Form einer »guten Mischung aus Fakten, subtilen Verdrängungen und wirkungsvoller Selbstkritik«.

Angesprochen auf den durchaus radikalen Kurswechsel und den Kontrast zwischen den beiden Regierungsperioden – erst das rot-grüne Reformmodell, dann die Alleinregierung, die die Reformen bremst oder wieder zurücknimmt -, verblüffte Schröder seine Interviewpartnerin mit der Bemerkung: »Der Vorwurf, ich hätte die finanziellen Probleme in der Vergangenheit eher runtergespielt, ist sicher richtig«. Es habe aber nach der langen CDU-Herrschaft einen »Reformstau« gegeben, und »wenn man nicht ganz genau aufpaßt«, hätten rot-grüne Koalitionen eben den Hang, »sich zu überbieten in der Finanzierung von Reformen«.

Und obwohl er die Reformpolitik nach wie vor für richtig halte, hätten sowohl die SPD als auch die Grünen erkannt, wie gefährlich es sei, mehr Gutes zu wollen, als man bezahlen könne. Ein wichtiger Lernprozeß: »Deswegen wären wir bei künftigen rot-grünen Koalitionen auf der sicheren Seite, auch was Konsolidierung angeht.«

Bei seinen ehemaligen Bundesgenossen, den Grünen, war von solchen »Einsichten à la Schröder« wenig zu spüren. Sie kritisierten einerseits die Rücknahme der Reformen im Rahmen des strikten Sparkurses. Schröder wolle sich als »Architekt einer großen Koalition in Bonn in Szene« setzen und sich als »kaltschnäuziger Sanierer der Landesfinanzen« bei der Wirtschaft empfehlen. Auf der anderen Seite wurde Schröder die trotz allem fortschreitende Staatsverschuldung vorgeworfen. Der grüne Abgeordnete Norbert Roske sah Schröders Abstieg »vom Macher zum Schuldenmacher und vom Schuldenmacher zum Bettler«.

Für seinen drastischen Sparkurs zur Sanierung der zerrütteten Staatsfinanzen erhielt Schröder Beifall aus der Wirtschaft. Das Wort vom »Genossen für die Bosse« machte die Runde. Besonderen Auftrieb erhielten die Schröder-Kritiker, als sich dieses Etikett schließlich auch an einem Ereignis symbolisch festmachen ließ: Zwei Tage, nachdem der Pragmatiker Schröder sich vor der SPD-Landtagsfraktion für »tiefe Einschnitte ins soziale Netz« und eine Verschiebung der von der SPD geforderten Öko-Steuer auf den Sankt-Nimmerleins-Tag ausgesprochen hatte, flog er, der als Ministerpräsident auch im VW-Aufsichtsrat sitzt, in einem Firmenjet auf Einladung des VW-Vorstandsvorsitzenden Ferdinand Piëch zum Opernball nach Wien. Ehefrau Hiltrud war mit einem anderen VW-Flieger bereits vorausgeflogen – zum Shopping in der österreichischen Metropole. Abends hatte das Ehepaar Schröder die Ehre, den Opernball in einer 25 000 Mark teuren Loge mit Ferdinand Piëch und Gemahlin genießen zu können.

Kritik vor allem aus dem eigenen Lager

Der Wien-Ausflug wuchs sich nicht zur Affäre aus. Anders als bei Lothar Späth, der 1991 als Ministerpräsident von Baden-Württemberg zurückgetreten war, weil er sich Reisen von befreundeten Unternehmern hatte spendieren lassen, war dieser Fall mit der Erklärung Schröders erledigt, die Flugkosten für sich und seine Frau (jeweils 1800 Mark) selbst bezahlen zu wollen. Der CDU-Opposition konnte wenig daran gelegen sein, Schröder ausgerechnet aus seiner Wirtschaftsnähe einen Strick zu drehen. Außerdem wurde bekannt, daß auch Sachsens Ministerpräsident Kurt Biedenkopf (CDU) den Opernball (auf Einladung der Österreichischen Wirtschaftskammer) besucht hatte, wobei die Kosten für den Linienflug vom Land Sachsen übernommen worden waren.

In den Reihen der eigenen Genossen aber bekam Schröders Image wieder mal einen Knacks. Zwar sei ein Besuch des Opernballes »nicht unsozialdemokratisch«, meinte etwa die stellvertretende SPD-Vorsitzende Herta Däubler-Gmelin. Sie forderte das Ehepaar Schröder aber auf, alle Kosten (inklusive Eintritt) selbst zu bezahlen. Und der frühere Parteichef Hans-Jochen Vogel kritisierte den Besuch der »Schicki-Micki-Veranstaltung« mit dem Argument, wer wie Schröder tiefe Einschnitte ins soziale Netz fordere, solle »sich hüten, am nächsten Tag Kosten von 5000 Mark für eine einzige Eintrittskarte zu verursachen«.

Ein ganz neuer Unternehmertypus

Die Empörung im eigenen Lager – und natürlich auch beim früheren grünen Koalitionspartner – fiel wohl deshalb so massiv aus, weil Schröder mit seinem Wiener Ausflug den jahrelangen Vorwurf seiner Kritiker, er stünde der Wirtschaft zu nahe, offenbar bestätigte. Auch wenn er es geschafft hatte, seiner Industriepolitik immer wieder einen ökologischen Aspekt abzugewinnen, so blieb das Mißtrauen doch, Schröder verrate mit dieser Linie die »Reinheit der sozialdemokratischen Lehre«.

Bereits 1992 beschrieb *Der Spiegel* die Annäherung Schröders an die Wirtschaft so: Schröder habe »bei sich eine wachsende Affinität zu Charaktermerkmalen entdeckt, die gemeinhin als unternehmertypisch gelten: Ihm gefällt, ›daß die mit dem ganzen Risiko leben‹ und ›bereit sind, sich zu quälen‹. Und wie die Bosse mag der Obersozi ... ›lieber was bewegen, als bewegt zu werden‹. Da sei er ›dem Unternehmertum wesentlich näher als dem öffentlichen Dienst‹«.

Bei seiner Annäherung an die Wirtschaft komme es Schröder, so heißt es weiter, »zupaß, daß da, wie er festgestellt hat, ›ein ganz neuer Unternehmertyp aufgetaucht‹ ist – einer, ›der sich sozial und auch ökologisch verantwortlich‹ benimmt. Schröder: ›Die haben da was kapiert.‹ Mit derart ›aufgeklärten Unternehmern‹ sei ›wirklich rationale Politik zu machen‹«.

Renn so schnell du kannst

Nicht gerade als Prototyp dieses neuen, sozial und ökologisch orientierten Unternehmers kann man wohl VW-Chef Ferdinand Piëch bezeichnen, zu dem Schröder eine enge Beziehung entwickelte. Den Volkswagenboß zeichnen in erster Linie andere Eigenschaften aus. So gilt Piëch zwar unbestritten als überragender Autofachmann, als ein Besessener, der »Benzin im Blut« habe, aber bereits vor seiner Berufung zum VW-Vorstandsvorsitzenden charakterisierten ihn Weggefährten als »extrem ich-bezogen«, als »menschenscheu« und von »Verfolgungsängsten geplagt«. Kolportiert wurde, daß der bisherige Audi-Chef einst mit der Stoppuhr vor der Toilette gestanden habe, um festzustellen, wieviel Zeit Angestellte dort verbringen. Kritiker meinten, ihm fehlten für einen kollegialen Führungsstil fast alle Voraussetzungen.

Und in der Tat ging Piëch, nachdem er mit Unterstützung Gerhard Schröders zum VW-Chef aufgestiegen war, ebenso entschlossen wie autoritär daran, den Konzern zu modernisieren, zu expandieren und VW fit für den globalen Wettbewerb zu machen. Zusammen mit dem, bei General Motors abgeworbenen, knallharten Sanierer José Ignacio López wurden vor allem den Zulieferbetrieben neue, teilweise unerfüllbare Bedingungen diktiert. Ein von Schröder moderierter Vermittlungsversuch zwischen Piëch und führenden Zulieferern blieb ohne Erfolg. Im Management wurden unter Leitung von Piëch mit eiserner Hand weitreichende Umstrukturierungen vorgenommen. Aber der Erfolg drängt die Methoden, mit denen er errungen wurde, in den Hintergrund: Unter Piëch reüssierte die Volkswagen AG, die 1992 im Autogeschäft einen Verlust von mehr als einer Milliarde Mark verbuchen mußte, und errang technologisch und wirtschaftlich wieder eine Spitzenposition, wurde wieder zu einem ertragreichen Unternehmen.

Schröder pflegte den Kontakt zu Piëch ebenso wie zu López. Der aus dem Baskenland stammende Spanier erzählte gern folgende Geschichte: »Jeden Morgen in Afrika erwacht die Gazelle, und ihr erster Gedanke ist, du mußt schneller laufen als der schnellste Löwe, sonst wirst du gefressen. Zur gleichen Zeit erwacht der Löwe und denkt, du mußt schneller laufen als die langsamste Gazelle, sonst verhungerst du. Es ist egal, ob du eine Gazelle oder ein Löwe bist; wenn die Sonne aufgeht, ist es das beste, du rennst so schnell du kannst.« Man kann sicher sein, daß Schröder die Geschichte gefallen hat.

Das López-Drama

Gerhard Schröder hatte mitgeholfen, Piëch in den Sattel zu heben. Und Gerhard Schröder stand auch zu dessen Einkaufschef López, obwohl dieser – zusammen mit einigen anderen Mitarbeitern – bald nach seinem Wechsel 1992 in den Verdacht geriet, von seinem ehemaligen Arbeitgeber, General Motors (GM) in den USA, geheime Unterlagen mitgenommen zu haben. Schröder vertrat die durch nichts bewiesene Ansicht, GM inszeniere mit dem Spionage-Vorwurf nur eine Kampagne, die der deutschen Autoindustrie und speziell VW schaden solle. Dabei war immer deutlicher geworden, daß es hier um alles andere als um Kavaliersdelikte ging. GM forderte von Volkswagen Schadensersatz von bis zu sieben Milliarden Mark. Und auch die Staatsanwaltschaft in Darmstadt, die diesen Fall in Deutschland zur Anklage brachte, ging davon aus, daß López und seine Gefährten eine systematisch vorbereitete Industriespionage begangen hätten.

Am 16.September 1996 schließlich einigten sich VW und GM bei geheimen Verhandlungen in London, an denen auch Gerhard Schröder teilnahm, auf einen Vergleich. Die Volkswagen AG bezahlte hundert Millionen Dollar an GM und verpflichtete sich gleichzeitig für 1,5 Milliarden Dollar Zubehörteile vom Konkurrenten zu beziehen. López mußte Wolfsburg verlassen. Angesichts der ursprünglichen Forderung war VW mit einem blauen Auge davongekommen.

Dem Land Niedersachsen gehören zwar nur zwanzig Prozent der Aktien des VW-Unternehmens. Doch da auf den Hauptversammlungen regelmäßig weniger als vierzig Prozent des Grundkapitals vertreten ist, ist der Konzern praktisch vom Land Niedersachsen abhängig.

Auch deshalb ist es konsequent, wenn Gerhard Schröder als Aufsichtsrat des für Niedersachsen so wichtigen Unternehmens agiert und eine deutliche Interessenidentität zwischen Volkswagen und dem Land nicht nur erkennt, sondern geradezu verkörpert. Die Autoindustrie sei nun mal eine Schlüsselindustrie in Deutschland, wird Schröder nicht müde zu predigen, und »wenn wir den Kampf um diese Schlüsselindustrie nicht gewinnen, dann werden wir natürlich auch die gesamte Zulieferindustrie verlieren und damit ungefähr jeden sechsten, siebten Arbeitsplatz«.

So profilierte sich Schröder immer deutlicher als Lobbyist der Autoindustrie. Auch in seiner Partei nahm er in dieser Richtung Einfluß. Als die SPD 1994 plante, die Forderung nach einer generellen Geschwindigkeitsbegrenzung auf 120 Stundenkilometer in das Wahlprogramm für die Bundestagswahl aufzunehmen, verhinderte Schröder dies. Er glaubte den Argumenten Ferdinand Piëchs, der behauptet hatte, durch ein Tempolimit gingen zehntausend Arbeitsplätze in Deutschland verloren. Auch wenn in den Ländern mit Tempolimit (vor allem in den USA) allein aufgrund dieser Tatsache bislang wohl noch kein Auto weniger verkauft wurde.

Ähnlich wie bei den letztlich ergebnislos gebliebenen Energiekonsensgesprächen versuchte Gerhard Schröder auch auf dem Automobilsektor, in Gesprächen zwischen Industrie und Politik eine langfristige Strategie zu entwickeln, wie »Ökonomie und Ökologie« zu vereinen seien. 1995 erreichte er, Seite an Seite mit den – politisch zum gegnerischen Lager gehörenden – Ministerpräsidenten Edmund Stoiber (Bayern) und Erwin Teufel (Baden-Württemberg) sowie Vertretern der deutschen Automobilhersteller – VW, BMW, Mercedes und Porsche – einen sogenannten »Automobil-Konsens«.

Als Erfolg feierten die Politiker dabei die Zusicherung der Industrie, noch vor dem Jahr 2000 einen Kleinwagen mit einem nur 3,5 Liter verbrauchenden Dieselmotor vorzustellen – nach Ansicht von Fachleuten eine ohnehin längst machbare Option. Im Gegenzug dazu sollte die Politik für geringe Autosteuern und den weiteren Bau von Autobahnen sorgen. Auf diese Weise werde es zwar mehr Autos (also auch Arbeitsplätze), aber weniger Abgase geben.

Das Papier trägt deutlich die Handschrift Schröderscher Pragmatik. Es ging darum, der Industrie auf der einen Seite Zusicherungen auf Wachstum oder (wie beim »Atom-Konsens«) zumindest auf den Erhalt des Status quo zu geben, und dafür auf der anderen Seite Zugeständnisse in ökologischer Richtung zu erhalten. In beiden Fällen, Atomenergie wie Auto, hatten solche Konsensvereinbarungen aber ein entscheidendes Manko: Da nicht alle betroffenen Parteien an den Gesprächen beteiligt waren, blieben die Ergebnisse ohne Verbindlichkeit.

Reformen, die nichts kosten

Reformen gab es in den vier Jahren der SPD-Alleinregierung zwischen 1994 und 1998 vor allem dort, wo sie nichts kosteten. So wurde mit einer Änderung der Kommunalverfassung die Position eines hauptamtlich gewählten Bürgermeisters oder Landrats geschaffen. Niedersachsen war zuvor das letzte Bundesland, in dem die klassische Trennung von ehrenamtlichem Bürgermeister bzw. Landrat und hauptamtlichem Verwaltungschef noch bestanden hatte. Zusätzlich wurden Bürgerbegehren und Bürgerentscheide eingeführt.

Aufsehen erregte bundesweit die Herabsenkung des Wahlalters auf kommunaler Ebene. Erstmals bei den Wahlen 1996 durften auch schon 16jährige zur Urne gehen. In einem Interview mit Schülern aus Burgdorf bekannte Schröder, daß diese Regelung nicht auf seine Initiative zurückging: »Das wurde stark von den Jugendlichen und Frauen in unserer Partei unterstützt und hat dann auf dem Parteitag der SPD eine Mehrheit gefunden.« Schröder stützte aber die Initiative: »Jemand, der sechzehn Jahre alt ist, kann politisch bewußter sein als jemand mit 25, der sich nicht um politische Auseinandersetzungen schert.«

Schließlich wurde – im Konsens aller im Landtag vertretenen Parteien – auch noch die Landesverfassung geändert. Sie wurde um die Staatsziele Arbeit, Wohnen, Sport und Tierschutz ergänzt. Zusätzlich wurde ein Diskriminierungsverbot von Behinderten neu aufgenommen.

Tage des Chaos

Die Finanzkrise des Landes war sicher das beherrschende Thema in Gerhard Schröders zweiter Amtszeit als

Ministerpräsident. Die spektakulärsten Ereignisse, die weit über Niedersachsen hinauswirkten, lagen allerdings auf dem Gebiet der Inneren Sicherheit und der Atompolitik.

Anfang August 1995 hatten sich Punks in Richtung Hannover aufgemacht. Per Internet, Flugschriften und Mundpropaganda war ein Aufruf zu sogenannten »Chaos-Tagen« ergangen. Nun ist das Wort »Chaos« ein weiter Begriff, und ob das, was dann geschah, wirklich geplant war, wird man bezweifeln können. Fest steht, daß die »Chaos-Tage« von Hannover als eine der größten Straßenschlachten der Nachkriegszeit in die Geschichte eingingen. Tagelang lieferten sich ca. 2500 angereiste Punks, sowie einige Hooligans und Autonome (sonst durchaus verfeindet) Gefechte mit rund 2500 Polizisten. Die Bilanz: 240 verletzte Beamte und etwa zweihundert verletzte Randalierer, über eintausend Festnahmen und schließlich fünfzehn Haftbefehle wegen Hausfriedensbruchs. Es entstand ein Sachschaden von mehr als einer halben Million Mark.

Während die Grünen im Landtag befanden, das Chaos sei überhaupt erst dadurch entstanden, daß die Polizei mit »verheerender Brutalität« gegen »alles, was bunte Haare auf dem Kopf hat« vorgegangen sei, warf die CDU-Opposition der Polizei »zu lasches Vorgehen« vor.

Heribert Prantl traf in der *Süddeutschen Zeitung* wohl den Nagel auf den Kopf, als er feststellte: »Die Polizeikräfte in Hannover waren ganz offensichtlich demotiviert und desorientiert – das heißt ihr Einsatz war unzureichend vorbereitet. Deeskalation: Das ist nicht ein Schmusen mit Gewalttätern, sondern der intelligente Einsatz polizeilicher Stärke.«

Innenminister Gerhard Glogowski lehnte in der Folge einen Rücktritt ab, kündigte aber für die Zukunft härtere

Gesetze an. Hannovers Polizeipräsident trat drei Wochen nach den »Chaos-Tagen« zurück. Kanzleramtsminister Friedrich Bohl ging so weit, Gerhard Schröder eine persönliche Mitschuld an den Ausschreitungen vorzuwerfen. Ein Untersuchungsausschuß des Landtages blieb ohne Ergebnis.

Als die Punks im folgenden Jahr erneut »Chaos-Tage« ankündigten, hatten sie keine Chance: 7000 Polizei- und Bundesgrenzschutzbeamte machten Hannover zu einer Festung.

Und noch mehr Polizei

Doch nicht zur Verhinderung der zweiten »Chaos-Tage« wurde das größte Polizeiaufgebot dieser Jahre mobilisiert. Ein weitaus massiverer Einsatz staatlicher Ordnungskräfte war nötig, um die drei von der Bundesregierung durchgesetzten Atommülltransporte nach Gorleben zu sichern.

14 000 Beamte sicherten bundesweit den ersten Castor-Transport im April 1995. Auf den letzten zwanzig Kilometern, von Dannenberg nach Gorleben, mußte die Polizei dem Transport den Weg mit Wasserwerfern und Schlagstöcken bahnen. Tausende von Demonstranten versuchten, den Zug mit den Castor-Behältern zu blockieren. Ähnlich sah es ein Jahr später aus, als ein erneuter Atommülltransport – diesmal aus dem französischen La Hague – nach Gorleben geschickt wurde.

1997 schließlich waren es insgesamt 30 000 Beamte, die zur Sicherung eines Transportes von sechs Castor-Behältern benötigt wurden. Im Wendland demonstrierten 10 000 Menschen, teilweise gewalttätig.

Das Land Niedersachsen mußte allein für diese Aktion

rund 110 Millionen Mark ausgeben. Verhindern konnte es den Transport gegen die Weisung aus Bonn nicht. Angesichts der Ereignisse gab es erneut Versuche, die Frage der Zwischenlagerung und der Endlagerung von Atommüll im Konsens zu regeln – aber letztlich ohne Erfolg.

Chefsache

Finanzkrise und Sparprogramm, López-Skandal, »Chaos-Tage«, Gorlebenkrawalle, Querelen mit der Bundes-SPD sowie private Wirrungen wie die Trennung und Scheidung von seiner Frau Hiltrud und die neue Beziehung zur Journalistin Doris Köpf – Schröders Zeit als Regierungschef mit absoluter Mehrheit war eine turbulente. Aber sein Ansehen litt letztlich nicht, er konnte sein Image als »Macher« sogar weiter ausbauen und stieg laut Umfragen in der Wählergunst, sowohl in Niedersachsen als auch bundesweit.

Gerhard Schröder gelang es, durch zwei völlig unterschiedlich geprägte Landtagsperioden hindurch immer den Eindruck zu vermitteln, die Fäden in der Hand zu haben, eben der »Macher« zu sein.

Kurz vor dem Wahltag konnte er dieses Image noch einmal unterstreichen. Als die Preussag Stahl AG mit Sitz in Salzgitter und Peine, der mit rund 12 000 Beschäftigten zweitgrößte deutsche Stahlproduzent, an die österreichische Voest-Alpine-AG verkauft werden sollte, verhinderte Schröder dies in letzter Minute und erklärte die Angelegenheit nach Schröder-Manier zur »Chefsache«.

Er wollte nicht, daß die Preussag in ausländische Hände fiel. Die Angst vor Massenentlassungen durch den neuen Investor und die Angst vor einem wirtschaftlichen

Bumerang mitten im Wahlkampf ließ den Regierungschef nach Düsseldorf in die Konzernzentrale eilen. Innerhalb von 24 Stunden hatte er über die Norddeutsche Landesbank NordLB 1,2 Milliarden Mark aufgetrieben, mit denen das Land die Preussag den Österreichern wegschnappte.

Schröder wiederholte, was er bereits 1994 beim Flugzeughersteller DASA in Lemwerder und ebenso beim Versuch des italienischen Reifenherstellers Pirelli, den niedersächsischen Konkurrenten Continental zu übernehmen, praktiziert hatte: Die Übernahme bedrohter Betriebe durch den Staat. Der Unterschied war, daß die DASA seinerzeit wirklich von Schließung bedroht war, während Kritiker diesmal spotteten, Schröder habe Arbeitsplätze gerettet, die gar nicht in Gefahr waren. Und BDI-Präsident Hans-Olaf Henkel frotzelte über Schröders staatsinterventionistische Rettungsaktion: »Ein Tony Blair hätte das nicht gemacht.«

Schröders Wahlkampfmanager Bodo Hombach, selbst Industrie-Manager, rechtfertigte das Vorgehen des Ministerpräsidenten: »Das war ein schwieriger Moment. Ich glaube, daß jeder, der etwas gesucht hätte, was man gegen Gerhard Schröder ins Feld führen kann, diesen Moment genutzt hätte. Man hätte gesagt: Der ist nicht hinreichend informiert, offensichtlich ist sein Netzwerk in der Wirtschaft nicht so tragfähig, daß man solche Entscheidungen nicht mit ihm abstimmt. Man hätte versucht, ihn lächerlich zu machen, und das wäre eine ganz gefährliche Sache geworden. Er wußte, er mußte handeln, und er hat es auch getan.«

Sicher indes ist, daß sein Handeln bei den Betroffenen ankam. Ein Preussag-Arbeiter im *NDR*: »Bei einer Übernahme eines anderen Unternehmens hätte die Gefahr bestanden, daß hier Arbeitsplätze gekippt werden können, oder ein Teil. Das, was er gemacht hat, da gehe ich einfach mal von aus, ist das Beste für uns hier, und das wird er auch so rüberbringen. Das hat er heute auch ganz klar bewiesen.«

Wie immer man diese Quasi-Verstaatlichung der Preussag durch den selbsternannten Wirtschafts-Modernisierer Schröder mitten im Wahlkampf beurteilt, zu seinem fulminanten Wahlsieg bei der Landtagswahl am 1. März 1998 hat sie gewiß beigetragen.

Was kann ein armes Land machen?

Seit acht Jahren stand Gerhard Schröder nun an der Spitze des Landes Niedersachsen, halb so lang, wie Helmut Kohl an der Spitze der Republik. Gewiß konnte er auf Erfolge verweisen, aber in ein Vorzeigeland, in ein Modell für Deutschland hatte er den norddeutschen Flächenstaat nicht verwandeln können. »Ab 1990 regierte in Niedersachsen eine rot-grüne Koalition«, resümierte die *Süddeutsche Zeitung* parodierend wie im Märchen: »Es war eine schöne Zeit. Die Berufsverbote wurden abgeschafft, das Polizeigesetz liberalisiert und der Atomwirtschaft mancher Knüppel zwischen die Beine geworfen. Man stellte eine Menge Lehrer ein, schuf Kindergartenplätze und überzog das Land mit Frauenbeauftragten. Vier Jahre später, 1994, kassierte die SPD unter dem Zwang leerer Landeskassen fast alle rot-grünen Reformprojekte.« Es habe eben nach der langen Zeit unter dem CDU-Ministerpräsidenten Ernst Albrecht 1990 zunächst einen »gewaltigen Reformstau« gegeben, meinte Schröder. Den habe man »abarbeiten« müssen. Aber rückblickend auf seine erste Amtszeit als niedersächsischer Regierungschef von 1990 bis 1994, sagte er auch:

Auf den Sparkurs hätten wir früher einschwenken sollen.«

»Wenn Schröder eine Zahl hört, geht er aus dem Zimmer«, giftete Christian Wulff, CDU-Oppositionsführer und glückloser Schröder-Herausforderer 1994 und 1998. Und auch aus der SPD war zu vernehmen: »Schröder ist von Fachleuten gewarnt worden. Doch Haushalt und Finanzen sind einfach nicht seine Welt. Es hat ihn nicht interessiert.«

Im Gegensatz zu derlei Einschätzungen stand, daß Schröder 1994, kaum regierte er allein, das Steuer brutal herumriß und unter dem Eindruck leerer Landeskassen »einschneidenste Sparmaßnahmen« durchsetzte. Er demonstrierte damit, daß er Realitäten keineswegs ignorierte. Schröder ließ in seiner zweiten Amtszeit rot-grüne Wohltaten wieder einsammeln. »Im Ländervergleich«, so ausgerechnet die wegen ihrer meist durchgehend positiven Schröder-Berichterstattung einmal als »Zentralorgan der niedersächsischen Landesregierung« verspottete *Woche*, stand »Niedersachsen nicht gut da«, war »die Erfolgsbilanz Schröders eher mager«. So lagen die Personalausgaben 1998 höher als in allen anderen westlichen Bundesländern, hatte Niedersachsen unter den westdeutschen Flächenstaaten den höchsten Schuldenzuwachs und – bei einer geringen Wachstums- und Investitionsquote – eine unter den westdeutschen Ländern überdurchschnittliche Arbeitslosenquote: Jeder achte war ohne Job.

Nun gehörte Niedersachsen traditionell zu den strukturschwächeren Regionen, abhängig von Landwirtschaft und Autoindustrie, und der Journalist Helmut Rieger, ein exzellenter Kenner der Landespolitik, wies zu Recht darauf hin, daß »im Grunde der Kuchen« bereits »in den sechziger Jahren verteilt« worden war und es weder Albrecht noch Schröder gelang, »die Strukturschwäche des Landes zu ändern«. »Was kann ein armes Land überhaupt machen?«, fragte der Geschäftsführer des niedersächsischen Unternehmerverbandes, Gernot Preuß, resignativ, lobte dann aber Schröder, weil dieser wenigstens »im Konsens mit der Wirtschaft handelt«.

Konsequenzen, ganz privat
Ehen als Zeichen von Ernsthaftigkeit

Gerhard Schröder hat auf seinem Lebensweg viele Stationen von einschneidender Wirkung durchlebt: Vom Kind aus kleinsten Verhältnissen über die Mühsal des zweiten Bildungswegs zum Einstieg in das seinerzeit im Umbruch befindliche Universitätsmilieu. Von der Arbeit als politisch engagierter Rechtsanwalt über die Funktion des »Löwenbändigers« in einem zerstrittenen Jusoverband über den Bundestag bis zum Ministerpräsidenten. Er hat so einiges gemacht im Leben, und er entspricht damit in gewisser Weise dem Prototyp eines Vertreters der modernen, vertikal wie horizontal mobilen Gesellschaft. Geradlinige Lebenswege, auch berufliche Lebensentwürfe von der Lehre bis zur Rente, sind gesellschaftlich auf dem Rückzug. Gesellschaftlich gefragt sind Mobilität sowie Anpassungsfähigkeit und -bereitschaft. »Diskontinuität als Lebensprinzip«, heißt das Motto der postindustriellen Wohlstandsgesellschaften, die im globalen Wettbewerb um Arbeit und Märkte kämpfen.

Diese »Diskontinuität« macht vor dem Privaten nicht halt und mag mit erklären, warum mehr und mehr Ehen scheitern und die Scheidungszahlen stetig in die Höhe gehen. Es könnte damit zusammenhängen, daß die immer wieder geforderte Anpassung an neue Lebensgewohnheiten auch Paare auseinanderbringt, die bei einem kontinuierlichen Lebensweg, wie er in der Vergangenheit üblich war, durchaus zusammengeblieben wären.

Wenn dies richtig ist, dann gilt es erst recht für Menschen in Berufen, die besondere Belastungen und Wechsel – auch der Stimmungen – mit sich bringen, also allemal für Politiker. Eine politische Karriere verläuft nicht geradlinig, ist von Irrungen und Wirrungen begleitet – und läßt zudem wenig Zeit, eine Beziehung nach üblichem Muster zu pflegen. Ehen von Politikern sind gewiß mehr als andere gefährdet.

Gerhard Schröder führt seine vierte Ehe. In seinen »privaten Lebensentwürfen«, wie er dies nennt, war er immer »geradeaus»: Im Eingeständnis des »Scheiterns« ebenso, wie im Bekenntnis zu seiner jeweiligen Partnerin, d.h., er ließ sich mit der gleichen Konsequenz scheiden, mit der er wieder heiratete.

Sentimental und ernsthaft

Als ihm ein Moderator des *Schweizer Fernsehens* einmal eine tiefenpsychologische Deutung dieser mehrfachen Frauenwahl anbot, lehnte Schröder übrigens dankend ab. Gefragt, ob ein Mann, der wie er allein von der Mutter erzogen wurde, nicht auch das Mutterbild in der Partnerbeziehung suche, antwortete er ebenso süffisant wie lapidar: »Dann müßte ich ja relativ viele Mutterbilder haben.« Seine Frauen waren eben vom Typus doch sehr verschieden. Und auf die Frage: »Warum heiraten Sie immer gleich?«, antwortete Schröder: »Das ist mein Ausdruck von Ernsthaftigkeit.«

Der *Spiegel*-Redakteur Hajo Schumacher hat einmal

die These vertreten, Schröder habe zu jedem Abschnitt seiner politischen Karriere, zu jeder Phase seines Weges nach oben, »zeitgeistgemäß« die passende Partnerin gewählt. Die These überzeugt nicht, denn sie unterstellt eine »Ordnung« des Privaten nach Opportunitätsgesichtspunkten, die näherer Betrachtung nicht standhält. Schröder zeigt im Privaten eher eine sentimentale Ader. Und zu dieser Sentimentalität paßt auch der Drang, einmal eingegangene Beziehungen zu »legalisieren«, wobei auch die Herkunft aus einer kleinbürgerlichen Vorstellungswelt eine Rolle spielen dürfte.

Jedenfalls waren die privaten Entscheidungen des Gerhard Schröder genau das Gegenteil von politischem Kalkül. Es hat zum Beispiel nicht wenige Beobachter gegeben, die ihm nach der Trennung von seiner Frau Hiltrud einen massiven Rückschlag in der Wählergunst prophezeiten. Er selbst sagte: »Vor allem glaube ich, daß mir die Frauen zwischen 40 und 50 Jahren die Trennung verübelt haben.« Und in der Tat hat seine Glaubwürdigkeit laut Umfragen seither vor allem bei älteren Frauen gelitten – auch wenn Schröders private Entscheidung ihm insgesamt in der Wählergunst nicht dauerhaft geschadet hat.

Nein, zwar habe er über die Auswirkungen seines Schrittes nachgedacht, aber, so sagte er in einem TV-Interview: »Ich hätte niemals eine private Entscheidung vom Gesichtspunkt, ob es hilft oder schadet, abhängig gemacht. Das würde sie ja in den Rang mangelnder Ernsthaftigkeit bringen, und diese Entscheidung war so ernsthaft, daß man sie nicht vom Äußeren abhängig hätte machen dürfen. Das hätte weder mir, noch meiner damaligen Frau geholfen und wäre für beide nicht angemessen gewesen. Solche Entscheidungen, die so tiefgreifend sind, kann man nicht unter dem Gesichtspunkt treffen, nutzt es oder schadet es, sondern nur unter dem Gesichtspunkt, ist es vom Innern her notwendig oder nicht.« Und er ergänzte: »Ich finde, wenn man etwas tut, im Beruflichen wie im Privaten, soll man es ganz tun und auch möglichst redlich dabei bleiben.«

Zwei kurze Ehen und dann Hillu

Schröders wechselhaftes Eheleben begann in dem ländlich-provinziellen Milieu, in dem er groß geworden war. Er heiratete 1968 Eva Schubach, ein Mädchen aus Talle, dem Ort seines Fußballvereins. Er war 24 Jahre alt und Student in Göttingen, sie gerade zwanzig und angehende Bibliothekarin.

Seine zweite Ehefrau lernte er bereits im politischen Milieu kennen. 1969 war Schröder zum Göttinger Juso-Vorsitzenden gewählt worden, 1970 wurde er von politisch radikaleren SHB-Genossen wieder abgewählt. Unter den Putschisten befand sich auch die Lehramtsstudentin Anne Taschenbacher, die er auf diese Weise näher kennen- und schließlich auch lieben lernte. »Gegner, die man nicht schlagen kann, muß man mit ins Boot nehmen, hat er sich vielleicht gedacht«, meint Hajo Schumacher über diese Beziehung; tatsächlich dürfte diese Begebenheit eher darauf hindeuten, daß Schröder politische Meinungsverschiedenheiten von menschlicher Zuneigung zu trennen vermag.

Im Bewußtsein der Öffentlichkeit sind natürlich vor allem die Jahre mit der dritten Ehefrau Hiltrud verankert, und in der Tat hat Schröder ja die wichtigsten politischen Jahre zusammen mit seiner »Hillu«, wie sie bald auch von den Medien genannt wurde, verbracht.

Kennengelernt haben sich die beiden 1980 auf einer Veranstaltung des SPD-Ortsvereins, als Schröder für den Bundestag kandidierte. Sie verliebten sich und ließen sich schließlich beide von ihren bisherigen Partnern scheiden. Hiltrud Hampel, wie sie damals hieß, kam wie ihr neuer Partner aus einfachen Verhältnissen und brachte zwei Mädchen aus erster Ehe mit in die Beziehung.

Die beiden galten bald als das Profi-Paar schlechthin, sie führten eine »Ehe im öffentlichen Raum« (*Süddeutsche Zeitung*), traten als gemeinsame »Politikfirma« auf, wie Hiltrud Schröder es formulierte, später die »Clintons von der Leine« genannt und im Wahlkampf von der SPD sogar als Doppel plakatiert. Sie ergänzten sich durchaus: Hiltrud Schröder, selbst studierte Politikwissenschaftlerin, SPD-Mitglied und in tiefster Seele »grün-gestrickt«, wollte nie ein Leben im Schatten ihres Mannes führen. Folgerichtig übernahm sie bald öffentliche Funktionen, wie den Vorsitz der Landesstiftung »Kinder für Tschernobyl«. Sie wollte auch in der allgemeinen Politik mitmischen, wollte Einfluß nehmen, zumindest dadurch, daß sie in Diskussionen ihren Mann überzeugte. Und Gerhard Schröder konnte politisch das Image des Mannes, der durch seine Frau auch linkes und grünes Engagement ernst nahm, gut gebrauchen.

»Eine Welt, in der die Fledermaus keinen Lebensraum mehr hat«, sagte Hiltrud Schröder einmal, »die ist auch für unsere Kinder nicht mehr lebenswert.« – Und Gerhard Schröder übernahm diesen Gedanken bei seinen Auftritten: »Ich kümmere mich um die Frage«, so der Ministerpräsident in einer Rede, die exemplarisch belegt, wie eng das Duo Schröder – Schröder politisch verzahnt war, »ob Fledermäuse in Niedersachsen genügend Winterquartiere haben, und Nistplätze im Sommer.«

So ist es auch nicht überraschend, daß Gerhard Schröder in seiner politischen Bilanz »Die Reifeprüfung« 1993 auch seiner Ehe eine Buchseite widmete. Er schrieb: »Hauptsächlich habe ich selber aber riesiges Glück gehabt. Dieses Glück heißt Hiltrud Schröder und ist meine Ehefrau. ... Was meine Frau unersetzbar macht, ist ihre Art, mich ständig zu fordern, so etwas wie mein politisches Gewissen zu sein. Dabei sind wir des öfteren unterschiedlicher Meinung; Hiltrud ... nimmt mich in die Pflicht, meine Handlungen immer wieder einer Rechtfertigung zu unterziehen. ... ich wüßte nicht, wie ich ohne diese ständige liebevolle Auseinandersetzung in meinem Job bestehen sollte.«

Schröder schließt diese öffentliche Liebeserklärung an seine Frau mit den Worten: »Sicher, Hiltrud Schröder ist nicht vom Volk gewählt worden. Aber den Mann, den man gewählt hat, will man doch wohl so haben, wie er ist – und das wäre er nicht ohne Engagement und Widerspruchsgeist seiner Frau.« Hiltrud Schröder hat am Ende der ersten rot-grünen Regentschaft ihres Mannes in Niedersachsen 1994 kurz und bündig resümiert: »Bis jetzt sind Dinge, die mir wichtig waren, auch immer umgesetzt worden, und ich hoffe, das bleibt.«

Hiltrud Schröder als Kanzlerin?

Eine Ironie der persönlichen Biographie Gerhard Schröders ist es, daß – zumindest soweit von außen sichtbar – die Beziehung zu Hiltrud Schröder wohl auch an diesem Engagement und Widerspruchsgeist seiner Frau gescheitert ist. Denn mit der Zeit wurde sie – wie Zeugen berichten – im Privaten immer unduldsamer, in der Öffentlichkeit immer selbstbewußter. »Keine Frau mischt sich so selbstverständlich in die Politik ihres Mannes ein wie Hiltrud Schröder«, konstatierte die *Süddeutsche Zeitung*.

Nun ist es das eine, mit dem Lebenspartner und Ministerpräsidenten über Politik zu reden und ihm auch entsprechende Ratschläge zu geben (mit denen er sich auseinandersetzen kann oder auch nicht). Etwas anderes aber ist es, wenn man sich durch die Präsenz in der Öffentlichkeit und offensichtliche Popularität in der Bevölkerung selbst überschätzt. Spätestens, als sich Hiltrud Schröder nicht nur in der politischen Analyse, sondern auch in der politischen Tatkraft auf eine Stufe mit ihrem Mann stellte, wurde klar, daß da etwas schieflief.

So wurde sie in einem Fernseh-Interview gefragt: »Wenn man Ihnen einen Ministerposten anbieten würde, würden Sie es machen?« Und Frau Schröder antwortete: »Also in Niedersachsen würde das nicht gehen, aber zutrauen würde ich mir das allemal, ist doch keine Frage.« Der Journalist insistierte: »Sie haben jetzt in einem Interview ganz offen gesagt: Ich könnte mir auch vorstellen – oder traue mir auch zu, Kanzlerin zu sein. Können Sie dann verstehen, wenn die Leute sagen: Nun ist sie größenwahnsinnig geworden?« Hiltrud Schröders Antwort: »Ja gut, wer das sagt, das kann ich hinnehmen, damit kann ich leben. Aber schauen Sie sich doch mal die Qualität derer an, die auch Politik betreiben. Wenn ich mich mit denen vergleiche, denke ich, gehöre ich allemal zu der Riege, die das selbst könnte.«

Bemerkenswert auch Hiltrud Schröders Reaktion auf die Kritik an dem Opernball-Besuch Anfang 1996. Ausgerechnet sie, die Aufmerksamkeit suchte, wo immer sie zu finden war, fühlte sich nun verfolgt wie im »Orwell-Staat«.

Zum Zeitpunkt dieses Opernball-Besuches war die Ehe der Schröders offenbar schon längere Zeit zerrüttet. Und wie so häufig in Partnerschaften wurden die Konsequenzen erst gezogen, als einer der Partner eine neue Beziehung hatte. Dieser eine war Gerhard Schröder, der die Journalistin Doris Köpf kennengelernt hatte. Bald darauf trennte sich der Ministerpräsident von seiner Frau. Wie immer in seinem Leben, trugen auch diesmal die Medien ihren Teil dazu bei: Schröder hatte Doris Köpf zu einem beruflichen Termin mitgenommen, der Besichtigung einer Ölbohrinsel vor dem norwegischen Stavanger. Er demonstrierte traute Zweisamkeit mit ihr – was den anwesenden Pressekollegen der *Focus*-Redakteurin nicht entging. Unmittelbar danach traf er die Entscheidung, »reinen Tisch« zu machen. Die Boulevardpresse hatte ihr Thema.

Am 4. März 1996 verbreitete die Pressestelle der Staatskanzlei in Hannover die Erklärung: »Der niedersächsische Ministerpräsident Gerhard Schröder und seine Frau Hiltrud Schröder haben sich getrennt.«

Nach der Trennung suchte Hiltrud Schröder zunächst weiter die Öffentlichkeit: Sie schrieb das Buch »Auf eigenen Füßen«, in dem sie das Leben an der Seite Schröders nachzeichnete. Schröder hatte ihr frotzelnderweise noch den Rat gegeben, sie solle schreiben »was für ein fieser Typ ich bin, sonst verkauft's sich nicht«, aber ihm verging später das Lachen, als seine ehemalige Lebensgefährtin – nicht in dem Buch, sondern Mitte 1997 in einem Interview – wirklich vom Leder zog. Da warf sie ihm im Magazin der *Süddeutschen Zeitung*, deutlich geprägt von persönlichen Verletzungen, all das vor, was seine politischen Gegner gebetsmühlenartig herunterrasseln: Er sei ein Opportunist, der um des eigenen Aufstiegs willen seine ursprünglichen politischen Ziele verraten habe, er sei ein Egoist – und außerdem wolle er sich vor den Unterhaltszahlungen drücken.

Doris – die Frau im Hintergrund?

»Haben Sie das Ende der Ehe mit Ihrer Frau Hiltrud als Krise empfunden?«, wurde Gerhard Schröder im nachhinein gefragt, und er antwortete: »Krise ist übertrieben, aber natürlich heißt Trennung auch Schmerz.« Und bei anderer Gelegenheit stellte er fest: »Ich denke, die Bürger wissen, daß ihnen auch geschehen kann, was uns passiert ist. Sie akzeptieren es, wenn man dann nicht rumlügt, sondern klare Entscheidungen trifft beim Lösen einer Beziehung wie beim Eingehen einer neuen.«

Nach kurzer Niedergeschlagenheit fand Schröder auch eine Argumentation, die geeignet schien, um zu verhindern, daß seine Privatsphäre politisch gegen ihn gewendet werden konnte: »Die Leute wählen jemanden, weil er seinen Job ordentlich macht. Persönliche Lebensentwürfe können nun mal scheitern. Ich habe aus dem Scheitern meine Konsequenzen gezogen. Ich glaube also, wer damit Wahlkampf machen will, wird sein Ziel nicht erreichen.«

Auch Doris Schröder-Köpf, wie seine neue Frau seit ihrer Hochzeit im Oktober 1997 heißt, taucht in den Medien auf – und sei es nur zum Küßchengeben nach dem Wahlsieg in Hannover oder der Wahl zum Kanzlerkandidaten auf dem Leipziger Parteitag. Das Verhältnis von Privatem und Politik indes hat Schröder neu definiert.

Interviews von Doris Schröder-Köpf gibt es kaum. Aufhorchen ließ erstmals eine Meldung im April 1998: In einem Gespräch mit der türkischen Zeitung *Milliyet* am Rande des SPD-Parteitages mischte sich die Kandidatengattin in die große Politik. Nach Angaben des Blattes kritisierte Doris Schröder-Köpf die Haltung der Bundesregierung gegenüber dem EU-Beitrittswunsch der Türkei. Sie habe sich immer gut mit Türken verstanden und jahrelang mit türkischen Familien in einem Haus gewohnt. »Na, meine Außenministerin«, soll Schröder anschließend spitz kommentiert haben.

Insgesamt deutet aber bisher nichts darauf hin, daß sich das Modell der »öffentlichen Ehe«, der »Politikfirma« wiederholen wird. Schröder räumt ein, daß er in der Ehe mit seiner Frau Hiltrud »die Grenzen gelegentlich falsch gezogen habe«. Über seine jetzige Ehefrau sagt er: »Sie wird so wenig wie es irgendwie geht zu sehen sein und auch zu lesen. Das ist ihre Entscheidung, und ich finde sie richtig. Das ist sicher ein anderer Stil, wobei ich meine frühere Frau da nicht kritisieren möchte.« Schröder aber gefällt die »Form des Aufgehobenseins«, die er bei seiner neuen Partnerin, die eine kleine Tochter mit in die Ehe gebracht hat, gefunden habe; bei seinem anstrengenden Job empfinde er diese Form des Zusammenlebens als »enorm hilfreich.« Und Doris Schröder-Köpf sagt: »Als Partnerin unterstütze ich natürlich Gerd in seinen Zielen, als SPD-Mitglied und Bürgerin wünsche ich mir den Wechsel in Bonn. Als Mutter bin ich allerdings überzeugt, daß ein Wechsel für uns keine persönliche Verbesserung wäre.«

Macho-Image

Ein »verläßliches Macho-Image« hat *Spiegel*-Autor Jürgen Leinemann Schröder einst bescheinigt. Und das Kapitel »Schröder und die Frauen« hat gewiß neben unzähligen hemdsärmeligen Auftritten, neben deutlicher, gelegentlich drastischer Sprache und Schröders stets unverhohlenem politischen Führungsanspruch seinen Anteil zu diesem Bild beigetragen. »Nein«, hat Hiltrud Schröder über ihre Ehe mit Gerhard Schröder gesagt: »Ich habe ihn noch nie als Macho erfahren.« Aber Schröder selbst hat dieses Image durchaus auch öffentlichkeitswirksam gepflegt und verstanden, es als Ausdruck seiner Vitalität und Volkstümlichkeit darzustellen. Als man ihn beim Münchner Starkbieranstich fragte, ob er lieber ein alkoholfreies Bier wolle, antwortete er: »Ich trinke schon ein Starkbier – ich küsse ja auch nicht durchs Taschentuch.«

Schröder und die Partei
Enkel ohne Familiensinn

Einen »Enkel ohne besonderen Familiensinn« hat der Journalist Gerald Sammet Schröder einmal angesichts dessen konfliktreicher Beziehung zur Partei genannt. Gerhard Schröder und die SPD – über keinen anderen Aspekt seines politischen Lebens dürfte so viel geschrieben worden sein. Die Konstellation, seit Oskar Lafontaine an der Parteispitze steht, mit Gerhard Schröder als zunächst potentiellem, dann tatsächlichem Kanzlerkandidaten, bot den Kommentatoren zusätzliche Nahrung für eine durchgängig wiederkehrende Wertung: Lafontaine, der Mann der Partei, Schröder, der einsame Kämpfer.

Mit Entschiedenheit widerspricht der SPD-Spitzenmann dieser Beurteilung. Ende 1997 erklärte er in der *Woche*: »Gelegentlich wird mir ja unterstellt, daß ich mit der Partei wenig am Hut hätte. Das ist haarsträubender Unsinn. Ich bin jetzt seit 35 Jahren in der SPD, und das hat etwas zu tun mit politischem Bewußtsein, vor allen Dingen aber mit sozialer Herkunft. Mir mangelnden Stallgeruch anzuhängen ist die Leidenschaft von Diplom-Sozialwirten, die dem Juristen Schröder vorwerfen, daß er sich eine akademische Ausbildung erworben hat. Ich weiß, wo ich herkomme und wo ich hingehöre.«

In dieselbe Kerbe schlägt auch das vielzitierte Schröder-Bonmot, der Begriff »Stallgeruch« passe perfekt zur SPD, »von weitem riecht es merkwürdig, aber drinnen ist es schön warm«.

Wenn man bedenkt, daß sich Schröder tatsächlich über die klassische Ochsentour vom Juso-Vorsitz im Ortsverein über die Positionen SPD-Bezirksvorsitz, Mitglied des Parteivorstandes, Präsidiumsmitglied bis zum Kanzlerkandidaten der Partei hochgearbeitet hat, dann ist der Vorwurf der Parteiferne kaum zu verstehen. Dennoch gab es in allen Phasen seines Weges nach oben deutliche Konflikte mit der Partei, denn Schröder hat sich hoch*gearbeitet*, nicht hoch*gedient*.

Genau das dürfte der springende Punkt sein, genau das unterscheidet ihn in den Augen Außenstehender von einem angepaßten Sozialdemokraten, einem Parteisoldaten: der eigenständige Kopf, die Bereitschaft, notfalls auch Meinungen gegen die Parteimehrheit zu vertreten, die gelegentliche Verweigerung von Solidarität gegenüber Genossen, denen er nichts zutraut, sein Pragmatismus und sein immer wieder offen angemeldeter Führungsanspruch.

Nie ein bequemer Parteigänger

Gerhard Schröder war nie ein bequemer Parteigänger, und er hat dies all die langen Jahre, in denen er in der SPD an exponierter Stelle gewirkt hat, demonstriert. Er hat dadurch viele Rückschläge hinnehmen müssen, auch manche Freunde verloren. Aber seine Unabhängigkeit im Denken und Handeln hat ihn letztlich auch zum Erfolg geführt. Schon als er seinerzeit zum Juso-Chef gewählt wurde, kam ihm seine Position »zwischen den Extremen«

und die Tatsache, daß er »weder links nach rechts, sondern pragmatisch« war, wie sich Freunde erinnern, zugute. Ihm allein traute man damals zu, den in Richtungskämpfen zerstrittenen, auf eine wie auch immer verstandene marxistische Politik eingestimmten Jugendverband wieder zu befrieden – innerhalb des Verbandes selbst und im Verhältnis zur Mutterpartei. Nicht als Parteisoldat, sondern als unabhängiger Pragmatiker nahm sich Schröder dieser Aufgabe an.

Der Vorprescher

Als SPD-Abgeordneter im Bundestag fiel Schröder zwar gelegentlich durch seine kritische Haltung gegenüber der Politik Helmut Schmidts auf, doch im Parlamentsalltag, vor allem bei Abstimmungen, erwies er sich als loyal. Den ersten großen Konflikt mit der Partei riskierte er außerhalb von Bonn – als er sich 1983 selbst als Spitzenkandidaten für die Niedersachsenwahl 1986 ins Gespräch brachte. Ein »naßforscher Alleingang«, wie Kritiker ihm noch heute vorwerfen, ein ganz normaler demokratischer Vorgang, wie Schröder selbst es sah.

Er wollte, bevor andere Fakten schafften, das Heft in die Hand nehmen. Vielleicht tatsächlich ein ungeheurer Vorgang in einer Partei, die gelegentlich Personen zum Vorsitzenden wählt, die sich, wie Hans-Jochen Vogel, mehr aus Pflichtbewußtsein zur Verfügung stellen oder die sich erst laut rufen lassen, wie Björn Engholm (persönliches Motto: »Wat mut, dat mut«), der nach seiner Wahl zum Kandidaten wörtlich ausführte: »Ich bin aus heutiger Sicht einer, der gesagt hat: Wenn ihr's wollt, geh ich ins Rennen, ich steh zur Verfügung.«

Nein, so einer war und ist Gerhard Schröder nicht. Und

das schafft Feinde. Jedenfalls taten die etablierten Spitzengenossen zunächst alles, um den Aufstieg des ehrgeizigen Niedersachsen zu stoppen oder doch wenigstens zu bremsen. Schröder erwies sich als gewiefter Taktiker und konnte die Spitzenkandidatur bei der Landtagswahl 1986 tatsächlich gegen die aus Bonn geschickte Anke Fuchs erobern: Auch so etwas hinterläßt Narben.

Dolchstoß contra Rau

Im Wahlkampf dann schwenkte Gerhard Schröder, der sich mit einer rot-grünen Option Chancen zum Machtwechsel in Niedersachsen ausrechnete, gegen seine Überzeugung um auf den Kurs des SPD-Kanzlerkandidaten Johannes Rau. Und der hieß: Keine Koalition mit den Grünen, die SPD kann auch alleine siegen.

Schröder warf sich nach der Landtagswahl vor, feige gehandelt zu haben. Er lastete die knappe Niederlage zumindest teilweise der falschen Strategie des nordrhein-westfälischen Ministerpräsidenten an. Der hielt – unter dem Motto: »Ich bin verliebt ins Gelingen« – eisern an seinem Wahlkampfziel, der absoluten Mehrheit, fest: »Diese SPD hat Zuversicht, sie will wirklich gewinnen. Sie will nicht auf Platz 2, sondern sie will auf Platz 1, sie will die Führung in der Republik.

Objektiv gesehen deutete die Wählerstimmung vor der Bundestagswahl auf alles andere hin als auf einen derart erdrutschartigen SPD-Erfolg. Raus Position war illusionär. Eine absolute Mehrheit war für die SPD nicht erreichbar. Die FDP stand fest an der Seite Kohls, also als Koalitionspartner nicht zur Verfügung. Nur mit den Grünen hätte Rau eine Machtperspektive gehabt. Diese aber schloß er aus. Und so hatte objektiv gesehen Gerhard

Schröder also recht, als er in einem Zeitungsinterview zwei Monate *vor* der Bundestagswahl diese bereits verloren gab und die Frage des Nachfolgers von Johannes Rau als Kanzlerkandidaten ansprach. Ja, er nannte sogar den richtigen Namen, Oskar Lafontaine, der tatsächlich später nominiert werden sollte. Aber von der Partei wurde das Interview verständlicherweise als »Dolchstoß« gegen Rau empfunden. Schröder gehe auf »Konter-Kurs zum Kanzlerkandidaten«, schrieb das SPD-Organ *Vorwärts*, und in einem allgemeinen Aufschrei wurde Schröder vorgeworfen, Rau in den Rücken gefallen zu sein.

Spätestens aus dieser Zeit stammt der Vorwurf, Schröder habe »charakterliche Mängel«, der dann bei der Kandidatenwahl 1993, als sich Schröder gegen Rudolf Scharping und Heidemarie Wieczorek-Zeul einer Mitgliederabstimmung stellte, vor allem in Nordrhein-Westfalen gegen Schröder verwandt wurde. Die objektive Tatsache, daß Rau 1987 mit 37 Prozent der Stimmen das Wahlziel der absoluten Mehrheit meilenweit verfehlt hatte, nutzte da nichts.

Im Bündnis mit Lafontaine

Die Kontroverse im Bundestagswahlkampf Ende 1986 schadete Schröder zwar, aber sie stellte seine Position in der Partei nicht in Frage. Dort war er auf Bundesebene im August 1986 in den Parteivorstand gewählt worden, später wurde er dann auch zum Mitglied der SPD-Programmkommission berufen. Auf Landesebene festigte sich seine Stellung durch die Arbeit als oppositioneller SPD-Fraktionsführer, was schließlich 1990 zum Wahlsieg führte.

Kurz danach stand in Bonn die Entscheidung zum

Staatsvertrag zwischen der Bundesrepublik und der damals noch existierenden DDR auf der Tagesordnung. Oskar Lafontaine, inzwischen Kanzlerkandidat der SPD, war vor allem gegen die, wie er fand, übereilte Einführung der Währungsunion. Er fand einen Bundesgenossen in Schröder, der durch den Sieg der SPD in Hannover dafür gesorgt hatte, daß der Bundesrat mehrheitlich mit SPD-geführten Ländern besetzt war. Aber die beiden hatten fast die gesamte SPD-Führung und zahlreiche Abgeordnete gegen sich. Willy Brandt, aber auch der damalige Parteivorsitzende Hans-Jochen Vogel, Hans-Jürgen Wischnewski, Herbert Ehrenberg und andere kündigten an, dem Vertrag zustimmen zu wollen.

Lafontaine hätte es am liebsten gesehen, wenn der Staatsvertrag von der SPD im Bundestag demonstrativ abgelehnt, dann aber im Bundesrat auch von den SPD-regierten Ländern gebilligt worden wäre. Diese Linie ließ sich nicht durchsetzen. So stimmten die Sozialdemokraten mehrheitlich im Bundestag für den Staatsvertrag, Schröders Niedersachsen und Lafontaines Saarland aber lehnten ihn im Bundesrat als einzige Länder ab. Beide Länderchefs versicherten, daß sich dieser Schritt nicht gegen die deutsche Einheit richte.

Für Lafontaine hatte diese Haltung schwerwiegendere Folgen als für seinen Bundesgenossen Schröder: Der Saarländer hatte in seinem Bundestagswahlkampf – vor allem in den neuen Bundesländern – immer gegen den Eindruck zu kämpfen, er habe die deutsche Einheit nicht gewollt. Die ersten freien Volkskammer-Wahlen in der DDR brachten eine schwere Niederlage für die SPD, und auch nach der Vereinigung bei den ersten gesamtdeutschen Wahlen zum Bundestag konnte die SPD bei weitem nicht genügend Stimmen im Gebiet der ehemaligen DDR einfahren. Insgesamt erhielt Lafontaine am 2. Dezember

1990 mit 33,5 Prozent der Stimmen noch weniger Zuspruch als Rau bei der Wahl zuvor.

Auch Schröder wurde vorgeworfen, er habe »zur Frage der inneren Einheit keine innerliche Beziehung«, was er stets bestritt: »Der Vorwurf ist unberechtigt.« Aber in seiner Funktion als niedersächsischer Ministerpräsident fiel dieser Vorwurf nicht so ins Gewicht. Erst – viel später als von Lafontaine prognostiziert – als die ehemaligen DDR-Bürger merkten, daß die von Bundeskanzler Helmut Kohl im 90er Wahlkampf versprochenen »blühenden Landschaften« auf sich warten ließen, schwenkte die Stimmung im Osten allmählich um.

Engholms kleine Lüge

Zwar hatte es auch im Lafontaine-Wahlkampf den einen oder anderen Querschuß aus Hannover gegeben, zum Beispiel als Schröder – gemeinsam mit Henning Voscherau aus Hamburg und Björn Engholm aus Kiel – für eine Mehrwertsteuer-Erhöhung eintrat, gegen die Lafontaine als SPD-Kandidat votiert hatte. Seinen Ruf als »Königsmörder« aber erwarb der Niedersachse in der Auseinandersetzung mit dem neuen Vorsitzenden der SPD, Björn Engholm, der 1992 als Kanzlerkandidat für die 94er Bundestagswahl nominiert wurde.

Björn Engholm beklagte sich noch 1998, im Vorfeld der Wahl Schröders zum Kanzlerkandidaten, daß dieser seinerzeit »von hinten an meinem linken Stuhlbein« gesägt habe (während Heidi Wieczorek-Zeul dasselbe am rechten versucht habe). Aber waren es wirklich seine innerparteilichen Gegner, die Engholm zur Strecke brachten? Diese Legende kann doch einer im Ernst nicht aufrechterhalten, der rückblickend noch 1998 in der

Süddeutschen Zeitung zu seinem Spitzenamt sagt: »Eigentlich war ich keine ideale Wahl für den Vorsitz«, und der bekennt, seine innere Stimme habe ihm damals geraten: »Tu's nicht!«.

Engholm sei, so hieß es in dem Artikel, personifizierte »Mischung von Leichtigkeit und Schwerflüssigkeit, auf Dauer vielleicht etwas anstrengend für die Getreuen. Der aus anderem Holz geschnitzte Kandidat redete nicht – er trat inspiriert in ›Dialoge‹ ein, brachte nicht nur Antworten mit, sondern Fragen und Zweifel. Bildlich gesprochen, ging er den Genossen nicht voran, sondern schwebte voraus, geheimnisvoll mit seiner Bürde kokettierend. Das Schlagwort dafür hieß ›authentisch‹, verlangte forciertes Anderssein, skrupulösen Umgang mit der Macht, zuweilen Erschrecken über das eigene Echo«.

Was da skizziert wurde, war so ziemlich der genaue menschliche Gegenentwurf zum »furchtlosen Cowboy Gerd«, zum »Triebtäter Schröder« (beides Etikettierungen aus dem zitierten Artikel). Aber der Schöngeist Engholm wurde nicht von seinen innerparteilichen Gegnern abgesägt, sondern stolperte selbst – vielleicht weniger durch die Tatsache, daß er bei einer »kleinen Lüge« (*Süddeutsche Zeitung*) ertappt worden war, sondern vor allem durch sein Krisenmanagement – durch die Art, wie er versucht hatte, am Eingeständnis der bisherigen Falschaussage vorbeizukommen. So kam erst spät unter dramatischen Umständen scheibchenweise an die Öffentlichkeit, daß Engholm bereits sechs Tage früher, als er zunächst zugegeben hatte, über die Machenschaften Reiner Pfeiffers aus der schleswig-holsteinischen Staatskanzlei des Uwe Barschel gegen ihn gewußt hatte.

Daß Gerhard Schröder am 1. Mai 1993, noch zwei Tage *vor* Bekanntwerden der Abdankung Engholms, vorpreschte und seinen Anspruch auf die Nachfolge anmeldete, beruhte nach späteren Angaben auf einem Mißverständnis. Journalisten hätten eine Äußerung von Schröder-Sprecher Uwe-Karsten Heye, es gebe in der niedersächsischen SPD die Erwartung, daß Schröder antrete, zu der Meldung umfunktioniert, daß Schröder seine Kandidatur tatsächlich angemeldet habe. Der Ruf des »Königsmörders« schallte durch den Blätterwald. Schröder ließ sich nicht beirren, sondern ging in die Offensive. Ja, er wolle Bundeskanzler werden, bestätigte er fortan.

»Ich habe deutlich machen wollen«, sagt er wenig später in einem Gespräch, »daß es jemanden gibt, der will. Die Tatsache, daß ich könnte, wird eigentlich von niemandem bestritten. Und ich wollte es machen, wie ich es immer gemacht habe: Nicht verschämt irgend jemand anstoßen und sagen, schlag mich mal vor, sondern klar und offen und öffentlich.«

Der Anspruch Gerhard Schröders kam für seine Parteigenossen keineswegs überraschend. Schon seit Wochen war Schröder in der Presse im Zusammenhang mit der Krise um Engholm als dessen möglicher Nachfolger im Amt des Parteivorsitzenden und Kanzlerkandidaten genannt worden. Schröder war inzwischen zu einem Faktor in der Bundes-SPD geworden, sein Ehrgeiz war bekannt, warum hätte er entsprechende Medienspekulationen dementieren sollen?

Aber: »Wer gegen die Rituale verstößt, macht sich in der Partei wenig Freunde«, schrieb *Der Spiegel* und charakterisierte damit die Stimmung im SPD-Präsidium. Mehr oder weniger offen gingen Johannes Rau, Oskar

Lafontaine, Ulrich Klose, seinerzeit SPD-Fraktionsführer im Bundestag, und Bundesgeschäftsführer Karlheinz Blessing auf Distanz zu Schröder. Es war klar: Sie würden ihn nicht unterstützen beim Versuch, den SPD-Vorsitz und die Kanzlerkandidatur zu übernehmen.

Fakt war, daß sich die Spitzengenossen auch nicht auf einen anderen Kandidaten einigen konnten. Nachdem mit Rudolf Scharping und Heidemarie Wieczorek-Zeul noch zwei weitere Anwärter auf den Parteivorsitz gefunden worden waren, wurde – mit der Stimme Gerhard Schröders – beschlossen, die SPD-Mitglieder in einer Urwahl über den oder die neue(n) Vorsitzende(n) entscheiden zu lassen.

Auf zur Urwahl

Aus den einstigen Juso-Rebellen und -Rivalen waren Konkurrenten um den SPD-Thron geworden. Heidemarie Wieczorek-Zeul stand einst vier Jahre vor Gerhard Schröder an der Spitze der Jusos – aus dieser Zeit hing ihr immer noch der Beiname »die rote Heidi« an. Scharping als Exponent des parteibraven reformsozialistischen Flügels und Schröder als Anti-Revisionist waren zur selben Zeit bei den Jusos aktiv – damals hatte Schröder als Vorsitzender die wichtigere Rolle gespielt.

Wie es diesmal ausgehen würde, konnte niemand voraussagen. Als Realist hatte Schröder erkannt, daß er angesichts der Widerstände gegen ihn innerhalb der Parteispitze, wenn überhaupt, dann nur durch eine Urwahl der Parteibasis eine Chance hatte, an die Spitze der Partei und damit vielleicht später ins Kanzleramt zu gelangen: »Ich habe ja kandidieren müssen fast gegen das gesamte Parteiestablishment in Bonn, das ist ja kein Geheimnis gewesen, daß die mich nicht wollten. Und daß da einige im Hinterkopf hatten, diese Befragung würde so richtig zu einem Desaster für mich werden, das hat sich auch herumgesprochen.« Mit seiner Kandidatur für den Parteivorsitz stellte Schröder sogleich klar: Würde er bei der Wahl unter den Kandidaten als Sieger hervorgehen, dann würde er neben dem Parteivorsitz auch die Position des Spitzenkandidaten für die Bundestagswahl 1994 anstreben.

Sein Konkurrent Rudolf Scharping, bemüht um ein absolut seriöses Image, wollte sich zu dieser Frage nicht äußern: Erst komme der Parteivorsitz, dann würden die Sachfragen geklärt und erst dann entschieden, wer als Kanzlerkandidat gewählt würde. Das könne, müsse aber nicht er selbst sein.

Die dritte denkbare Alternative vertrat Heidemarie Wieczorek-Zeul, die als erste Frau in der 130jährigen Geschichte der SPD nach dem Vorsitz griff: Sie wollte sich mit dieser Position begnügen und jemand anderem – gedacht war an Oskar Lafontaine – das Kanzleramt überlassen.

Charakterliche Defizite

Gerhard Schröder verließ sich im – mit vier Wochen äußerst kurzen – innerparteilichen »Wahlkampf« ganz auf sein Image als volksnaher Macher und darauf, daß er mit der rot-grünen Regierung in Niedersachsen bereits den Weg auch für die Bundespolitik gewiesen hatte. Er strotzte vor Selbstbewußtsein, präsentierte sogar schon eine Art Schattenkabinett für die Kanzlerkandidatur und verzichtete bei Veranstaltungen nicht auf Seitenhiebe gegen seine Gegner in der Parteiführung – indem er Kritik an seiner Person offensiv zu seinen Gunsten wendete: »Da gibt es welche, die sagen neuerdings, ich hätte charakterliche Defizite. Und wißt ihr was? Das stimmt sogar!«, bekannte er fröhlich vor einer Parteiversammlung in Essen und fuhr fort: »Wenn im Parteivorstand darüber abgestimmt würde, ob ich ein Bösewicht bin, gäbe es dafür bestimmt eine Mehrheit.« Die Genossen waren angesichts eines solchen Ausmaßes an selbstbewußter und selbstironischer Aggressivität begeistert.

Rudolf Scharping bot die seriöse Alternative dar: Sein oberstes Ziel sei es, Vertrauen und Mehrheiten für sozialdemokratische Politik zu schaffen. »Staatstragend, steif bis langweilig, aber zuverlässig«, so charakterisierte *Der Spiegel* sein Auftreten während des Showlaufens im Ruhrgebiet, und Scharping antwortete: »Ich habe mich nicht als Showmaster, sondern als SPD-Vorsitzender beworben.«

Ein politischer Fehler

Der »Showmaster« Schröder, der auf seine immer wieder beschworene Verbundenheit mit den Massen vertraute, mußte die Erfahrung machen, daß er allein auf diesem Weg gegen die Widerstände in der eigenen Partei nicht gewinnen konnte. Zu stark wurde gegen ihn vor allem im mitgliederstarken Nordrhein-Westfalen Stimmung gemacht.

Vielleicht entscheidend aber war, daß die Urwahl in Wirklichkeit nicht so demokratisch war, wie der Parteivorstand glauben machen wollte. Nicht umsonst gibt es bei Personenwahlen in demokratischen Staaten das Instrument der Stichwahl: Nur mit einer solchen kann wirklich derjenige herausgefunden werden, der die Mehrheit der Stimmen hinter sich hat, wenn bei mehr als zwei Kandidaten keiner im ersten Wahlgang die absolute Mehrheit erringt.

Bei der Mitgliederwahl der SPD errang niemand die absolute Mehrheit. Bei einer Wahlbeteiligung von 56 Prozent erhielt Rudolf Scharping 40,3 Prozent der abgegebenen Stimmen, 33,2 Prozent stimmten für Gerhard Schröder, 26,5 für Heidemarie Wieczorek-Zeul. Bei einem solchen Ergebnis wäre in einer Stichwahl zwischen Scharping und Schröder der Ausgang durchaus noch offen gewesen. Fast alle politischen Beobachter gingen davon aus, daß Schröder möglicherweise sogar die besseren Karten gehabt hätte. Heidemarie Wieczorek-Zeul stand wie Schröder für eine rot-grüne Option. Sie hat sicher viele linke Wähler, viele Frauen an sich gebunden, die bei der alleinigen Wahl zwischen Scharping und Schröder möglicherweise für den Niedersachsen gestimmt hätten.

Letztlich ist Schröder wohl sogar an seinem eigenen Selbstvertrauen und Ehrgeiz gescheitert, weil er glaubte, Scharping auch im ersten Wahlgang schlagen zu können. Es erwies sich als schwerer politischer Fehler, nicht von vornherein auf einer Stichwahl bestanden zu haben. So mußte Schröder eine Niederlage ohne Murren hinnehmen, denn er hatte sich ja auf die Spielregeln eingelassen. Der neue Parteivorsitzende hieß Rudolf Scharping. »Gewiß habe ich Fehler gemacht«, räumte Schröder nach der Basisentscheidung ein und fügte trotzig-selbstbewußt hinzu: »aber lustvoll. In den Sachpositionen sind die Unterschiede zwischen Rudolf Scharping und mir marginal. Das kann es nicht gewesen sein. Es muß was mit den Personen zu tun haben. Und wenn das so ist, will ich es auch so haben«.

Von der Troika zum Duo

Genossen, ihr werdet entscheiden müssen

Trotz demonstrativ zur Schau getragener Gelassenheit und trotz aller verbalen Bekenntnisse, die Mitgliederentscheidung vom Juni 1993 zu respektieren: Die Wahl des rheinland-pfälzischen Ministerpräsidenten Rudolf Scharping, zum Parteivorsitzenden hatte Gerhard Schröder tief getroffen. Er, der Tatmensch, der sich seinem Pfälzer Widersacher deutlich überlegen wähnte, mußte dem spröde wirkenden Konkurrenten die Rolle des Hauptdarstellers auf der Bonner Bühne – zumindest vorerst – überlassen. Der Waffenstillstand dauerte ein gutes halbes Jahr.

Zum Zeitpunkt seiner Wahl war Scharping 45 Jahre alt und im Bewußtsein der Bundesbürger ein noch relativ unbeschriebenes Blatt. Es gelang ihm anfangs, sich zwar kein strahlendes, aber doch durchaus seriöses Image anzueignen: Daß er bereits eine Woche nach dem Mitgliederentscheid auch seinen Anspruch auf das Amt des Kanzlerkandidaten anmeldete, fiel unter die Rubrik Entschlußfreudigkeit und Machtwille. Daß er eine »ruhige, kompetente Politik« ankündigte, bei der man nicht »das Rad ständig neu erfinden muß«, sprach für Berechenbarkeit und daß er mit dem mächtigen Oskar Lafontaine, wie er formulierte, eine »starke Achse« bilden konnte, für sein innerparteiliches Geschick.

Aber Scharping behielt ein Handicap: Zwar konnte sich der »rechte Mann zur rechten Zeit« (*Süddeutsche Zeitung*) mit seiner Art auch Anerkennung und Respekt bei bürgerlichen Wählern verschaffen, so daß seine Sympathiewerte in Umfragen stiegen, doch echte Aufbruchsstimmung vermochte Scharping nicht zu erzeugen. Einen tiefgreifenden und anhaltenden Stimmungsumschwung konnte der »politische Aufsteiger des Jahres« (*Der Spiegel*) nicht bewirken.

Rudolf Scharping entwickelte sich zum anschaulichen Beweis dafür, daß – relative – Jugend allein nicht reicht, um zum Hoffnungsträger und Erneuerer zu werden. Bill Clinton und später Tony Blair schafften den Umschwung in ihren Ländern nicht allein durch die Botschaft »junger Politiker ersetzt alten«, sondern durch das Signal »dynamische ersetzt verbrauchte Politik«. Ob es Gerhard Schröder im Bundestagswahlkampf 1994 gelungen wäre, eine solche Aufbruchsstimmung besser zu verkörpern, kann dahingestellt bleiben. Daß er es glaubte, ist gewiß. Und die Reaktionen auf seine Kanzlerkandidatur vier Jahre später mögen ihn darin bestätigen. Denn 1998 ist der inzwischen immerhin schon 54 Jahre alte Schröder zum Symbol des Aufbruchs in der SPD geworden.

Rotkohl in Bonn

Scharping setzte 1994 darauf – ähnlich wie später Schröder im Wahlkampf 1998 -, Wähler der Mitte zur SPD zu ziehen. Aber so, wie er auftrat und im Wahlkampf agierte, erschien der »neue« Pfälzer manchem als eine Art »jüngerer Kohl«, spöttisch auch »Rotkohl« genannt.

Vielleicht hätte die Strategie Scharpings in einem kurzfristigen Wahlkampf sogar Chancen gehabt – tatsächlich überholte die SPD bei den Befragungen der Meinungsforschungsinstitute die CDU/CSU -, aber bis zur Bundestagswahl war es noch mehr als ein Jahr hin und damit reichlich Gelegenheit, Schwächen des Kandidaten augenfällig werden zu lassen.

So zeigte sich rasch, daß Scharpings rhetorische Fähigkeiten nicht überwältigend waren und er nur begrenzt über Ausstrahlungskraft oder gar Charisma verfügte. Scharping reagierte darauf, indem er – wie sein Widersacher Helmut Kohl – die Attitüde des Unterschätzten an den Tag legte, der es den anderen jetzt zeigen wolle. 1991 hatte Scharping die Wahlen in Rheinland-Pfalz gewonnen und war seither Ministerpräsident. Er saß also auf jenem Stuhl, den Kohl erstmals 1969 erobert hatte und von dem aus sich der Pfälzer nach Bonn aufgemacht hatte. Jetzt wollte er es ihm gleichtun und seinerseits zum Sprung nach Bonn ansetzen. Doch Scharping erwies sich nicht als vergleichbares Kaliber und sprang häufig zu kurz. An den Mann, den er respektvoll als »Koloß, der auf einer Nadelspitze balanciert«, bezeichnet hat, reichte Rudolf Scharping nicht heran.

Affront ohne Worte

Gegenüber dem neuen Parteivorsitzenden und Kanzlerkandidaten verhielt sich Gerhard Schröder zunächst zurückhaltend. Er konzentrierte sich zuallererst auf die Landespolitik und die bevorstehenden Wahlen in Niedersachsen.

Den Wahlkampf führte er mit zwei zentralen Botschaften: »Arbeit, Arbeit, Arbeit«, hieß sein Slogan, und dazu blickte ein Führungsstärke ausstrahlender Landesvater von den Plakatwänden, mit, wie er es nannte, »bißchen Lächeln, bißchen Stahl in den Augen«. Als die Umfragen der SPD die Chance auf eine absolute Mehrheit einräumten, stellte Schröder in der Schlußphase seine Wahlkampfstrategie um und setzte – gegen den Rat der Bonner Parteizentrale – darauf, nach der Landtagswahl am 13. März 1994 ohne die Grünen allein weiterregieren zu können. Er schaffte es, wenn auch knapp.

Als er am Montag nach seinem Wahlsieg nicht, wie sonst üblich, nach Bonn zur SPD-Präsidiumssitzung fuhr, sondern sich erst am Dienstag, und zwar allein, in der Bundeshauptstadt vor der Bundespressekonferenz den Fragen der Journalisten stellte, wurde dies allgemein als Affront gegen den Parteivorsitzenden gewertet, ohne daß Schröder auch nur ein Wort der Kritik an Scharping geäußert hätte. Scharping reagierte mit der klassisch gewordenen Bemerkung: »Manche Leute tragen die Nase so hoch, daß es reinregnet.«

Wo es wirklich reinregnete, war noch nicht ausgemacht. Während Schröder in Niedersachsen triumphierte, ging es mit der Bundes-SPD langsam bergab. Scharping hatte die Losung ausgegeben, die Partei möge alles unterlassen, was die Wähler des bürgerlichen Lagers – die er ja zu gewinnen trachtete – schrecken könne. Verläßlich und geschlossen sollte die SPD dastehen, aber die Versuche, parteiinterne Differenzen auszuklammern, beizulegen oder nicht nach außen dringen zu lassen, scheiterten immer häufiger.

Schröder meldete sich lautstark in der Bundespolitik zurück, als die Kommission, die das Wahlprogramm der SPD ausarbeiten sollte, ein Tempolimit beschloß. Der nordrhein-westfälische Bundestagsabgeordnete Christoph Zöpel vom linken Parteiflügel hatte die entspre-

Gerhard Schröder auf dem Juso-Bundeskongreß 1979
(Foto: Werek/Bilderdienst Süddeutscher Verlag)

Der Juso-Vorsitzende 1979 im Gespräch mit SPD-Bundesgeschäftsführer Egon Bahr (l.)
(Foto: dpa)

Landtagswahlkampf in Niedersachsen: SPD-Spitzenkandidat Schröder (2. v. l.) mit Maler Uwe Bremer, SPD-Chef Willy Brandt und Autor Günter Grass (v. l. n. r.) (Foto: dpa)

Gute Miene trotz Niederlage: 1986 mit Frau Hiltrud im ZDF-Wahlstudio (mit Klaus Bresser, l., und Wolfgang Herles) (Foto: Werek/Bilderdienst Süddeutscher Verlag)

Ex-Terrorist Horst Mahler, l., mit seinem Verteidiger Gerhard Schröder
(Foto: Ullstein-Wolfgang Bera)

Als Ministerpräsident 1991 in Rußland:
Ein Kolchosebauer lädt Schröder
zum Tee aus dem Samowar ein
(Foto: dpa/Bilderdienst Süddeutscher Verlag)

Triumph 1990: das erste rot-grüne Kabinett in Niedersachsen mit Ministerpräsidenten Gerhard Schröder (Foto: Hollemann/dpa

»Automann« Gerhard Schröder 1993 an der Seite des VW-Vorstandsvorsitzenden Ferdinand Piech bei einem Schlichtungsgespräch mit Zulieferern der Auto-Industrie (Foto: Hollemann/dpa

Gerhard Schröder mit seiner neuen Lebensgefährtin Doris Köpf 1996 in der Innenstadt von Hannover (Foto: Ingo Wagner/dpa)

Auf einer VW-Betriebsversammlung versichert Schröder 1997, daß Niedersachsen seinen 20-Prozent-Anteil an den VW-Aktien nicht verkaufen werde (Foto: Ulrike Heitefuß/dpa)

Eine gereifte Troika: Rudolf Scharping, Gerhard Schröder und Oskar Lafontaine Anfang 1998 (Foto: Ullstein-Reuters AG)

Familienausflug: Schröder mit Doris Köpf beim Wandern an der Saar mit dem Ehepaar Oskar Lafontaine und Christa Müller (Foto: Ullstein-AP)

Der frischgekürte Kanzlerkandidat Schröder trifft Englands Premier Tony Blair im März 1998 in Bonn (Foto: Tim Brakemeier/dpa)

Schröder am Lenker: bei einer Benefizveranstaltung 1997 in Holzminden
(Foto: imo/Bilderdienst Süddeutscher Verlag)

Zwei Rivalen vor dem Start in den Wahlkampfendspurt:
Gerhard Schröder und Helmut Kohl auf der CeBit in Hannover 1998
(Foto: Christof Stache/Bilderdienst Süddeutscher Verlag

chende Passage ins Programm gebracht. Schröder, ebenfalls Mitglied der Programm-Kommission, protestierte. Scharping gab nach. Aber die Differenzen waren nun öffentlich. Scharping versuchte, den Schaden zu begrenzen, und erklärte, auch das Kommissionsmitglied Christoph Zöpel sei schließlich mit einer Revision des Programms einverstanden gewesen, worauf dieser ihn öffentlich bezichtigte, die Unwahrheit gesagt zu haben, und erklärte, unter diesem Vorsitzenden sei die SPD zur »Präsidialpartei« verkommen.

Das Bild einer geschlossenen Partei unter einem starken Vorsitzenden jedenfalls war nach Episoden wie diesen gründlich ramponiert.

Fiasko bei der Präsidentenwahl

Zu solchen internen Streitigkeiten gesellte sich Pfingsten 1994 ein Ereignis, das rückblickend wohl als entscheidend für den Stimmungsumschwung im Bundestagswahljahr angesehen werden kann, entscheidend für den erneuten Sieg Helmut Kohls und die Niederlage Rudolf Scharpings: Die Wahl eines Nachfolgers für den scheidenden Bundespräsidenten Richard von Weizsäcker.

Die SPD nominierte den über Parteigrenzen hinweg hochangesehenen nordrhein-westfälischen Ministerpräsidenten, Johannes Rau, fand für ihn aber in der Bundesversammlung keine Mehrheit. Bis zuletzt hatten die Genossen gehofft, aus der FDP Abgeordnete herüberziehen zu können und so, wie 1969 bei der Wahl Gustav Heinemanns, ein Signal für einen Wechsel in Bonn geben zu können. Es klappte nicht.

Nachdem die FDP-Kandidatin Hildegard Hamm-Brücher nach zwei Wahlrunden ihre Bewerbung zurückgezogen hatte, wurde der Kandidat der Union, der Präsident des Bundesverfassungsgerichts, Roman Herzog, im dritten Wahlgang mit 696 zu 605 Stimmen zum Bundespräsidenten gewählt. Die einzige Möglichkeit, das sich abzeichnende Desaster für die SPD, einen Sieg der Union mit großer Symbol- und Sogwirkung, zu verhindern, hätte darin bestanden, nach dem zweiten Wahlgang auf den eigenen Kandidaten zu verzichten und zur FDP-Bewerberin überzuschwenken. Das hätte die Regierungskoalition spalten können. Denn die FDP hätte ja schlecht gegen die eigene Kandidatin stimmen können, und FDP und SPD hatten zusammen die Mehrheit der Stimmen in der Bundesversammlung. Schröder legte Scharping dieses Vorgehen nahe. Aber Johannes Rau wollte auch im dritten Wahlgang nicht auf eine Kandidatur verzichten, und Scharping traute sich nicht, ihn zu drängen. Beide klammerten sich an die Hoffnung, es könnte vielleicht doch noch klappen, die alte Weisheit ignorierend, daß es in der Politik keinen Ersatz für Mehrheiten gibt.

Auf die Wahl Roman Herzogs und die Niederlage Raus reagierte Scharping beleidigt. Er kritisierte die Liberalen, weil sie den ausgewiesenen Konservativen Herzog einem so konsensfähigen Politiker wie Rau vorgezogen hatten. Er kritisierte auch den frischgewählten Präsidenten selbst, indem er ihn als »nicht liberale« Wahl charakterisierte. Scharping erklärte, das Ergebnis der Bundespräsidentenwahl spiegele nicht den Willen der Mehrheit der Bevölkerung wider, und er forderte die Wähler auf, die gut zwei Wochen später anstehende Europawahl am 12. Juni quasi als vierten Wahlgang zu nutzen, um es der Union heimzuzahlen.

Nach der Bundespräsidentenwahl nannte nicht nur Bundeskanzler Helmut Kohl Scharping einen »schlechten Verlierer«, auch Schröder kritisierte Aktionen und Reaktionen seines Parteivorsitzenden. Im Fernsehen warf er ihm – ohne seinen Namen zu nennen – vor, auf Nebenkriegsschauplätzen zu kämpfen, statt den Hauptgegner der SPD, Bundeskanzler Kohl, direkt anzugreifen.

Gleichzeitig zeichnete sich bereits ab, daß die SPD die Europawahlen verlieren würde. Vor der Bundestagswahl wäre dies nach dem Fiasko bei der Präsidentenwahl die zweite Niederlage geworden und hätte die Chancen auf eine Ablösung der Regierung Kohl gewiß weiter gemindert. Doch statt sich in Parteidisziplin zu üben und Geschlossenheit zu demonstrieren, attackierte Schröder den Parteivorsitzenden. Er habe ein Signal setzen wollen, rechtfertigte Schröder dies später, einen Anstoß, vor der Europa- und der Bundestagswahl das Ruder noch herumzureißen und eine neue Strategie zu entwickeln.

Die Wahl zum europäischen Parlament geriet für die SPD zum Desaster. Ganze 32,2 Prozent der Stimmen konnte die SPD auf sich vereinigen, die CDU/CSU erreichte 39 Prozent.

Nach der Europa-Wahl verlangte Schröder, die SPD müsse auch im Bund bei der Bekämpfung der Arbeitslosigkeit offensiver auftreten und argumentieren. Wie in Niedersachsen gerade demonstriert, sollte sie auf ein zentrales Thema und auf Personen setzen. Schröder verlangte die Bildung einer Mannschaft, die deutlich machen sollte, daß die SPD »zwar einen Vorsitzenden und Kandidaten hat, daß sie daneben und dahinter aber eine Reihe von Leuten hat, die auch was können.« Schröder war bereit und wollte wieder bundespolitisch an maßgeblicher

Stelle mitwirken. Nur so sah er wohl noch eine Chance für die SPD bei der Bundestagswahl 1994 – nicht zuletzt wollte er wohl auch den Vorwurf vermeiden, er habe nicht alles für einen Wahlsieg der SPD getan. Auszug aus einem *Spiegel*-Interview:

»Hielten Sie es für richtig, wenn die SPD Sie zusammen mit Scharping und Lafontaine präsentieren würde?«

Schröder: »Ich hätte nicht das geringste Problem.

»Welchen Slogan würden Sie empfehlen?«

Schröder: »Flapsig würde ich drunterschreiben: ›Die glorreichen Drei‹.«

Troika der glorreichen Drei

Scharping, Schröder, Lafontaine – zwei Monate später wurden Plakate und Fernsehspots mit ihren Konterfeis in Auftrag gegeben. Die Formulierung »Die glorreichen Drei« fehlte – aber dafür symbolisierte die Dreieinigkeit nicht nur ein abstraktes Team, sondern eine Troika an der Spitze der SPD, ein Führungsteam als Kernstück einer kommenden SPD-Regierung.

Der SPD-Wahlparteitag im Juni 1994 in Halle hatte Rudolf Scharping zuvor mit 95,4 Prozent der Stimmen (zwei Prozent mehr als Schröder vier Jahre später in Leipzig erhalten sollte) offiziell zum Kanzlerkandidaten gekürt. Doch der Jubel der Delegierten bewirkte im Lande keinen Stimmungsumschwung. Die Umfragen machten der SPD kaum noch Hoffnung, die Regierung Kohl ablösen zu können. In dieser Situation wurde die Berufung Gerhard Schröders in das Schattenkabinett als, wie Martin E. Süskind in der *Süddeutschen Zeitung* schrieb, »der erste hochprofessionelle Schachzug des Kanzler-Herausforderers in diesem Jahr« angesehen, um das Ruder noch herumzureißen. Der bisher als Superminister für Wirtschaft und Finanzen vorgesehene Oskar Lafontaine verzichtete zugunsten Schröders auf Teile der ihm zugedachten Aufgaben und sollte nun nur noch Finanzminister werden.

Insgesamt stellte Scharping ein zwanzigköpfiges Team vor, das nicht nur nahezu alle Bonner SPD-Spitzenpolitiker versammelte, sondern auch ausgewogen unterschiedlichste Interessengruppen berücksichtigte. Aufsehen erregte, daß Scharping vier unabhängige Berater in sein Team aufnahm, die von vornherein nicht für ein Ministeramt zur Verfügung standen – schillernde Persönlichkeiten wie die beliebte brandenburgische Sozialministerin Regine Hildebrandt, den Ex-VW-Manager Daniel Goeudevert, den Molekularbiologen Jens Reich, der zuvor für die Grünen als Präsidentschaftskandidat angetreten war, sowie die damals erst 28 Jahre junge Textilunternehmerin Britta Steilmann.

Unbestritten war die Berufung Gerhard Schröders die Top-Personalie. Noch zwei Wochen vor Bekanntgabe des Entschlusses hatte er schließlich im Beisein Scharpings öffentlich bekräftigt, daß sein Platz in Niedersachsen sei und er »vier Jahre für kein Amt in Bonn zur Verfügung« stehe. Woher kam der plötzliche Sinneswandel? Warum hat der niedersächsische Ministerpräsident einer Einbindung in das Scharping-Team zugestimmt?

Es kamen mehrere Punkte zusammen, die es für Schröder doch noch lukrativ erscheinen ließen, im Bonner Wahlkampf mitzumischen:

Zum einen hatte sich Scharping eine Offerte für Schröder ausgedacht, die dieser kaum ausschlagen konnte. Er sollte ein Superministerium für Wirtschaft, Energie und Verkehr führen – also all jene Politikfelder betreuen können, von denen er meinte, er habe sich dort als Ministerpräsident Anerkennung und Kompetenz erworben.

Zum anderen lag Schröder als Person in der Wählergunst weit vor Scharping. Sollte sich jetzt also die Stimmungslage für die SPD verbessern und tatsächlich ein gutes Wahlergebnis eingefahren werden können, dann hätte er dieses zu einem Gutteil auf das eigene Konto verbuchen können.

Schließlich hätte sich eine Weigerung zur Mitarbeit möglicherweise gegen ihn kehren können. Denn bei aller Eigenständigkeit und Distanz zur Parteiführung – Schröder hatte noch über die Wahl 1994 hinausgehende Ambitionen in der Bundespolitik und konnte es sich nicht leisten, sich vollständig aus dem SPD-Personalkarussell herauszukatapultieren.

Im Ziel einig

Was folgte, war eine Demonstration der Einigkeit, die man den drei Kontrahenten Schröder, Lafontaine und Scharping kaum noch zugetraut hatte. Die Hahnenkämpfe schienen vorbei, die Rivalen demonstrierten Harmonie.

Bei aller Unterschiedlichkeit ist sich die Troika im Ziel doch einig, lautete die Devise. Die bisherigen Auseinandersetzungen seien halt unter Männern unvermeidlich gewesen, »von denen sich jeder selbst für den Besten« hält, gab Schröder gut gelaunt von sich.

Die Gelegenheit zum Kräftemessen mit der Regierung bot sich den Scharping-Mitstreitern gut acht Tage nach der Formierung des Führungstrios in der Debatte des Bundestages über den Haushaltsentwurf 1995 und die mittelfristige Finanzplanung. Oskar Lafontaine zog den Zorn der CDU/CSU-Fraktion auf sich, als er der Union die sogenannte »Rote-Socken-Kampagne« vorwarf. Mit dieser Kampagne hatten die Wahlstrategen der Union auf die Bildung einer rot-grünen Minderheitsregierung mit Duldung der PDS nach der Landtagswahl in Sachsen-Anhalt im Juni reagiert und der SPD mangelnde Abgrenzung von der SED-Nachfolgepartei vorgeworfen. Lafontaine konterte und griff die CDU an, in deren Reihen fänden sich Abgeordnete, die als ehemalige Mitglieder der Blockparteien, für »Mauer und Schießbefehl« mitverantwortlich gewesen seien. Außerdem habe die Regierung mit ihrer »verfehlten Wirtschafts- und Finanzpolitik« der deutschen Einheit schweren Schaden zugefügt. Gerhard Schröder wies in seiner ersten Rede als designierter Superminister den Versuch der CDU/CSU zurück, die SPD als technologiefeindlich darzustellen. Der angestrebte Ausstieg aus der Kernenergie sei nicht technologiefeindlich, sondern »menschenfreundlich«. Sozialer Friede sei ein wichtiger »Produktions- und Ansiedlungsfaktor«. Er kündigte an, daß die SPD die »soziale Teilhabe« zur Priorität erheben werde, während die Bundesregierung dabei sei, »den sozialen Konsens zu zerstören«.

Probelauf für 1998

Trotz seiner Niederlage gegen Scharping bei der SPD-Basisbefragung nur ein Jahr zuvor, fand sich Gerhard Schröder nun wieder im Ansturm auf Bonn – wenn auch nur für einen (gewichtigen) Posten unter dem designierten Kanzler Scharping. Immerhin: Sein erstes Kalkül ging auf, die Zustimmungswerte für die SPD bei den Wählerumfragen stiegen wieder an.

Rückblickend betrachtet, könnte man seine damaligen Wahlkampfauftritte als einen Probelauf für die 98er Kampagne bezeichnen. Was der Journalist Martin E. Süskind, der Schröder bei einigen seiner Wahlkampftermine beobachtet hatte, schrieb, hätte er vier Jahre später als Stehsatz wiederverwenden können: »Es ist, als sei Helmut Schmidt wieder zurückgekehrt in den Kreislauf der Politik – mit einem einzigen Unterschied: Kaum einer protestiert mehr gegen das Credo vom Wachstum, den Motor des Fortschritts. Die Ideologie, so scheint Schröders Wahlkampf zu beweisen, ist out in Deutschland.«

Es könne keinen Zweifel geben, hieß es im Zusammenhang mit Wahlkampfauftritten bei Gewerkschaftern und Wirtschaftskapitänen weiter, »daß Schröder eine wichtige Flanke in Scharpings Wahlkampf geschlossen und abgesichert hat: Er ist der Mann, den die deutsche Unternehmer-Elite noch vor wenigen Monaten in einer Umfrage zu ihrem Lieblings-Sozialdemokraten gekürt hat ... Diesen Sympathie-Bonus bringt er nun ein ins Spitzentrio der SPD, und wenn es gut geht am 16. Oktober, dann wird er dafür Honorierung verlangen.«

Eine Troika ist kein Trio

Das Honorar blieb aus: Die SPD verbesserte zwar ihr Ergebnis von 1990 um drei Punkte, aber die 36,4 Prozent reichten nicht, um zusammen mit den Grünen (7,4 Prozent) die bisherige Regierungskoalition abzulösen. Diese hatte mit insgesamt 48,4 Prozent (CDU/CSU 41,5, FDP 6,9) nicht die absolute Mehrheit der Stimmen, aber der Mandate gewonnen. Am Wahlabend sah es kurzfristig noch nach einem sehr knappen Stimmenverhältnis im Bundestag aus, doch durch diverse Überhangmandate kam für Kohl schließlich noch ein sicherer Vorsprung von zehn Abgeordneten gegenüber der Opposition (inklusive PDS) zustande.

Der Traum vom Superminister Schröder war ausgeträumt. In ersten Reaktionen der Geschlagenen demonstrierten sie Einigkeit auch in der Niederlage: »Ich bin dagegen«, sagte Schröder, »für Niederlagen immer nur einen einzelnen verantwortlich zu machen. Wir haben sie seinerzeit zu dritt gemacht – die berühmte Troika. Und wir haben miteinander verloren.«

Doch in der Folge zeigte sich, daß eine Troika doch etwas anderes ist als ein Trio: das Wort Troika bezeichnet ja eigentlich die Pferde eines Dreiergespanns. Die mögen im Lauf auf ein Ziel noch zusammenhalten und den Wagen einheitlich ziehen, wenn aber dieses Ziel, also die Lenkung, fehlt, dann brechen die Pferde in verschiedene Richtungen aus.

Noch zwei Tage vor der Wahl hatte Rudolf Scharping auf einer Pressekonferenz ausdrücklich betont, die Troika solle in jedem Fall, ob in der Regierung oder in der Opposition, zusammenbleiben: »Das wird eine langfristige Zusammenarbeit.« Und Schröder hatte noch im Dezember 1994 auf die Frage: »Ist das Thema Kanzlerkandidatur für Sie ein für allemal erledigt?«, geantwortet: »Das ist es. Die SPD muß endlich Kontinuität in ihre Führung bekommen, das heißt, Rudolf Scharping wird eine zweite Chance bekommen.«

Tatsächlich aber beobachtete Schröder den Kurs des frisch gewählten Bonner Fraktionsvorsitzenden Scharping mit Argwohn. So wie Scharping die Opposition organisierte, fühlte sich Schröder außen vor. Und nicht zuletzt war Schröder zutiefst überzeugt, mit ihm als Kanzlerkandidaten hätte die SPD bei der Wahl mehr rausgeholt – und er sagte dies schließlich auch öffentlich. Im Januar 1995 trat er in der Late night show »Gottschalk« auf und provozierte Scharping als Verlierer der Bundestagswahl mit der Bemerkung: »Ich hätt's gepackt!«.

In den folgenden Monaten konnten sich Journalisten darauf verlassen, daß es ihnen nicht an Stoff mangeln würde, um über Querelen zwischen dem neuen SPD-Fraktionsvorsitzenden in Bonn und dem Ministerpräsidenten aus Niedersachsen zu berichten. Das Kapitel »SOS – Schröder oder Scharping« war aufgeschlagen.

SOS – Schröder oder Scharping

Rudolf Scharping versuchte die Bundestagsfraktion als Machtzentrum der SPD-Führung zu etablieren. Von Bonn aus wollte der Partei- und Fraktionsvorsitzende die Linie der SPD vorgeben. Die zentralen politischen Entscheidungen sollten von dort ausgehen. Nur konnte dies kaum gutgehen, denn in den Ländern stellte die SPD mehrheitlich die Ministerpräsidenten. Und diese hatten eigene Vorstellungen, spezifische Länderinteressen und waren mächtig und selbstbewußt genug, um ihren bundespolitischen Einfluß nicht einfach beim Partei- und Fraktionschef abzugeben. Nicht zuletzt über den Bundesrat konnten sie ihre Vorstellungen auch abweichend von der Linie der SPD-Bundestagsfraktion durchsetzen.

So kooperierten zum Beispiel Schröder und Voscherau, als es im Sommer 1995 darum ging, gegen die Linie Scharpings eine Erhöhung des Kindergeldes abzulehnen. Die finanz- und steuerpolitischen Ziele der Opposition seien zwar, so ihr Argument, »auch vor dem Hintergrund unseres Programmes zur Bundestagswahl sozial wünschenswert« – aber wegen der dramatischen finanziellen Lage in den Ländern einfach nicht zu bezahlen.

Es zeigte sich: Rivalisierende Interessen im Wahlkampf zusammenzuhalten und einen Konkurrenten mit unbezähmbarem Überlegenheitsgefühl wie Schröder beim sechswöchigen Wahlkampfendspurt einzubinden war eine andere Aufgabe, als eine effektive Opposition gegen die Regierung Kohl integrativ zu koordinieren. Daran scheiterte der Partei- und Fraktionsvorsitzende.

Rudolf Scharping und mit ihm die SPD sackten in den Meinungsumfragen der Institute in der Wählergunst mehr und mehr ab: Im Sommer 1995 näherte sich die Partei der 30-Prozent-Grenze. In der britischen Presse war doppeldeutig von einer »sharping crisis« der deutschen Sozialdemokratie zu lesen. Schröder wurde nun immer heftiger in seiner Kritik am Vorsitzenden, die Reibungspunkte nahmen weiter zu.

So zum Beispiel, als er mit dem Fraktionsführer um die Linie bei den Energiekonsensgesprächen stritt, bei denen Schröder kompromißbereiter war, als es die Beschlußlage der Partei vorsah. So auch, als es – nach der Wahl in Sachsen-Anhalt, die zu einer rot-grünen Minderheitsregierung unter Reinhard Höppner, geduldet von der PDS, geführt hatte – darum ging, die Parteilinie gegenüber der SED-Nachfolgepartei zu definieren, und Schröder forderte: »Ich würde der PDS... nicht gestatten, sich dauernd als einzige Oppositionspartei zu profilieren. Ich würde sie zwingen, Farbe zu bekennen.« Mehrfach provozierte der Niedersachse offenen Krach mit dem SPD-Vorsitzenden. Die schleswig-holsteinische Ministerpräsidentin Heide Simonis fühlte sich an das Spiel von »kleinen Jungs« erinnert, die sich in der Sandkiste gegenseitig die Förmchen wegnehmen: »Irgendwann hauen die sich dann immer die Eimer um die Ohren.«

Doch Schröder provozierte bewußt. Es entspricht seinem Naturell, Krisensituationen zuzuspitzen, bis kein Weg mehr an einer Klärung des zugrundeliegenden Konflikts vorbeiführt. In der Partei brachten Schröders ständige Querschüsse ihm den Vorwurf des »unsolidarischen«

Verhaltens ein. Die Zahl seiner Gegner wuchs. Aber wie häufig bei seinem politischen Weg nach oben, verfuhr er nach dem Motto: Viel Feind, viel Ehr'. Auch diesmal schadete ihm sein persönlicher Politikstil nicht: In den Umfragen stiegen seine Sympathiewerte. Der Vorsprung Schröders im direkten Vergleich mit Scharping wuchs kontinuierlich.

Befreiungsschlag ins Wasser

Die permanente Konfrontation zehrte an den Nerven Scharpings und untergrub die Autorität des Parteivorsitzenden. Schließlich nahm er ein Interview Schröders in der *Woche* zum Anlaß, diesen am 31. August 1995 in seiner Funktion als wirtschaftspolitischen Sprecher der Partei abzulösen.

Diesen Schritt hatte Scharping schon seit einiger Zeit erwogen, jetzt fand sich der Anlaß, jener vielzitierte Tropfen, der das Faß zum Überlaufen brachte. Im Interview mit der *Woche* hatte Schröder sinngemäß nichts vertreten, was er nicht bereits seit langem predigte. So trat er, wie seinerzeit im gemeinsamen Wahlkampf mit Scharping, für eine flexible Wirtschaftspolitik ein, die ideologischen Ballast über Bord werfen müsse. Dann aber fiel der für ihn folgenschwere Satz: »Es geht nicht mehr um sozialdemokratische oder konservative Wirtschaftspolitik, sondern um moderne oder unmoderne.«

Diese Äußerung nahm Scharping zum Anlaß, seinem Rivalen die Rote Karte zu zeigen und ihn als Wirtschaftssprecher vom Platz zu weisen. Dabei ging es weniger um die Sache als um die Demonstration von Autorität und Führungsanspruch: »Es stimmt schon«, kommentierte *Die Zeit*, »Rudolf Scharping und Gerhard Schröder haben sich nicht wegen der Wirtschaftspolitik entzweit. Bei ihrem Krach spielten Geltungsdrang und schlechte Manieren sicher eine größere Rolle als Meinungsverschiedenheiten in der Sache«. Scharping wollte sich, wie er einmal formuliert hatte, »von diesem Provinz-Strauß nicht länger den Ruf der SPD ruinieren lassen«. Schröder reagierte auf seinen Rausschmiß mit der bissigen Bemerkung: »Wenn ich so werden würde, wie Scharping mich haben will, würde meine Frau sich scheiden lassen«.

Doch es ging um mehr als Hahnenkämpfe, es ging um den Führungsanspruch in der Partei und die von Schröder unverändert angestrebte Kanzlerkandidatur. Er hielt sich einfach für den Besseren. Mit seinem sicheren Gespür für Stimmungen und seinem ausgeprägten Machtinstinkt hatte Schröder längst erkannt, daß die SPD unter Scharping dabei war, die letzte Chance für die Enkel-Generation zu verspielen, doch noch den scheinbar »ewigen« Kanzler Kohl abzulösen und die Regierungsbank zu erobern, wenn es ihr nicht gelang, sich in den wahlentscheidenden Wirtschaftsfragen als kompetentere Alternative darzustellen. »Die Ökonomie«, schrieb *Die Zeit*, »ist seit langem der größte blinde Fleck der Opposition«. Und weiter: »Quälend« verliefe die Suche nach einem gemeinsamen Nenner, bei der merkantilistische Wirtschaftsförderer wie Schröder mit defensiven Sozialpolitikern wie Rudolf Dreßler gegeneinander stritten und Modernisierern, die ideologische Altlasten der Arbeiterbewegung entsorgten, eine Parteilinke gegenüberstehe, die mit den Grünen um den möglichst weitgehenden ökosozialen Umbau der Industriegesellschaft wetteifere. Ein gemeinsames Dach über all diesen Fraktionen fehle, Scharping zeige in Sachen Wirtschaft kein Profil, und Schröder nutze das dadurch entstandene Vakuum für seine Machtgelüste.

Die Abstrafung des aufmüpfigen Niedersachsen indes erwies sich für Rudolf Scharping als Befreiungsschlag ins Wasser. Zwar erhielt er in der Bundestagsfraktion demonstrativen Beifall, doch nach kurzer Irritation zeigte sich Gerhard Schröder kampflustig: Er sehe keinen Anlaß in Sack und Asche zu gehen, kommentierte er seine Degradierung und provozierte die Bonner Bundestagsfraktion wenig später mit der Bemerkung: Dort säße doch ein »Kartell der Mittelmäßigkeit«.

Scharping im freien Fall

Scharpings mutiger Schritt brachte ihn weder in der Öffentlichkeit noch außerhalb der Bundestagsfraktion in die politische Offensive. »Mit dem Ausscheiden Schröders«, schrieb die *Süddeutsche Zeitung*, werde »die Kritik an der Leistung des Bonner Oppositionsführers nicht hinfällig«, vielmehr nehme der Druck zu, »jetzt eine wirkungsvolle Opposition zu liefern«. Genau das aber trauten Scharping nur noch wenige zu.

Sowohl Johannes Rau, dessen Skepsis gegenüber seinem Zögling Scharping langsam wuchs, als auch Oskar Lafontaine glaubten, daß sich Scharpings Zerwürfnis mit Schröder nicht auszahlen würde. Denn gegen den niedersächsischen Ministerpräsidenten, der ja in Hannover fest im Sattel saß und der Mitglied des SPD-Präsidiums blieb, konnte auf die Dauer kein Vorsitzender Politik machen. Scharpings Stern sank rapide. Im September gab der bisher treu zu ihm stehende Günther Verheugen auf und trat als Bundesgeschäftsführer der SPD zurück.

Oskar Lafontaine begann unter den Spitzengenossen dafür zu werben, die Ämter des Partei- und Fraktionsvorsitzenden zu trennen. Scharping sollte auf eines der Ämter freiwillig verzichten, möglichst auf das des Parteivorsitzenden. Aber Scharping sperrte sich. Und den Königsmörder wollte in dieser Situation noch niemand spielen. So nominierte der Parteivorstand Rudolf Scharping am 16.Oktober 1995 noch einmal einstimmig – Schröder hatte an der Sitzung nicht teilgenommen – für die Wiederwahl zum Parteivorsitzenden auf dem bevorstehenden Mannheimer Parteitag. Noch ahnte niemand, daß dieser Parteitag die Wende und die SPD aus der Talsohle bringen sollte.

Die Kampfansage

Wann fielen die Würfel gegen Rudolf Scharping? Geschah es bereits, als dieser die Eröffnungsrede des Mannheimer Parteitages hielt und statt Begeisterungsstürme zu entfachen eher Enttäuschung verbreitete? War es, als Schröder, dem auf diesem Parteitag die Rolle des Buhmanns zufiel, der aber eben keinen Kotau vor dem Vorsitzenden machte, in einer trotzigen Rede ausdrücklich betonte, daß er seinen Politikstil nicht ändern werde?

Wann hat Oskar Lafontaine sich zur Kandidatur für den Parteivorsitz entschlossen? Sicher ist: Gerhard Schröder hatte ihm am Abend nach der Scharping-Rede geraten, gegen Scharping anzutreten. Spätestens als dann am nächsten Tag Oskar Lafontaines kämpferische Rede geradezu sensationell einschlug und die Delegierten, anders als bei den spröden Darbietungen Scharpings am Vortag, zu wahren Jubelbekundungen hinriß, war klar: Lafontaine würde antreten. »Der Außenstehende«, so schrieb Rudolf Augstein, »kann sich nur schwer vorstellen, wie gerade diese rhetorisch nicht umwerfende Rede die Delegierten so begeistern konnte. Vielleicht suchten sie die Begeisterung.« Lafontaines Schlußworte jedenfalls trafen genau die Stimmung der entmutigten Delegierten: »Es gibt noch Politikentwürfe«, rief er den frustrierten Genossen zu, »für die wir uns begeistern können, und wenn wir selbst begeistert sind, können wir auch andere begeistern.« Das konnte nur als Kampfansage an den glanzlosen amtierenden Vorsitzenden verstanden werden. Eine Delegierte aus Thüringen sprach es offen aus: »Oskar, wer sich so weit raushängt wie du, der muß auch springen.«

Der Putsch

Der redliche, wenn auch glücklose Scharping nahm die Herausforderung an. Er forderte Lafontaine sogar ausdrücklich zur Gegenkandidatur auf. Um diese überhaupt zu ermöglichen, war eine Änderung der Satzung nötig, die eine so kurzfristig eingebrachte Kandidatur sonst gar nicht zugelassen hätte. Noch hoffte Scharping, die Mehrheit der Delegierten hinter sich bringen und gestärkt aus der Auseinandersetzung gehen zu können – aber er hatte die Lage falsch eingeschätzt. Auch viele Delegierte aus Nordrhein-Westfalen, die bisher unter dem Einfluß von Johannes Rau auf Scharpings Seite standen, hatten sich abgewandt. Rau selbst, bis dato Förderer und Verbündeter Scharpings, stellte sich zwar nicht gegen ihn, ergriff aber auch nicht mehr ausdrücklich zugunsten Scharpings das Wort.

Nach nur 28 Monaten war die Ära Scharping vorbei. Mit 321 zu 190 Stimmen wurde Lafontaine zum neuen Vorsitzenden gewählt. Sein Vorgänger kommentierte die Situation später so: »Plötzlich kam das reinigende Gewitter, und der Blitz schlug ein. Leider bei mir.« Er trug die Niederlage äußerlich wie erstarrt, aber mit Fassung und kündigte an, ein loyaler Fraktionsvorsitzender in Bonn zu sein – ein Versprechen, das er in den nächsten Jahren auch hielt.

Weichenstellung auch für Schröder

Das »Massaker von Mannheim«, wie die italienische Zeitung *Corriere della Sera* schrieb, war die Sensation. Er war nun die zentrale Figur an der Spitze der SPD, neuer Hoffnungsträger und unbestrittene Nummer eins. Denn die beiden anderen Troika-Mitstreiter waren gestutzt: Scharping als noch Fraktionsvorsitzender, aber gescheiterter Parteivorsitzender. Schröder als Königsmörder und in der Partei ungeliebter Rebell.

Kostproben seines Spieltriebes und seiner Unbotmäßigkeit gegenüber Scharping hatte er noch vor der Kandidatur Lafontaines auf dem Mannheimer Parteitag gegeben. Seine Rede nämlich beendete er mit der Bemerkung, die Delegierten würden sich entscheiden müssen: »Ich kandidiere nämlich.« Die Atmosphäre in der Mannheimer Kongreßhalle war zu diesem Zeitpunkt bereits so angespannt, daß die Delegierten erschraken, sich Tumult ausbreitete und die ersten Journalisten bereits zu den Telefonen stürmten. Alle glaubten, Schröder habe soeben seine Kandidatur als Parteivorsitzender angekündigt. Schröder, der bereits an seinen Platz zurückgekehrt war, ging noch einmal zum Mikrophon zurück und ergänzte sichtlich amüsiert: »... für den Parteivorstand natürlich.« Für solcherlei Scherze hatten die Genossen wenig übrig: Als es zwei Tage später wirklich um den Sitz im Parteivorstand ging, konnte Schröder erst im zweiten Wahlgang und mit einem schlechten Ergebnis seinen angestammten Sitz im Parteivorstand erneut erringen.

Die Wahl Lafontaines war auch für Schröder eine wichtige Weichenstellung. Trotz der Dellen, die ihm die Auseinandersetzung mit Scharping eingebracht hatte, sah er die Chance, neben Oskar Lafontaine eine führende Rolle zu spielen und seinen Traum doch noch realisieren zu können: Noch während der Tage in Mannheim ging er Wetten ein, daß er 1998 Kanzler werde.

Die Troika war nun endgültig dahin, aber wie sich das Duo Lafontaine-Schröder machen würde, war ungewiß. Rudolf Augstein sah im *Spiegel* schwarz für die Zukunft der Partei. Er ortete in Oskar Lafontaine und Gerhard Schröder die beiden Hauptexponenten künftiger SPD-Politik, traute ihnen aber nicht zu, sich zusammenzuraufen: »Keiner von beiden hat bisher die große Sache der SPD über die relativ kleine Person gestellt. Daran wird sich nichts ändern.« So dachten viele Beobachter, die erlebt hatten, wie die Brandt-Enkel, mit den Worten Erhard Epplers gesprochen, »von der Selbstbefreiung über die Selbstverwirklichung zur Selbstbespiegelung und im Extremfall zur Selbstverliebtheit« fortschritten. Und so war Augstein gewiß nicht allein mit der Analyse: »Schröder weiß, daß die Partei ihn nicht will. Also kann er seinen Ehrgeiz entweder begraben, oder er muß darauf spekulieren, daß der Genosse Lafontaine sich durch seine Kämpfe mit der Fraktion unter Rudolf Scharping abwetzt.«

Allerdings gab es auch die Vermutung, Schröder und Lafontaine hätten sich bereits in Mannheim auf die künftige Rollenverteilung verständigt. So berichtete *Der Spiegel* im selben Heft, in dem sich Augstein so schwarzmalerisch ausgelassen hatte, von einer Zusage, die der Saarländer seinem Kontrahenten bereits im Sommer gegeben hätte: Falls er, Lafontaine, zum Parteichef gewählt werde, sollte Schröder Kanzlerkandidat für 1998 werden – »gute Aussichten nach gewonnener Hannover-Wahl vorausgesetzt.«

Was nicht nur Rudolf Augstein zunächst für undenkbar gehalten hatte, es gelang: Die Grabenkämpfe wurden eingestellt. Lafontaine und Schröder war klar: Wenn es überhaupt noch eine Chance geben könnte, daß einer aus ihrer Generation zum Kanzler würde, dann mußte zuallererst das Hickhack untereinander beendet werden.

Helmut Schmidt hat in seinem Buch »Weggefährten« die Enkel-Generation mit der einstigen, legendären Troika Brandt-Wehner-Schmidt verglichen und geschrieben: »Einige haben 1994 nachträglich glauben gemacht, wir hätten uns genauso öffentlich gestritten wie Oskar Lafontaine, Gerhard Schröder, Rudolf Scharping und Heidi Wieczorek-Zeul. Wahr ist: Wir haben sechzehn Jahre lang oft miteinander gerungen, wir waren keineswegs immer einträchtig, aber wir haben uns immer wieder auf gemeinsames Handeln verständigt.«

So sollte es nun also auch kommen: Aus der zerstrittenen Troika wurde ein geeintes, schlagkräftiges Duo. Von gelegentlichen Irritationen abgesehen, hielten Oskar Lafontaine und Gerhard Schröder zwei Jahre zusammen – mit einer nach außen eindrucksvoll demonstrierten Arbeitsteilung und allen Spekulationen über verdeckte Positionskämpfe hinter den Kulissen zum Trotz: Hier stand Oskar Lafontaine, der Mann, der die Partei wieder zusammenführte, auf ein Ziel einschwor und dafür sorgte, daß die SPD eine einheitliche (Oppositions-)Linie einschlug und durchhielt, kurz: der Integrator Maximus. Dort stand Gerhard Schröder, der sich weiterhin als »Modernisierer und Macher«, vor allem auf wirtschaftlichem Gebiet, profilierte und damit der SPD Sympathien auch in Wirtschaftskreisen und jenseits der Stammwählerschaft einbrachte, kurz: Mister Innovation.

Und wer das Duo nach der Kanzlerkandidatur fragte, bekam zu hören: »Jeder weiß von sich, daß er's könnte, aber auch, daß er's nicht alleine schafft.« Schröder hatte begriffen, wie er es im April 1997 formulierte, daß er »ohne oder gegen Oskar nichts werden kann« – und daß er sich mit der Partei versöhnen mußte. Er zog über Land, um an der Basis für sich und seine Positionen zu werben, gezielt auch im bevölkerungsreichen SPD-Kernland des Johannes Rau, wo er Anfang 1997 auf einer »Tour de Ruhr« als, wie *Der Stern* schrieb, »Tribun in Fesseln« auftrat.

Oskar Lafontaine entwickelte eine integrative Kraft, die so kaum einer bei ihm vermutet hätte. Schröder über Lafontaine: Er »ist der beste Vorsitzende nach Willy Brandt«. Und so wie Lafontaine mit Brandt wurde Schröder mit Helmut Schmidt verglichen, ein Image, das Schröder kräftig pflegte.

In der Frage der Kanzlerkandidatur 1998 vereinbarten Lafontaine und Schröder ein Verfahren, an das sich beide bis zuletzt auch gehalten haben: Erst im Wahljahr sollte darüber entschieden werden und derjenige den Zuschlag erhalten, der die besseren Wahlchancen haben würde. Da Schröder in allen Umfragen in der Gunst der Wähler vor Lafontaine rangierte, hieß dies ganz konkret: Nur im Falle einer Wahlschlappe Schröders bei der Niedersachsenwahl im März 1998 hätte sich Oskar Lafontaine selbst zum Kandidaten ausgerufen. Bis zuletzt glaubten viele Beobachter, derlei Absprachen seien reine Taktik des Saarländers und er würde sich die Chance auf eine zweite Kanzlerkandidatur nicht entgehen lassen. So beschäftigten sich die Medien gut zwei Jahre lang und mit zunehmender Intensität mit der Frage, wer denn wohl 1998 Herausforderer Helmut Kohls werden würde. Kohl selbst rechnete bis zur Niedersachsen-Wahl und der Nominierung Schröders mit Lafontaine als SPD-Kanzlerkandidaten, obwohl er vier Jahre zuvor, vor der Bundestagswahl 1994, am Rande der Hannover-Messe noch mit Schröder gewettet hatte, daß dieser – nach einer Niederlage Scharpings – 1998 gegen ihn antreten würde.

Beim SPD-Bundesparteitag 1997 in Hannover interessierte alle Beobachter nur eine Frage: Bleibt die Frage der Kanzlerkandidatur weiter offen oder wird der Parteitag – gewollt oder ungewollt – eine Vor- oder sogar eine endgültige Entscheidung bringen?

Die Oskar-liebt-Gerhard-Show

Sowohl der Niedersachse als auch der Saarländer wußten, worum es ging: Weniger als ein Jahr vor der Bundestagswahl mußte das Bild des Putsch-Parteitages von Mannheim vergessen gemacht werden. »Lafontöder und Schröfontaine« (*Der Stern*) demonstrierten Einigkeit und ließen sich auch nicht von den unzähligen Pressevertretern irritieren, die nur darauf warten, irgendwo Dissonanzen aufzuspüren. Nach einer Choreographie der Eintracht wurde, wie die *Süddeutsche Zeitung* schrieb, die »Oskar-liebt-Gerd-Show« aufgeführt, Thomas Bellut sprach im ZDF von einer »Woche der Brüderlichkeit«, und *Spiegel*-TV stellte fest, daß sich die beiden Protagonisten eisern an die Spielregeln im Kampf um die Kanzlerkandidatur hielten, deren wichtigste hieß: Wer die vereinbarte Harmonie als erster zerstört, hat verloren.

»Innovation und Gerechtigkeit« lautete das Parteitags-Motto. Und wer die Reden Lafontaines und Schröders hörte, der begriff die Arbeitsteilung: Lafontaine für die Gerechtigkeit und die Herzen der Partei, Schröder für die Innovation und das Wahlvolk.

Auf diese Rollenverteilung angesprochen, sagte Schröder im NDR: »Es gibt unterschiedliche Schwerpunkte bei unterschiedlichen Personen, und natürlich gab es eine Arbeitsteilung, aber es wäre ganz falsch, einen von beiden nur auf ein Thema reduzieren zu wollen. Ich weiß, wo ich herkomme, also weiß ich auch, wo ich hingehöre, und das heißt immer auch, daß soziale Gerechtigkeit, gerade bei meiner Biographie, von mir nicht zu trennen ist. Und wer Oskar Lafontaine als unmodern begreift, tut ihm unrecht.«

Keine Kreide gefressen

Der Parteitag unter dem Motto »Innovation und Gerechtigkeit« war gut vorbereitet. Rudolf Scharping, der sich mit seinem Platz in der zweiten Reihe abgefunden hatte, sorgte als Vorsitzender der Antragskommission dafür, daß möglichst wenig offene Konfliktpunkte im Plenum ausgetragen wurden. Gerhard Schröder hatte seinen wirtschaftspolitischen Leitantrag »Innovation für Deutschland« eingebracht und es hingenommen, daß dieser in einigen Punkten verändert wurde – so bei der von ihm zuvor immer abgelehnten Ausbildungsplatzabgabe für Betriebe, die zu wenig oder keine Lehrstellen einrichteten, und bei der Frage eines Kombilohns, also einer Subventionierung von Arbeitsplätzen, die Schröder gerne festgeschrieben hätte. »In einer großen Partei«, erklärte er hinterher friedfertig im NDR, »ist es so, daß Sie sich nicht in allen Fragen durchsetzen können, daß Programmarbeit eine mühsame, gelegentlich auch von Rückschlägen gekennzeichnete Sache ist.« Und auf den vielfach geäußerten Eindruck angesprochen, bei seiner Parteitagsrede habe er »Kreide gefressen«, widersprach er: »Ich gedenke ... nicht, spezifische Positionen aufzugeben, aber man muß ja nicht immer gleich mit dem Holzhammer in der Jackentasche rumlaufen, um Inhalte, die man für wichtig hält, auch durchzusetzen. Keine Angst, es wird schon nicht so viel Kreide geben, daß ich nicht mehr erkennbar wäre.«

Oskar Lafontaine hielt in Hannover eine Rede, die vor allem die soziale Verantwortung der Unternehmen und des Staates betonte, ohne darzulegen, wie die Krise der sozialen Sicherungssysteme überwunden und ihre Finanzierbarkeit gesichert werden könnte. Er wurde mit 93,4 Prozent Zustimmung als Parteivorsitzender bestätigt. Schröders Rede zur Wirtschaftspolitik, die er weitgehend vom Manuskript ablas, wurde von den Genossen artig, aber ohne Begeisterungsstürme aufgenommen. Bei der Wahl in den Parteivorstand hatte Schröder diesmal keine Probleme.

Persönliches Maastricht-Kriterium

Mit dem Hannoveraner Parteitag konnte Schröder zufrieden sein. Die Partei, schien es, hatte mit ihm ihren Frieden gemacht, in der Kandidatenfrage hatte Lafontaine sich an die verabredeten Spielregeln gehalten, die Rollenverteilung hatte geklappt. Auf dem Weg zur Kanzlerkandidatur mußte er jetzt nur noch ein Ziel erreichen: einen deutlichen Sieg bei der niedersächsischen Landtagswahl im März 1998. Dafür hatte er selbst sein »persönliches Maastricht-Kriterium« definiert: Sollte er zwei Prozent weniger Wählerstimmen einfahren als bei der Wahl vor vier Jahren, so erklärte er öffentlich, dann wolle er freiwillig auf die Spitzenkandidatur bei der Bundestagswahl verzichten: »Ich gehöre zu den Leuten, die Erfolgskriterien für sich gelten lassen.« Diese Selbstbindung war durchaus gewagt, denn die SPD hatte in den Landtagswahlen seit 1994 zwischen 2,8 und 6,8 Prozent verloren. Andererseits wußte Schröder wohl, daß er als Wahlverlierer von der Leine ohnehin die Kanzlerkandidatur verspielt hätte. Seine Festlegung begründete er im NDR so: »Ich denke, wenn man in diesen Größenordnungen zu Hause verliert, dann sollte man nicht anderswo nach den Sternen greifen. Das ist immer mein Prinzip gewesen. ... ich habe immer was gegen diejenigen Kollegen gehabt, die am Wahlabend gesagt haben, es ist nicht gut gelaufen, aber verglichen mit der Kommunalwahl 1928 ist es noch ganz gut gegangen – das ist nicht meine Art. Wenn man verliert, womit ich nicht rechne, dann muß man das Haus in Ordnung bringen, und dann darf man nicht woanders nach Aufgaben suchen.«

Drei Monate später, am Donnerstag vor der entscheidenden Wahl in Niedersachsen gingen Oskar Lafontaine und Gerhard Schröder nach einem gemeinsamen Wahlkampfauftritt in Braunschweig zusammen essen und legten fest: Sollte Schröder 44 Prozent oder mehr bekommen, dann falle ihm die Kanzlerkandidatur automatisch zu. Bei weniger sollte das Präsidium entscheiden. Hätte es in einem solchen Fall Oskar Lafontaine benannt, dann hätte der Parteivorsitzende die Rolle des Kohl-Herausforderers sicher angenommen. Aber die über Monate verbreitete Version, Lafontaine habe hinter der Kulisse einer zur Schau getragenen Harmonie dem Niedersachsen die Kanzlerkandidatur abjagen wollen, ist durch nichts bewiesen.

Sicher ist nur, daß sich Lafontaine das Amt des Kanzlers immer zugetraut hat und daß er sich, gemessen an Schröder, wohl auch für das größere politische Talent und für den klügeren Kopf hält. Aber er hat auch immer wieder deutlich gemacht, daß Kanzlerkandidatur und Kanzlerschaft für ihn – anders als bei Schröder – nach dem Attentat von 1990 nicht mehr das zentrale Lebensziel waren. Wenn der Parteivorstand ihn – bei einem schlechten Abschneiden Schröders in Niedersachsen – nominiert hätte, dann hätte er es gemacht, hat Lafontaine später gesagt, aber auch hinzugefügt: »Jedenfalls nicht leichten Herzens. Aber das ist wahrscheinlich schwer zu vermitteln. Leute, ihr habt meine Erfahrungen nicht. Von euch hat noch keiner ein Messer im Hals gehabt und die Tiefen durchwandert, die ich durchwandert habe. Das verändert einen Menschen.«

Kandidat per Plebiszit
Der mit dem Pferd siegt

Wenn es um die Kanzlerkandidatur der SPD ging, spielten in den vergangenen Jahren immer die Landesfürsten eine entscheidende Rolle – von Rau über Lafontaine, Engholm bis Scharping. Das war in der Union nie anders. Denn es handelt sich dabei um eine Eigenart des föderalen Systems der Bundesrepublik: Politiker können sich nicht nur im eigentlichen Machtzentrum – bisher Bonn, zukünftig Berlin – profilieren, sondern haben als Ministerpräsidenten eine weit einflußreichere Position als so mancher Bundesminister.

Allein deshalb waren und sind Wahlen in den Ländern – über ihren konkreten Einfluß auf die Zusammensetzung des Bundesrates hinaus – immer auch bundespolitisch bedeutsam.

Und natürlich sind Landtagswahlen immer ein wichtiges Barometer für die Stimmungslage im Bund, denn die Wähler trennen bei ihrer Wahlentscheidung landesspezifische und bundespolitische Wahlmotive nur wenig.

Nie zuvor in der Geschichte der Bundesrepublik aber war die Wahl in einem Bundesland so unmittelbar mit der Bonner Politik verknüpft wie in Niedersachsen am 1. März 1998. Durch die Verabredung zwischen Lafontaine und Schröder, das Wahlergebnis zum Maßstab für die Entscheidung über eine Kanzlerkandidatur Schröders zu machen, waren die niedersächsischen Wähler nicht nur aufgerufen, ein neues Landesparlament zu wählen, sondern gleichzeitig auch über die Bonner Ambitionen ihres Landesvaters zu entscheiden. Für Anhänger des Ministerpräsidenten eine etwas absurde Situation: Schröder wählen, damit er geht. Diese Wahlstrategie war nicht ohne Risiko. Die Union erkannte die Schwäche, die darin lag, daß Schröder für ein Amt kandidierte, nämlich das des niedersächsischen Ministerpräsidenten, das er ja eigentlich hinter sich lassen wollte. Aber der SPD gelang es, die Landtagswahl in eine Vorwahl zur Bundestagswahl 1998 zu verwandeln, zur *primary* (Präsidentschafts-Vorwahl) im amerikanischen Sinne, zu einem Plebiszit über den Kanzlerkandidaten der SPD.

Glockenläuten zum Wahlgang

Dieser Strategie Schröders hatte die Union wenig entgegenzusetzen. Im Lande bemühte sich der redliche CDU-Spitzenkandidat, Christian Wulff, ein 38jähriger Rechtsanwalt aus Osnabrück, den Schröder erstmals vor vier Jahren geschlagen hatte, um einen argumentativen Wahlkampf, der vor allem auf die Negativ-Bilanz Schröderscher Landespolitik zielte, auf die hohe Arbeitslosigkeit, das geringe Wachstum, auf Staatsverschuldung und Defizite im Bildungssektor. »Der CDU-Wahlkampf«, schrieb die *Süddeutsche Zeitung*, »ist eine Materialschlacht mit Statistiken, Zahlen und Prozenten.« Damit jedoch drang Wulff kaum durch. Die direkte, landespolitische Auseinandersetzung zwischen beiden blieb die Ausnahme. Nur einmal, in einem Fernsehduell vier Tage vor der Wahl, kam es zum Schlagabtausch. Wulff schlug sich wacker, konnte aber gegen den versierten, medienerfahrenen Schröder wenig ausrichten und ihn nicht, wie angekündigt, »entzaubern«.

Es half Wulff auch nicht, daß er im Wahlkampf massiv aus Bonn unterstützt wurde. Gegen den »Tarzan von der Leine« zog der »erfahrene Wahlkämpfer« (Kohl über Kohl) selbst in die Schlacht. Der Bundeskanzler trat an, um, wie er es formulierte, »den Sozis eins überzuziehen« und seinen potentiellen Herausforderer bereits an der Leine zu Fall zu bringen. Damit aber funktionierte nicht nur die SPD die Niedersachsen-Wahl zur Bundestags-Vorwahl um, sondern die Union tat es ihr gleich. Wulff wirkte an der Seite des »Koloß Kohl« nicht nur optisch an den Rand gedrängt, er hatte nun auch mit für Versäumnisse der Bonner Politik zu haften und konnte zur Regierungskoalition nicht auf Distanz gehen. Als sogenannter »Junger Wilder« hätte er dies sicher gern getan, mußte aber aus Parteiräson den »Jungen Milden« abgeben.

Die Landespolitik trat in den Schatten der Bundespolitik. Schröder gegen Kohl, weniger gegen Wulff, das gab der Niedersachsen-Wahl eine bisher nicht gekannte Bedeutung. Und es führte zu einer Mobilisierung der Wähler (vor allem jener, die von der Bonner Politiker enttäuscht waren), die im Ergebnis mehr der SPD zugute kam. Die Welt blickte nach Niedersachsen und die Niedersachsen lohnten es ihrem Landesvater.

Eine am Vortag der Wahl landesweit in allen Zeitungen erschienene zweiseitige Anzeige brachte die Stimmung auf den Punkt: »Der nächste Kanzler muß ein Niedersachse sein«, hieß es. Darüber prangten die Fotos aller bisherigen Bundeskanzler von Adenauer bis Kohl mit dem Zusatz: »Kein Niedersachse«. SPD und Landesregierung schworen, nichts mit dem Inserat zu tun zu haben. Der Auftraggeber blieb zunächst anonym. Später kam heraus, daß es sich um den Unternehmer Carsten Maschmeyer handelte, eine schillernde Figur. Die Botschaft selbst traf ins Schwarze. Die CDU schäumte. Schröders Wahlkampfmanager, Bodo Hombach, sagte rückblickend, das Inserat sei »wie das Glockenläuten zum Kirchgang« gewesen. Und die Wähler schritten zur Urne und bestimmten »ihren Gerd« zum Kanzlerkandidaten.

Hallo, Kandidat

Der 1. März 1998 war ein Wahltag, wie ihn Hannover noch nicht erlebt hatte. Über 2000 Journalisten aus aller Welt waren angereist, um zu berichten, ob und wie sich der mögliche Herausforderer Helmut Kohls beim Heimspiel behaupten würde. »Zum ersten Mal«, schrieb die *Süddeutsche Zeitung*, hatte »eine Wahl in Deutschland den ›Event‹-Status eines Boxspektakels oder eines Popkonzertes erreicht, und das in der niedersächsischen Provinz.«

Bereits zwei Stunden vor Schließung der Wahllokale erhielt Gerhard Schröder gegen 16 Uhr einen Anruf von Oskar Lafontaine, der ihn mit den Worten: »Hallo, Kandidat« begrüßte. Lafontaine hatte von den jüngsten Prognosen zum Wahlausgang erfahren, die der SPD einen überwältigenden Sieg bescheinigten. Schröder aber blieb noch skeptisch, wartete die endgültige Bestätigung des sich anbahnenden Wahlsieges ab, lief aufgewühlt hin und her mit den Worten »... das kann doch nicht wahr sein«. Bodo Hombach, sein Wahlkampfstratege, berichtete später in *Spiegel*-TV, wie Schröder auf das Ergebnis reagierte, und man könnte wirklich denken, er berichtete über einen Box-Heroen: »Er ist wie ein Tiger auf und ab gegangen, wollte sich gar nicht setzen ... Er war ein bißchen gespannt, weil wir ihn auch auf das Gefühl eingestellt hatten: Wie gehst du denn damit um, wenn du deine Hürde nicht erreichst? Das mußte er ja auch mal durchdenken. Das wollte er eigentlich gar nicht, und als er das getan hat, natürlich war er dann nervös.«

Zusammen mit Freunden und Beratern verfolgte Schröder in der Staatskanzlei die ersten Ergebnisse am Fernsehschirm. Getraut hat er den Zahlen erst »nach der zweiten oder dritten Hochrechnung, nicht nach der ersten.« Dann erst, so Doris Schröder-Köpf, hätten »sich seine Gesichtszüge entspannt«, aber »gesagt hat er gar nichts«. Mit einem solchen Sieg, sagte er später, habe er »nicht in seinen kühnsten Träumen gerechnet«.

Steht auf, wenn ihr Rote seid

Als sich die Zahlen stabilisierten, wich die Spannung im Schröder-Lager endgültig dem Jubel: 48 Prozent für Gerhard Schröder, das war ein Triumph. Vier Punkte mehr als die mit Oskar Lafontaine abgesprochene Marge, jetzt konnte ihm niemand mehr die Kanzlerkandidatur streitig machen. Kurze Zeit später trat in Bonn SPD-Bundesgeschäftsführer Franz Müntefering vor die Journalisten und gab bekannt, daß Gerhard Schröder der Kanzlerkandidat der SPD werde. In Saarbrücken schenkte Oskar Lafontaine vor seinem Haus wartenden Journalisten Schnaps ein und trank auf den Wahlsieg an der Leine.

»Da ist er, der mit dem Pferd siegt«, hieß es in Anspielung auf das Landeswappen, auf das Niedersachsen-Roß, als Schröder vor die Kamera trat und erklärte: »Oskar Lafontaine hat mich angerufen und hat mich gefragt, ob er einen Nominierungsvorschlag machen kann, mit meiner Zustimmung. Selbstverständlich habe ich zugestimmt. Das war ja auch nicht anders zu erwarten.« Für die künftige Zusammenarbeit mit dem Parteivorsitzenden prognostizierte er: »Das wird weiter so reibungslos funktionieren, wie es in der Vergangenheit funktioniert hat. Wir haben beide zusammen klare Vorstellungen davon, was die Basis sein soll. Nämlich die Verbindung von Modernität in Wirtschaft und Gesellschaft, auch im Staat mit sozialer Verantwortung, die ja unter die Räder gekommen ist in Deutschland.«

Vor seinen Anhängern bekannte Schröder: »Verdammt nochmal, das ist ein Abend, wo ich glücklich bin und ihr hoffentlich auch«. – Das Parteivolk jubelte und skandierte: »Steht auf, wenn ihr Rote seid!« Und Schröder, jetzt sichtlich entspannt und wieder ganz Volkstribun, rief: »Liebe Leute, wißt ihr, was ich jetzt will? – Ein Bier möchte ich haben, und ich hoffe, ihr gebt's mir.«

Die Nominierung durch das Präsidium am folgenden Montag war nach dem Traumergebnis von Hannover nur noch eine Formsache. In geheimer Abstimmung wurde auf Vorschlag Lafontaines beschlossen, Gerhard Schröder dem Wahlparteitag in Leipzig als Spitzenkandidaten vorzuschlagen. Auf der anschließenden Pressekonferenz, die Schröder gemeinsam mit Lafontaine gab, mußte der Parteivorsitzende sich mit einer neuen Rolle anfreunden: der im Hintergrund. Die Fragen richteten sich nahezu ausschließlich an Gerhard Schröder. Daß ihm diese Rolle nicht nur leicht fiel, konnte man künftig bei ähnlichen Gelegenheiten noch häufiger beobachten. Als er anläßlich einer Euro-Debatte im Deutschen Bundestag sprach und sich ein Journalist nach Schröder erkundigte, giftete er diesen an: »Was fragen Sie immer nach Schröder? – Ich werde hier das SPD-Programm darstellen, und das werde ich einigermaßen schaffen.«

Beim Nominierungsparteitag für den Kanzlerkandidaten im April 1998 überließ die SPD nichts dem Zufall. Der Ablauf in den neuerrichteten Leipziger Messehallen wurde Szene für Szene fernsehgerecht inszeniert. Eröffnet wurde er mit dem minutenlangen Einzug von Gerhard Schröder und Oskar Lafontaine, Gäste und Delegierte begrüßend, Hände schüttelnd. Dann schrieb die Regie vor: »10.15 Uhr: Oskar Lafontaine und Gerhard Schröder gehen vor das Rednerpult und winken bis zum Ende der Musik.« Das erinnerte an den Einzug der Gladiatoren, wie man es etwa aus bayerischen Festzelten kannte, wenn CSU-Heroen wie einst Franz Josef Strauß oder seine Nachfolger Max Streibl und dann Edmund Stoiber unter dem Jubel der Massen einmarschierten. Aber hier in Leipzig wurden keine Bierkrüge geschwungen, sondern – nach Regieanweisung – stehend gejubelt, hier gab keine Blasmusik den Takt an, sondern eine eigens für diesen Anlaß komponierte Hymne mit dem Titel »*Ready to go*« – zu deutsch: »Ich bin bereit« –, musikalisch der US-Präsidentenhymne aus dem Film »*Air Force One*« nachempfunden.

Nicht nur, wer wann ans Mikrofon gehen sollte, hatten SPD-Geschäftsführer Franz Müntefering (»Inszenierung ist kein böses Wort«) und seine Mitstreiter vorab auf die Minute genau bestimmt, sondern auch, wer wem die Hand schütteln durfte und wann die Hauptakteure ihren Einsatz zum Winken in die Menge hatten. Das einzige ungeplante Element in der sechsstündigen Inszenierung fügte sich so nahtlos ein, daß keiner auf die Idee kam, es hätte nicht im Drehbuch gestanden: Die sechsjährige Frederike Wessel überreichte Schröder, als dieser seine Rede beendet hatte, zwei rote Rosen. Ein Delegierter aus

Nordrhein-Westfalen hatte seine Tochter ohne Absprache mit in den Saal gebracht.

Die SPD bot eine Show, die ein bißchen an Parteitage in den USA erinnerte, auf einige Beobachter »fast lächerlich« (*Hamburger Abendblatt*) wirkte, aber beim größten Teil der Delegierten ankam, weil diese die Demonstration von Geschlossenheit und Siegeswillen genossen, ein Gefühl, das sie lange vermißt hatten.

Nicht alles anders, aber besser

Jenseits solcher Bilder von Riefenstahlscher Qualität bot der Parteitag eine gut zweistündige Rede des Kandidaten. Stellenweise im Duktus einer Regierungserklärung gehalten, waren Schröders Worte nur bedingt geeignet, die Herzen der Delegierten zu erobern. Inhaltlich aber lieferte er – manchmal geradezu kleinteilig – Konkretes. Das sozialdemokratische Programm stellte er unter Vorbehalte. Bei der Umsetzung in Regierungspolitik müsse es bezahlbar bleiben und sich jeweils daran messen lassen, ob es Arbeitsplätze erhalte oder schaffe. Einschränkungen, wie der »Finanzierungs- und Beschäftigungsvorbehalt«, sollten Schröder den Freiraum sichern, den er als möglicher Kanzler für sich beanspruchen wollte. »Realismus und Tatkraft sind uns wichtiger als Ideologie«, bekräftigte der Pragmatiker seine bisherige politische Linie. Er versprach nicht, alles anders als die bisherige Regierung zu machen, wohl aber für eine bessere Politik zu sorgen. Schröder präsentierte sich als seriöse, unverbrauchte, soziale Alternative zu Helmut Kohl, und er demonstrierte auch in dieser Stunde Eigenständigkeit, indem er den Delegierten nicht nach dem Munde redete: »Willy Brandt hat einmal gesagt – und ich sage es heute ebenfalls: Ich weiß, daß ich mit eurer Zustimmung der Kandidat der ganzen Partei bin. Aber ihr wißt auch, daß ich kandidiere für ein Amt, dessen Inhaber die Richtlinien der Politik für die ganze Nation bestimmt. Ich bin sicher: Wenn ihr mir jetzt euer Vertrauen schenkt, daß ihr mir dann auch die Freiheit geben werdet, die dieses Amt braucht.«

Die Rede, an der Schröders engste Berater bis in die Nacht hinein gefeilt hatten, lag damit auf der Linie, die Wahlkampfmanager Bodo Hombach vorgegeben hatte: »Wer Schröder in die SPD-Beschlußlage einmauert, der nimmt ihm seine Frische.«

Schröder kündigte an, daß er auch als Kanzler in erster Linie Schröder bleiben würde und sich nicht zum Vollstrecker von Parteitagsbeschlüssen würde degradieren lassen. Die Delegierten nahmen es nicht nur hin, sie jubelten ihrem neuen Hoffnungsträger zu – und wählten ihn mit 93,4 Prozent (479 von 515 Stimmen) zu ihrem Spitzenmann im Kampf um Bonn.

Von Schmidt zu Schröder

Als Signal für den Aufbruch zur Macht sollte der Auftritt von Alt-Bundeskanzler Helmut Schmidt dienen. Lange Zeit war er allen SPD-Parteitagen ferngeblieben. Als er seinerzeit in Mannheim reden wollte, hatte Lafontaine gerade gegen Scharping »geputscht«. Der anreisende Schmidt hörte die Meldung im Autoradio, machte auf der Stelle kehrt und verzichtete auf eine Rede, die er später schriftlich veröffentlichte.

In Leipzig versöhnte sich Schmidt mit der Partei, die ihm als Kanzler so sehr zu schaffen gemacht hatte, und lobte sogar Oskar Lafontaine ausdrücklich für dessen Integrationsleistung als Vorsitzender, jenen Mann, der ihm, Schmidt, einst vorgeworfen hatte, er überbetone Sekundärtugenden, mit denen man auch ein Konzentrationslager hätte leiten können.

Mit Gerhard Schröder hatte sich der große, alte Mann der SPD schon seit längerer Zeit verständigt. Querelen aus den wilden Tagen des jungen Bonner SPD-Abgeordneten waren längst vergessen. Mit seiner Rede in Leipzig gab Helmut Schmidt zu verstehen: Dieser Gerhard Schröder kann da anknüpfen, wo er selbst vor sechzehn Jahren aufhören mußte: an mehr als fünfzehn Jahre sozialdemokratischer Regierungszeit in Bonn. Und die Delegierten ermahnte er, nicht »zu vergessen, daß es leichter ist, Programme auf dem Papier zu verfassen, als für Gerhard Schröder, dieselben tatsächlich zu verwirklichen«. Da sprach leidvolle Erfahrung.

Schröder bedankte sich beim Alt-Kanzler mit einem Diener. 35 Jahre zuvor war er, nach eigenem Bekunden, auch in die SPD eingetreten, weil ihm »der Schmidt gefiel«. Die Delegierten jubelten ihrem *elder statesman* zu, als hätte es nie irgendwelche Verwerfungen gegeben. Und als Oskar Lafontaine ankündigte, jetzt werde darauf hingearbeitet, daß ihm, Schmidt, ein sozialdemokratischer Bundeskanzler am 23. Dezember (drei Monate nach der Wahl) zum 80. Geburtstag gratulieren werde, da war Schmidt sichtlich gerührt.

Werben um die Neue Mitte

Ihren Parteitag hatte die SPD unter das Motto, die »Kraft des Neuen«, gestellt. Das sollte für die SPD eine einmalige Formel bleiben, denn die Parteimanager hatten übersehen, daß bereits der Elektrokonzern Siemens mit demselben Slogan für Haushaltsgeräte warb. So mußte die SPD künftig auf die Formel verzichten. Das war zu verschmerzen, weil sowohl die Rede Schröders als auch das schließlich verabschiedete Wahlprogramm ganz auf einen anderen Begriff hin orientiert blieb: die »Neue Mitte«. Mit einer ideologiefreien, pragmatischen Politik, die sich am Machbaren orientieren sollte, wollte die SPD die Leistungsträger der Republik gewinnen – »Arbeitnehmer, Manager, Unternehmer, Mittelständler, Handwerker, Freiberufler, Existenzgründer ... Techniker und Wissenschaftler«.

Im Wahlprogramm wurde als »oberstes Ziel einer SPD-geführten Bundesregierung« der Abbau der Arbeitslosigkeit genannt, u.a. durch die Senkung der gesetzlichen Lohnnebenkosten und der Unternehmenssteuersätze sowie durch die Förderung von Teilzeitarbeit und neuer Arbeitszeitmodelle und eine Verdoppelung der Investitionen in Bildung, Forschung und Wissenschaft innerhalb von fünf Jahren. Den Aufbau Ost, so versprach es Schröder in seiner Rede, werde er unmittelbar nach Amtsantritt »zur Chefsache« machen.

Auf den von der Union, vor allem von ihrem Generalsekretär Peter Hintze, gesuchten Lagerwahlkampf, hier die bürgerliche Koalition aus CDU/CSU und FDP, dort SPD und Grüne, wollte sich Schröder nicht einlassen. »Wer in Deutschland Mehrheit und Macht erringen will«, zitierte er Willy Brandt, »der muß die Mitte gewinnen.« Schröder beschwor die »Neue Mitte« und meinte damit nur, wie es Forsa-Meinungsforscher Manfred Güllner formulierte, »die alte SPD von Helmut Schmidt«. Die »Neue Mitte«, das war vor allem ein raffiniert vermarktetes Produkt des Gerhard Schröder und seiner Wahlkampfstrategen Bodo Hombach und Uwe-Karsten Heye. Ob es denn die »Neue Mitte« überhaupt gebe, wollte *Der*

Spiegel von Schröders designiertem Kandidaten für das Arbeitsministerium, dem stellvertretenden IG-Metall-Chef Walter Riester, wissen. – Man müsse »um sie werben«, antwortete er, »damit sie sich bildet«.

Selbstkontrolle ist besser

Gerhard Schröder war zur vorerst unumstrittenen Führungsfigur der Sozialdemokratie geworden. Es war ein langer Weg dahin, und wer Schröders Erfolg bei den Wählern allein auf seine Medienwirkung reduziert, der bedenkt nicht, daß sich das Bild Schröders auch aus seinem bisherigen Werdegang herleitet. Seine Unabhängigkeit, seine Aufmüpfigkeit gegenüber der Partei und sein unbedingter Erfolgswille haben ihm in der Wählergunst nie geschadet und sind mindestens ebenso Teil seines Charismas wie seine physische und rhetorische Präsenz vor Fernsehkameras.

Zu den eher negativ bewerteten Eigenschaften Schröders gehört sicher eine gewisse Sprunghaftigkeit, seine Neigung – wie es der *Tagesspiegel* einmal formulierte -, »bald alles gesagt zu haben und von allem das Gegenteil auch«. Oder wie es Heribert Prantl in der *Süddeutschen Zeitung* ausdrückte: »Man redet viel, wenn der Tag lang ist. Man redet noch viel mehr, wenn man Wahlen gewinnen will. Und wenn man dabei so redet, als sei man gar nicht von seiner, sondern von einer ganz anderen Partei – dann heißt man Gerhard Schröder.« Dieser Makel hat ihm lange Zeit auch innerhalb der Partei den Weg nach ganz oben versperrt. So wird Oskar Lafontaine mit einer bissigen Bemerkung aus dem Jahre 1993 zitiert: »Der Schröder steht keinen Bundestagswahlkampf durch. Nach drei Wochen hat der sich kaputtgequatscht.«

Der Kandidat des Jahres 1998 verhielt sich weit geschickter, als von Lafontaine einst befürchtet, hatte also offenbar dazugelernt und trat überlegter, manchmal gar staatsmännischer auf. Seine Berater achteten auf die gute Vorbereitung eines Mannes, der bekannt dafür war, ungern Akten zu lesen, und der über sich selbst sagte: »Was ich brauche, hole ich mir lieber aus Gesprächen.«

Aber wer genau hinhörte, der fand weiterhin Kostproben für jene Spontaneität und Unüberlegtheit, zu der Schröder auch fähig ist.

So machte er zum Beispiel im Zusammenhang mit der von ihm propagierten Wiederbelebung des »Bündnisses für Arbeit« den Vorschlag, die Unternehmen sollten sich verpflichten, für zwei Jahre auf Entlassungen zu verzichten. Ein ziemlich naiver Ansatz, den der Unternehmensberater Roland Berger (ein von Schröder hoch geachteter Mann) als »echten Unsinn, lebens- und wirklichkeitsfremd« charakterisierte. Obwohl er als möglicher Berater einer Schröder-Bundesregierung gehandelt wurde, mahnte Berger den Kanzlerkandidaten öffentlich, »kontrollierter« aufzutreten und das »Sprunghafte« zu überwinden.

Jede denkbare Koalitionsaussage

Ob es zum Thema »Sprunghaftigkeit« gehört, daß Schröder sich laut zu der Fünf-Mark-Benzinpreisforderung der Grünen äußerte und seine potentiellen Bündnispartner als »unkalkulierbar« und als das »wirkliche Risiko für den Wechsel in Deutschland« bezeichnete? – Was sollte die öffentlich vorgetragene Überlegung, es gebe ja auch noch eine sozialliberale Option, die Liberalen müßten sich nur »aus der babylonischen Gefangenschaft der CDU nachvollziehbar befreien?« – Hat er die mißlungene Metapher von der »kränkelnden Frühgeburt« des Euro aus einer unüberlegten Laune heraus in die Welt gesetzt?

Unausgegorene Äußerungen wie diese mag man einem Politiker, der nicht in der allerersten Reihe sitzt, noch großzügig nachsehen, einer aber, der auszog, um Kanzler zu werden, darf – schon gar nicht im Bundestagswahlkampf – nicht mit derlei Nachsicht rechnen. »Schon wenige Wochen nach der Entscheidung über den Kanzlerkandidaten hat der über Koalitionsmöglichkeiten schon so ziemlich alles gesagt und wieder zurückgenommen«, befand die *Frankfurter Allgemeine Zeitung*, und *Die Zeit* bemängelte: »Der Kanzlerkandidat der SPD enttäuscht, laviert, statt sich der inhaltlichen Debatte zu stellen.« *Die Welt am Sonntag* gar wollte Anfang April schon neue Zerwürfnisse mit Oskar Lafontaine ausgemacht haben: »Unmut über Schröder wächst«.

Im Angesicht von Sieg und Niederlage

Irritationen und Spannungen zwischen zwei Egos vom Kaliber eines Schröder und eines Lafontaine liegen in der Natur der Sache. Aber beide haben sich seit dem Mannheimer Parteitag als klug genug erwiesen, sich den Erfolg nicht selbst zu vermasseln. Sie wissen: Wenn sie getrennt oder gar gegeneinander marschieren, werden sie vereint geschlagen. Also bleiben sie aufeinander angewiesen, denn, so *Der Spiegel*, »gegen Kohl haben die Sozialdemokraten nur eine Chance, wenn beide zusammenarbeiten«, wobei dem Parteivorsitzenden die Rolle zufällt, »das berstende Ego eines Schröder mit den nur halbfrohen Parteikadern in Richtung auf einen akzeptablen ›Politikwechsel‹ zu koordinieren« – eine Rolle, die ihm wohl auch nach einem Wahlsieg im September bliebe. Darin liegt die eigentliche Leistung des Oskar Lafontaine, der sich dem Hannoveraner, so wie wohl jedem in der SPD, an intellektueller Brillanz und politischem Format überlegen wähnt und in Schröder eher den »kleineren Bruder« sieht. Und Schröder weiß: »Ich brauche Oskar im Rücken. Die SPD kann nur gewinnen, wenn wir beide zusammenbleiben.«

Der »Machtmaschine« Helmut Kohl fiel es erkennbar schwer, sich auf etwas einzustellen, was er in all den Jahren zunächst als Oppositonsführer in Bonn, dann als Regierungschef nicht erlebt hatte: Eine geschlossene SPD mit einiger Spitze. Lafontaines strategische und taktische Raffinesse und Schröders Entschlossenheit sowie seine gekonnte Selbstinszenierung machten dem für sein sicheres Gespür bekannten Kanzler erstmals ernsthaft zu schaffen. Den neuen Politik-Stil des Duos verkannte er. Noch bis zur Entscheidung für Schröder schwor er Stein und Bein darauf, er werde es im Wahlkampf mit Lafontaine als Gegenkandidaten zu tun bekommen. »Für Kohl, durch und durch Parteitaktiker, war es schlechterdings unvorstellbar, daß ein Parteichef nicht selbst die Spitzenkandidatur an sich ziehen würde«, befand *Focus*. Die Chancen der Union bei der Landtagswahl in Niedersachsen schätzte Kohl ebenso falsch ein wie die Entschlossenheit der SPD, den aussichtsreichsten Kandidaten zum Zug kommen zu lassen. Nach der Benennung Schröders, schrieb die *Frankfurter Allgemeine Zeitung*, wisse Kohl wohl, »daß ihm, seiner Partei und der Koalition ein verzweifelt schwieriger Wahlkampf« bevorstehe.

Die Zeitung analysierte richtig, daß »der Saarländer als SPD-Vorsitzender nun alles tun wird, damit die Partei die Wahl gewinnt; dazu gehört, daß sie hinter ihrem Kandidaten steht.«

Kohl war sechzehn Jahre im Amt; er hatte fünf sozialdemokratische Kanzlerkandidaten verschlissen; die wirtschaftspolitische Bilanz seiner Regentschaft mit rund 4,5 Millionen Arbeitslosen überschattete – allen Erfolgen als Kanzler der Einheit und unermüdlicher »Euro-Fighter« zum Trotz – seine Kanzlerschaft; der Wunsch nach einem Wechsel war im Lande unverkennbar; der 68jährige konnte sich kaum als Erneuerer präsentieren; die Chance, die Stafette rechtzeitig an seinen Kronprinzen Wolfgang Schäuble weiterzureichen, hatte er versäumt – daß er sich, wie einst Baron Münchhausen, noch einmal am eigenen Zopf aus dem Sumpf ziehen könnte, war unwahrscheinlich, – auch wenn man es bei einem wie Kohl nie ausschließen durfte.

In der Union traute man es ihm offenbar immer weniger zu. Zwar kam es zu keiner Revolte gegen den Vorsitzenden, aber CDU und CSU gerieten nach der Nominierung Schröders zunehmend aus dem Tritt und auch aneinander.

Bei der Landtagswahl in Sachsen-Anhalt am 26. April 1998 verlor die CDU ganze 12,4 Prozent der Stimmen, kam nur noch auf 22 Prozent, die rechtsradikale Deutsche Volksunion (DVU) zog erstmals mit 12,9 Prozent ins Landesparlament, und die SPD wurde, wenn auch nur mit 1,9 Prozent Zuwachs und einem Ergebnis von 35,9 Prozent, stärkste Partei. Gegen den Willen Gerhard Schröders, der eine große Koalition vorgezogen hätte, kam es in Sachsen-Anhalt schließlich zu einer SPD-Minderheitsregierung von Ministerpräsident Reinhard Höppner, geduldet von der PDS. Das war Munition für den von der Union angestrebten Lagerwahlkampf. Schröder beteuerte, daß er sich unter keinen Umständen mit Hilfe der PDS zum Kanzler würde wählen lassen.

In den Medien ging derweil der Abgesang auf Helmut

Kohl weiter. »Das System Kohl zerbricht«, titelte *Die Woche*. *Die Zeit* sah den Enkel Adenauers »am Ende«, »im Angesicht der Niederlage« bereits den »Streit um das Erbe« entfacht. Und Helmut Kohl selbst, er wußte, wer wie Schröder die eigene Partei bezwungen hatte, der konnte auch ihm gefährlich werden.

Macher mit Eigenschaften

Zum politischen Profil Schröders

»Hauptgegner« der SPD im Bundestagswahlkampf, so formulierte es Gerhard Schröder im Dezember 1997 auf dem Parteitag in Hannover, sei »der Satz: Wenn ihr regieren würdet, könntet ihr's auch nicht besser.« Und als Kanzlerkandidat mußte er sich fragen lassen: Was wollen Sie politisch besser machen – und wie? Kritiker ergänzten Schröders Wahlkampfslogan »Ich bin bereit!« um den Zusatz: »Bereit ja, aber wozu?« Schröder, so die *Frankfurter Allgemeine Zeitung*, sei »genau der Richtige für eine SPD, die 1998 den Machtwechsel in Bonn schaffen« wolle, nur sei »die bange Frage, wohin das Zugpferd dann den alten Karren SPD ziehen« werde. Doch nicht nur Leitartikler stellten die Frage, wofür denn der Niedersachse eigentlich stehe und wie er denn wirklich regieren würde, bekäme er die Chance dazu. Auch aus den eigenen Reihen war sie zu vernehmen. Schon 1996 hatte der Ehrenvorsitzende Hans-Jochen Vogel bissig bemerkt: »Bei Gerhard Schröder bin ich mir sicher, daß er die Macht will. Wofür er sie dann nutzt, ist nicht so sicher.«

Derlei bange Fragen verletzten, weil Schröder politisch ja alles andere als ein unbeschriebenes Blatt war. Er gehörte seit langem zu den führenden Köpfen der Partei.

Seit acht Jahren regierte er zudem eines der großen Flächenländer der Republik und traf Entscheidungen nicht nur von regionaler Bedeutung. Und er war als der erste und bisher einzige Ministerpräsident aus einer rot-grünen Koalition mit einer gestärkten SPD hervorgegangen. Die bangen Fragen lassen sich wohl eher damit erklären, daß viele die Entschiedenheit, mit der er politische Führung beanspruchte und seinen Weg nach oben verfolgte, nicht nur bewunderten, sondern auch fürchteten. Zumal diese Entschiedenheit gepaart war mit einer politischen Wandlungs- und Anpassungsfähigkeit, die sich sowohl als Meisterleistung politischer Beweglichkeit interpretieren ließ wie auch als Ausdruck eines weitgehend prinzipienfreien Opportunismus.

Die undogmatische Art, mit der Schröder politisch agierte, seine Flexibilität im Denken und Handeln, wurde als Mangel an Verläßlichkeit und Beständigkeit ausgelegt. Schröders öffentliche Dauerpräsenz, die Vielzahl und Vielfalt seiner Äußerungen, der Eindruck, er habe zu allem etwas gesagt und zu vielem das Gegenteil auch, brachten ihm Argwohn bei politischen Freunden und Gegnern gleichermaßen ein. Daß er eigene Positionen überdachte und auch verwarf, daß er manchmal auch Thesen bis an die Grenze des Populismus zuspitzte, bis notwendige Differenzierungen über Bord gingen, das hat gewiß zur Skepsis Schröder gegenüber beigetragen, tat aber seiner Popularität keinen Abbruch. Im Gegenteil: Gerade in dieser »Spontaneität« – einer seiner Lieblingsvokabeln – dürfte ein Geheimnis seines Erfolges beim Wähler liegen.

Dabei gibt es über die, wie er es genannt hat, »Konsequenz des Auftretens« hinaus und jenseits aller Wandlungen durchaus Konstanten. Schröder ist in erster Linie ein Macher, aber er ist ein Macher mit Eigenschaften und erkennbarem politischen Profil.

Zu diesem Profil gehört Schröders Bereitschaft zu lernen. Auf seinem Weg nach oben hat er Erfahrungen und Erkenntnisse gesammelt und dabei seine politischen Positionen kontinuierlich weiterentwickelt. So kann er heute nur noch staunen über seine Anfänge bei den Jungsozialisten und den Kopf schütteln über die »Ahnungslosigkeit, mit der wir damals die ökonomischen Fragen diskutiert haben ...«. Wirtschaftliche Kompetenz hält er heute für das A und O der Regierungskunst. Seinen maßgeblichen Lernprozeß absolvierte er als Ministerpräsident des strukturschwachen Landes Niedersachsen, bei seinem Bemühen, Unternehmen und Betriebe »flott zu kriegen«. Seither hat sich sein Selbstverständnis gewandelt, und es gehört zu seinen Überzeugungen, daß ein Regierungschef quasi der Topmanager eines »Unternehmens Niedersachsen« oder einer »Firma namens Deutschland« zu sein hat. Helmut Schmidt hatte sich während seiner Kanzlerschaft einmal als »leitenden Angestellten Deutschlands« bezeichnet. Das zielte in eine ähnliche Richtung, wenn auch bei Schmidt stärker aus einer preußisch-dienenden Haltung heraus formuliert.

»Was glaubt ihr denn, was die Arbeiter interessiert, die auf Kurzarbeit gesetzt sind in Wolfsburg? Was denkt ihr denn, was die Angestellten der Iduna interessiert? Oder die Leute auf Howaldt? ... Geht gefälligst hin zu den Zusammenkünften der Arbeitnehmer unserer Partei, um zu begreifen, was die Arbeiter wirklich berührt«, so las Helmut Schmidt nach seiner Wahl zum Bundeskanzler 1974 den eigenen Genossen die Leviten.

So oder ähnlich hätte auch Schröder formulieren können, der zwanzig Jahre später sein dominierendes politisches Interesse an wirtschaftspolitischen Fragen mit den

Worten rechtfertigte: »Diejenigen, die als nicht auf der Sonnenseite Stehende auf den Schutz und die Unterstützung der SPD angewiesen sind, die haben eine Erfahrung gemacht. Nämlich die, daß, wenn es der Wirtschaft gut geht, für sie am meisten abfällt. Wenn es in der Wirtschaft schlecht geht, sind sie diejenigen, die zuerst dran sind. Und niemand kann sie wirklich schützen. Und deswegen wollen sie, wollen meine eigenen Leute, daß ihr Ministerpräsident etwas von der Wirtschaft versteht und damit umgehen kann.«

Deshalb suchte Schröder die Nähe zur Wirtschaft und zu den Wirtschaftslenkern, wofür ihn *Der Spiegel* mit dem Etikett »Genosse für die Bosse« versah, das ihm seither anhaftet.

»Das Klischee ärgert mich nicht«, wehrte sich Schröder im *Stern*. »Meine Kritiker verkennen, daß unsere treuen Wähler von der SPD ein gutes Verhältnis zur Wirtschaft erwarten. ... Deswegen haben die Helmut Schmidt so gerne gehabt. Sie wußten, der ist mit den Bossen gut zugange, der holt was raus für uns.« Und Schröder weiß, daß in Deutschland Wahlen gewonnen werden über die Kompetenz in Wirtschaftsfragen. »*It's the economy, stupid!*«, prangte als Slogan im Hauptquartier der Clinton-Wahlkämpfer, ein Motto gewiß auch für Schröder-Strategen: »Alles dreht sich um die Wirtschaft, Dussel!«

Learning by doing

Von Wirtschaft etwas gelernt hat der Jurist Schröder nicht in volkswirtschaftlichen Seminaren – ein gewichtiger Unterschied zum gelernten Volkswirt Helmut Schmidt – , sondern in der Diskussion, im Gespräch mit all jenen, die sich konkret im Wirtschaftsleben plagen, mit Betriebsräten, Unternehmern, Wirtschaftskapitänen, wie beispielsweise VW-Chef Ferdinand Piëch. Unmittelbar nach seiner Wahl zum Ministerpräsidenten 1990 engagierte Schröder den führenden deutschen Unternehmensberater Roland Berger, der für die Lernprozesse des Gerhard Schröder maßgeblich wurde und heute als Duz-Freund zu seinen engsten Beratern gehört, auch wenn er den SPD-Kanzlerkandidaten öffentlich wissen ließ, er werde CSU wählen und setze auf eine Große Koalition mit Gerhard Schröder und Wolfgang Schäuble an der Spitze.

Im SPD-Wirtschaftsforum traf sich Schröder regelmäßig mit Deutsche Bank-Vorstand Ulrich Weiß, Ex-Mercedesmann Edzard Reuter oder Preussag-Manager Michael Frenzel. Die Bosse fanden durchaus lobende Worte für Schröder: Eine »pragmatische Persönlichkeit« nannte ihn der Geschäftsführer des Deutschen Industrie- und Handelstages, Franz Schoser. Der Veba-Vorstandsvorsitzende Ulrich Hartmann gab an, »mit Schröder gute Erfahrung gemacht« zu haben. Und der VW-Aufsichtsratsvorsitzende Klaus Liesen meinte zur Führungsfähigkeit Schröders, der sei »ein Fahrer, kein Beifahrer«.

Als »Macher«, der sein Wirtschaftsverständnis aus konkreten Erfahrungen als politisch Handelnder entwickelt hat, bezeichnete Roland Berger den Niedersachsen, und traf damit wohl den Kern. Lernprozesse machte Schröder etwa bei der Rettung der Flugzeugwerft Lemwerder, als Aufsichtsrat bei VW, im Umgang mit der Meyer-Werft in Papenburg, bei der Hilfsaktion für die Conti-Werke in Hannover und vergleichbaren Anlässen durch – politisches *learning by doing* sozusagen.

Inwieweit dieser wirtschaftspolitische Stil Schröders sich auch aus dem Kanzleramt heraus anwenden ließe, dürfte fraglich sein. Jedenfalls wird man eine der größten Wirtschaftsnationen der Welt nicht als Chefsache mit Gelegenheits-Interventionen zugunsten von Einzelunternehmen und -betrieben sanieren können. Schröder werde, wie es Oskar Lafontaine einmal formulierte, »einen guten Makroökonomen« brauchen. Der ließe sich finden – und sein Rat wird wohl Gehör finden, entsprechende Lernfähigkeit vorausgesetzt.

Modernisierer und Traditionalist

Wirtschaftspolitisch ist Schröder Modernisierer und Traditionalist gleichermaßen: Modernisierer, weil er klassisches Besitzstandsdenken, erstarrte Strukturen, den Glauben an alte Umverteilungsglückseligkeit überwinden will; Traditionalist, weil er anknüpft an den ursprünglichen sozialdemokratischen Fortschrittsglauben, seine Hoffnungen setzt auf Innovationen, neue Technologien und Wachstum. »Schröders Aufstieg«, so der Modernitätskritiker Jan Roß, bedeute die Überwindung einer »historisch und ideologisch illegitimen Liaison der SPD mit einer wirtschaftsmüden Spätbürgerlichkeit« – zurück zum Materiellen, weg von den Zweifeln über »die Grenzen des Wachstums«. Der Wirtschaft, so die ebenso schlichte wie richtige Einschätzung Schröders, muß es gut gehen, damit die Arbeitslosigkeit gemindert werden kann. Nur wenn mehr erwirtschaftet wird, gibt es auch etwas zu verteilen.

Deutlich wurde die Position Schröders in den »Dresdner Thesen«, die er im Herbst 1997 unter dem Titel »Mit Mut und neuer Kraft für Innovation und Wachstum in Deutschland« vorlegte. Schon die erste der zwölf Thesen machte deutlich, wohin die Richtung ging: »Wir werden unternehmerischen Geist und unternehmerische Tatkraft überall und bei jedem in Deutschland ermutigen und fördern, denn: Wo sich die wirtschaftlichen Grundlagen der Gesellschaft dramatisch verändern, sind Innovationsfähigkeit und Innovationsgeschwindigkeit der Schlüssel aller Modernisierungsstrategien.« Die Botschaft dieser Thesen, so Schröder, »ist zunächst einmal Wachstum, nicht nur, aber auch im ökologischen Bereich. Die sozialdemokratische Botschaft ist auch, sehr bewußt auf neue Technologien zu setzen. Da waren wir sehr zurückhaltend in der Vergangenheit. Die sozialdemokratische Botschaft ist aber auch in der Abgrenzung zu neoliberalen wirtschaftspolitischen Entwicklungen zu sehen.«

Die »Dresdner Thesen« stießen auf Zustimmung in der Wirtschaft – wenn auch mit der meist rasch hinzugefügten Einschränkung, daß leider nicht die gesamte SPD so denke. Motto: »Schröder ohne SPD – das wär's»(*die tageszeitung*). Als Schröder einen ähnlich formulierten Leitantrag zum SPD-Parteitag in Hannover einbrachte, wurde dieser dann auch in verschiedenen Punkten – etwa bei der Ausbildungsplatzabgabe und der Subventionierung von Niedriglöhnen – abgeschwächt. Die Grundtendenz aber blieb.

Während er den Umbau des Wirtschafts-, Bildungs- und Sozialsystems verlangte, vermied es Schröder, konkrete soziale Wohltaten – jenseits des generellen Bekenntnisses zu sozialer Gerechtigkeit – zu versprechen: »Man kann nur verteilen, was zuvor erarbeitet worden ist. Wir können nicht mehr draufsatteln, was die sozialen Leistungssysteme angeht.«

So stand denn auch das SPD-Wahlprogramm – Titel: »Arbeit, Innovation und Gerechtigkeit – unter dem generellen Finanzierungsvorbehalt eines Kassensturzes nach gewonnener Bundestagswahl. Und darüber hinaus hatte Schröder auf dem Leipziger Nominierungsparteitag unmißverständlich die Freiheit beansprucht, mit der Parteiprogrammatik im Falle eines Wahlsieges sehr pragmatisch umgehen zu können.

Hammer oder Amboß

Es gäbe, so Schröder auf dem Hannoveraner Parteitag, »nicht den geringsten Beleg dafür, daß die Globalisierung zu Arbeitsplatzverlusten führen« müsse: »Wir können selbst entscheiden, ob wir im Prozeß der Globalisierung Hammer oder Amboß sind.« Schröder ist – so wie Lafontaine – der Auffassung, daß es nicht genüge, auf den zunehmenden internationalen Wettbewerb allein mit einer angebotsorientierten Verbesserung der unternehmerischen Rahmenbedingungen zu reagieren. Sich auf diesen Wettlauf zu konzentrieren, sei der Fehler der Regierung Kohl. Lafontaines Wirtschaftsberater Heiner Flassbeck hat dies mit einem Gleichnis veranschaulicht: »Wenn einer im vollbesetzten Kino aufsteht, sieht er zweifellos besser als die anderen – ein paar Augenblicke lang. Dann werden es ihm jedoch andere nachtun, und am Ende steht das ganze Kino, und keiner hat etwas davon. Wenn ein Land auf Kostensenkungsstrategien zurückgreift, ist das nichts anderes als der Versuch, im Kino aufzustehen: Die kurzfristigen Vorteile werden durch Aufwertungen oder Kostensenkungen anderer schnell zunichte.«

Überließe man die Märkte sich selbst, so erklärte auch Schröder, entwickelten diese »gleichsam eine selbstzerstörerische Tendenz«, und deshalb sei es Aufgabe der Politik, »die Effizienz, die Dynamik des Marktes nicht zu zerschlagen«, sondern einen »Rahmen zu schaffen, in dem er sich entfalten kann« und »gebändigt« wird. Dazu, so Schröder weiter, müsse auch »ein Mindestmaß an Standards international vereinbart« werden.

Die zentrale Zukunftsfrage, so hat Joschka Fischer beim Versuch einer »politischen Antwort auf die globale Revolution« formuliert, sei, »ob Europa mit der Globalisierung vor einer neuen Ära der Ungleichheit stehe« oder ob es gelingen werde, »den rheinischen Kapitalismus, jenen Dreiklang von Demokratie, Marktwirtschaft und Sozialstaat, unter den Bedingungen des Globalismus *ohne* Aufgabe des Sozialen zukunftsfähig zu machen.« Das sieht Gerhard Schröder genauso – doch setzt er dabei anders als seine grünen Generationsgenossen vor allem auf Wirtschaftswachstum und neue Technologien.

Gegen die neoliberale Konzentration auf die Kostenseite und den »schlanken Staat« setzt Schröder die Idee eines »aktivierenden Staates«, der in Bildung investiert, Innovationen fördert, Rahmenbedingungen auch jenseits des Finanziellen optimiert, gefährdeten Unternehmen Hilfe leistet, zur Selbständigkeit ermuntert – kurz: auf eine Wirtschaftspolitik, die sich vor allem als Dienstleister für die Wirtschaft versteht, um so Menschen in Lohn und Brot zu bringen. Schröder will die Entwicklung neuer Technologien fördern, in denen wir zuerst die Chancen und nicht die Risiken sehen sollten: »Im Bereich der Biotechnologie kam die breiteste Grundlagenforschung von deutschen Hochschulen. Aber die Umsetzung in Produkte bis hin zur Großtechnologie wurde nicht in Deutschland, sondern in den USA ein Milliarden-Markt mit Millionen Arbeitsplätzen.«

Bei der Realisierung seiner wirtschaftspolitischen Vorstellungen setzt Schröder auf ein neues »Bündnis für Arbeit zwischen den großen volkswirtschaftlichen Akteuren – Gewerkschaften, Arbeitgebern und Staat – «, um »verbindliche Vorgaben festzulegen, die jeder einzelne in bestimmten Fristen zu erfüllen hat«.

So gern sich Gerhard Schröder auch in eine Linie mit Politikern wie dem US-Präsidenten Bill Clinton oder – mehr noch – dem siegreichen britischen Premier Tony Blair einreihen läßt, so bewußt ist ihm, daß die Ausgangslage in Deutschland weder mit der in den USA noch mit der in Großbritannien verglichen werden kann. Anders als in den USA oder in Großbritannien steht der Umbau des Steuer-, Subventions- und Sozialsystems in Deutschland noch bevor. In Großbritannien hatten die Tories längst alle denkbaren Grausamkeiten vollbracht, und Tony Blair konnte ein von Margaret Thatcher und John Major weitgehend dereguliertes Wirtschaftssystem um die Komponente sozialer Verantwortung erweitern. Die USA hatten nie eine soziale Marktwirtschaft im europäischen Sinne und die sogenannten »*Reagonomics*« bereits hinter sich, bevor Bill Clinton sein »Jobwunder« vollbrachte. Gänzlich anders ist die Ausgangslage im Deutschland des Jahres 1998.

In der Bundesrepublik liegt die Staatsquote bei fünfzig Prozent, d. h. jede zweite Mark fließt durch die Hände des Staates, während in den USA beispielsweise die Staatsquote bei dreißig Prozent liegt. In Deutschland geht es also darum, Staatsanteil und Steuerlast zu senken, Subventionen abzubauen, Arbeit billiger zu machen und gleichzeitig die sozialen Sicherungssysteme zu sanieren und gesellschaftliche Gerechtigkeit zu bewahren. Das ist mehr als die Quadratur des Kreises.

Schröders Wirtschaftspolitik ist der Versuch einer Synthese aus traditionellen und neuen Ansätzen der Sozialdemokratie: Abbau der Staatsquote, Privatisierung öffentlicher Aufgaben, Förderung von Wachstum und neuen Märkten, Anpassung der Arbeitsbedingungen an betriebliche Notwendigkeiten – das sind Ansätze, wie sie auch neoliberale Wirtschaftspolitiker vertreten. Die Betonung von Forschung, Bildung, Qualifizierung, sozialer Gerechtigkeit und Konsens sowie die Beteiligung von Arbeitnehmern am Produktivvermögen – das erinnert an das »Modell Deutschland« aus den siebziger Jahren. Schröders Modernisierungspolitik ist also ein Mix aus neoliberalen Versatzstücken zur Verbesserung der Angebotsbedingungen und klassischen sozialdemokratischen Ansätzen im Bereich der sozialen Gerechtigkeit, der Technologie- und Bildungspolitik. Das mag abwertend klingen. Aber für komplizierte, vielfältige Probleme gibt es keine eindimensionalen Lösungen. Schröders Rezeptur könnte sich folglich als ebenso realistisch wie pragmatisch erweisen für die Genesung des kränkelnden Standorts Deutschland.

Euro-Skepsis

Populismus wurde Schröder auch vorgeworfen, als er eine Euro-skeptische Haltung einnahm und – mit einem sprachlichen Fehlgriff – die künftige europäische Währung eine »kränkelnde Frühgeburt« nannte. Dabei hatte Schröder nur jene Skepsis artikuliert, die es in der Fachwelt ebenso gab wie in breiten Teilen der Bevölkerung: die Sorge um die Stabilität des neuen Geldes. Es gab durchaus gute Gründe – trotz aller politisch getroffenen Vorkehrungen – zu fragen, ob eine gemeinsame Währung für weitgehend unverändert souveräne Nationalstaaten funktionieren werde.

Schröder schlug sich auf die Seite der Euro-Skeptiker, nie jedoch auf die Seite der Euro-Gegner: »Mich hat noch nie jemand bei der Ansicht erwischt, ich sei prinzipiell gegen die neue Währung.« Vielmehr versprach er, als Kanzler für die Stabilität des neuen Geldes zu kämpfen. Als Realist wußte er, daß es zum Euro längst keine Alternative mehr gab. Alle wesentlichen Entscheidungen waren bereits gefallen, und vor dem Deutschen Bundestag hatte er das Selbstverständliche versprochen, nämlich im Falle einer Wahl zum Kanzler, Beschlüsse und Verträge einzuhalten.

Ein Kommentator fragte sich daraufhin, »was Schröder mit seinem Sowohl-als-auch eigentlich bezwecken will. Bei den strikten Euro-Gegnern wird er ebensowenig Punkte einheimsen wie bei den leidenschaftlichen Befürwortern«. Schröder ging es wohl darum, keine falschen Erwartungen zu wecken, sondern deutlich zu machen, daß die Einführung des Euro mit Risiken behaftet ist und möglicherweise, zumindest in der Anfangsphase, Arbeitsplätze kosten und nicht schaffen werde. In der Europapolitik, so Schröder, gehe es nun darum, zu »vermeiden, daß die europäischen Staaten sich durch Steuerdumping die Firmensitze abwerben oder die unterschiedlichen Sozial- und Umweltstandards zu einer Verzerrung des Wettbewerbs führen.«

Raus, und zwar schnell

Heftige Kritik mußte Schröder bei seinen Vorstößen zum Thema Innere Sicherheit hinnehmen. *Die tageszeitung* nannte ihn gar einen »widerlichen Opportunisten«. In der *Bild am Sonntag* hatte er im Juli 1997 ein Interview gegeben, das unter der Schlagzeile »Schröder: Kriminelle Ausländer raus!« abgedruckt wurde. Die Überschrift hatte es in sich. Im Beitrag selbst äußerte sich Schröder zu Fragen der organisierten Kriminalität und gab seiner Neigung nach, Thesen so zuzuspitzen, daß notwendige Differenzierungen zu kurz kamen. Auch wenn seine Einlassungen zur Inneren Sicherheit dem Gehalt nach durchaus diskussionswürdig waren.

So forderte Schröder zunächst eine schonungslose Analyse der organisierten Kriminalität: »Man muß das mal sagen, selbst wenn es manche nicht gern hören: Beim organisierten Autodiebstahl sind Polen nun mal besonders aktiv, das Geschäft mit der Prostitution wird dominiert von der Russen-Mafia, Drogenkriminelle kommen besonders häufig aus Südosteuropa und Schwarzafrika.« Man schütze, so Schröder, die hier lebenden gesetzestreuen Ausländer nicht, indem man Ausländerkriminalität totschweige. Und: »Wir dürfen nicht mehr so zaghaft sein bei ertappten ausländischen Straftätern. Wer unser Gastrecht mißbraucht, für den gibt es nur eins: Raus, und zwar schnell.«

Schröder sprach sich ferner dafür aus, von Erfahrungen zu lernen, die in New York mit einer strikten, harten Politik der Verbrechensbekämpfung gemacht wurden. Man könne von der New Yorker Polizei etwas lernen, was nicht heiße, daß man alles übernehmen solle: Lernen könne man, »daß eine verstärkte Präsenz der Polizei auf den Straßen vorbeugend« wirke. Lernen könne man auch, »daß man Verbrechensbekämpfung nicht Sozialarbeitern überlassen« dürfe. »Wir«, so Schröder weiter, » – in diese Kritik schließe ich mich ausdrücklich mit ein – haben zu lange über die Ursache von Kriminalität diskutiert und zuwenig über deren Bekämpfung.«

»Klauen ist keine Bagatelle«, fuhr der gelernte Jurist Schröder in dem *BamS*-Interview fort und sagte, er halte eine Entkriminalisierung und Einstufung von Ladendiebstählen als Ordnungwidrigskeit für falsch – »auch wenn es manche in meiner Partei anders sehen«.

Der Überlastung der Justiz wollte er durch Straffung

der Verfahren entgegenwirken: »Ich frage mich, ob wir in Deutschland tatsächlich so viele Instanzen brauchen. Ich meine, zwei reichen völlig aus.«

Und zu rückfälligen Sexualstraftätern meinte Schröder: Ihm sei es »unverständlich, daß jemand, der ein Kind mißbraucht und umgebracht hat, wieder freikommt. Wer einmal solch eine Hemmschwelle überwunden hat, dem kann man meiner Meinung nach nicht mehr helfen. Solche Täter sind nicht mehr therapierbar, auch wenn Psychiater was anderes sagen«. Deshalb sei er der Meinung: »Selbst wenn mich manche für reaktionär halten: Im Zweifelsfall in geschlossene Anstalten wegschließen!«

Am Puls des Volkes

Schröder hatte demonstriert, daß er – wie ein »Heide-Strauß« – auch die Stammtische bedienen konnte, meinten Kritiker auch aus den eigenen Reihen. Mit seinen plakativen Äußerungen habe er das Klima eher vergiftet und keine Rücksicht auf die hierzulande existierende Ausländerfeindlichkeit genommen – so der Vorwurf. Bereits einmal hatte Schröder in der Ausländerpolitik eine Kehrtwende vollzogen: Bei der Änderung des Grundgesetzes zur Verschärfung des Asylrechts hatte sich der damalige Regierungschef der rot-grünen Koalition in Niedersachsen vom Saulus zum Paulus gewandelt. Hatte er das Vorhaben zunächst abgelehnt, so stimmte er später dem zwischen der Bonner Regierung und der SPD ausgehandelten Kompromiß zu. (Das Land Niedersachsen allerdings stimmte im Bundesrat wegen des grünen Koalitionspartners trotzdem gegen das Gesetz.) Schröder begründete den Sinneswandel seinerzeit damit, daß er die Situation zunächst falsch eingeschätzt habe und ihm erst durch Gespräche mit den betroffenen Bürgern vor Ort in den Kommunen die Brisanz des Asylantenzuzugs bewußt geworden sei.

Beim Thema Innere Sicherheit sagte Schröder zu den massiven Vorwürfen gegen seine Äußerungen: »Wenn die Menschen sich objektiv bedroht fühlen, dann wäre es völlig fatal, wenn eine Volkspartei nicht darauf reagiert.« Was seinen Kritikern als Populismus oder gar Opportunismus erschien, das war zunächst und vor allem ein bodenständiger Realismus und Pragmatismus, mit Gespür für die Stimmungslage, aber auch die Nöte der Bevölkerung, gespeist aus konkreter Erfahrung und der Einsicht, daß erfolgreiche Politik vor allem eines leisten muß: das Volk vertreten. Als Kanzlerkandidat angesprochen auf seine Äußerungen von 1997, sagte Schröder: »Ich habe davon nichts zurückzunehmen. Wir wollen Härte gegenüber Kriminalität, aber auch gegenüber den Ursachen für Kriminalität. Beides sind originär sozialdemokratische Ziele.«

Gegen den Luxus der Langsamkeit

Außenpolitisch blieb Gerhard Schröder bisher ein weitgehend unbeschriebenes Blatt. Anders als etwa sein Ministerpräsidentenkollege Johannes Rau hat er sich für den Bereich der internationalen Diplomatie bisher nicht allzu stark interessiert. Dabei ist Schröder als Ministerpräsident Niedersachsens durchaus schon herumgekommen in der Welt. Doch bei diesen Reisen standen meist ganz konkrete wirtschaftliche Themen im Vordergrund. So bereiste er mit niedersächsischen Wirtschaftsvertretern u.a. Korea, Singapur und Südafrika.

Bei einem zehntägigen USA-Besuch hatte Schröder Anfang 1997 Gelegenheit, das amerikanische Wirtschaftswunder zu studieren. Er besuchte die wichtigsten internationalen Konzerne wie Hewlett Packard, Boeing, General Motors, IBM und wurde auch vom derzeit weltweit erfolgreichsten Unternehmer, Bill Gates von Microsoft, empfangen. Seine Erfahrungen gab er nach der Reise in einem – von Bodo Hombach als *Ghostwriter* geschriebenen – *Spiegel*-Artikel wieder: »Gegen den Luxus der Langsamkeit« appellierte er, die innere Einstellung zu Innovationen und Technologien in Deutschland zu erneuern: »Innovationsfähigkeit fängt im Kopf an.« Die Rahmenbedingungen dafür müsse ein »aktivierender Staat« schaffen.

Wie hatte er scherzhaft zu einem seiner amerikanischen Gesprächspartner gesagt? »Wir möchten das Gute bei Ihnen klauen. Das Schlechte lassen wir hier.«

Beim Maximo Lider

Ob es wesentlich zu seinem weltpolitischen Sachverstand beigetragen hat, daß er bereits zweimal von Fidel Castro empfangen wurde, mag dahingestellt sein – jedenfalls war Schröder nach diesen Besuchen jedesmal sehr angetan. Die erste Audienz gewährte ihm der Maximo Lider 1986, als der junge Schröder seine erste Kampagne gegen Ernst Albrecht führte. Der kubanische Diktator hatte kluge Ratschläge für den Wahlkampf bereit: Schröder solle viel im Fernsehen, dort aber nicht demagogisch auftreten: »Das Fernsehen hilft dem ehrlichen Politiker. Man muß schon ein sehr guter Schauspieler sein, wenn man die Massen täuschen will im TV.« Mit dem Tip »Reduzieren Sie die Steuern und die Miete, und Sie gewinnen«, konnte Schröder wohl weniger anfangen.

Immerhin befand er, Castro sei »eine großartige Figur«, und besuchte ihn zehn Jahre später – mit einer niedersächsischen Wirtschaftsdelegation – ein zweites Mal. Castro, der von den Kanzler-Ambitionen des Ministerpräsidenten wußte, zeigte sich gut informiert: »Zwanzig Millionen Stimmen reichen doch wohl zum Wahlsieg?« Schröder mußte selbst nachrechnen, um ihm dann recht zu geben. Die Zahl von 850 000 Mitgliedern in der SPD fand der Berufsrevolutionär von der Karibikinsel enttäuschend niedrig: »Sie sind wohl wie wir sehr wählerisch, wen Sie in die Partei aufnehmen. Sicher nur die Besten.« Und Schröder antwortete: »Nur die Besten kommen zu uns.«

Außenpolitisches Debüt

Abgesehen von solchen anekdotenhaften Begegnungen war Schröder außenpolitisch ein ziemlicher Nobody, als er nach seiner Wahl zum Kanzlerkandidaten die ersten Auslandsvisiten in neuer Rolle übernahm. Dabei bewegte er sich vorsichtig, tat alles, um Fehler zu vermeiden, und versuchte, den Fußangeln der Diplomatie zu entkommen. Auch bei Auslandsreisen nutzte er sein Kommunikationstalent. So begrüßte er beispielsweise anläßlich eines Italienbesuchs Fiat-Ehrenpräsidenten Giovanni Agnelli »von Automann zu Automann«.

Sein schwieriges außenpolitisches Debüt gab er in Israel. Die Presse war sich hinterher einig: Er hatte seine erste Bewährungsprobe als Außenpolitiker mit Anstand bestanden. *Focus* schrieb: »Geschickt vermied er beim heiklen Israel-Besuch jede inhaltliche Festlegung – und damit jeden Fehler.« Schröder habe »eine gute Figur gemacht«, befand die *Süddeutsche Zeitung*, und *Der Spiegel* schrieb zu der Feststellung Schröders, der Friede im Nahen Osten sei eng mit der wirtschaftlichen Entwicklung des gesamten Raumes verknüpft: »So wie Schröder in Deutschland Politik als Wirtschaftspolitik betreibt, ersetzte er in Israel bei seinem Debüt als Staatsmann Außenpolitik durch Außenwirtschaftspolitik. Damit entkam er elegant jedwedem Anspruch, als politischer Konfliktlöser womöglich mit einer Vermittlungsofferte hervortreten zu müssen – die er natürlich auch nicht anzubieten hätte.«

Wenig später tappte er dann doch noch in ein Fettnäpfchen, als er sich mit dem von der Europäischen Union ausdrücklich geächteten, diktatorisch regierenden weißrussischen Präsidenten Alexander Lukaschenko zu einem Wirtschaftsgespräch traf. Da nutzte auch der spätere Hinweis nichts, das Gespräch sei »privat« gewesen.

Außenpolitik ist eben doch mehr als Außenwirtschaftspolitik, mußte Schröder lernen.Und auf dem komplizierten Feld der Diplomatie läßt er sich seither von Günter Verheugen und dem Politikwissenschaftler Karl Kaiser beraten. »Ich glaube«, so Schröder, »Außenpolitik ist etwas, was insbesondere aus dem Amt heraus gemacht wird. Ich denke, daß ich zureichend Erfahrungen in der Politik habe und daß ich damit umgehen kann. Aber ohne Zweifel ist es so, daß ich immer von mir geglaubt habe, ich könnte noch dazulernen. Und wenn ich das nicht mehr von mir sagen kann, dann höre ich auf mit der Politik.«

Um Schröder herum

Schröder ist eben nicht nur der Tat- und Machtmensch, als der er in der Öffentlichkeit so häufig erscheint, er macht auch in der Rolle des Lernenden eine gute Figur.

Freimütig räumt er ein, daß er von Verwaltung, öffentlichem Recht und Wirtschaft einiges verstehe, aber im Übrigen ein Generalist sei. Das ist seinem Image jedoch nicht abträglich, denn Schröder versteht es, die richtigen Leute an seine Seite zu holen. Schröders Berater begleiten ihn teilweise schon seit Jahren.

Da ist an erster Stelle der Name Alfred Tacke zu nennen, Staatssekretär im niedersächsischen Wirtschaftsministerium. Den gelernten Volkswirt warb Schröder 1990 vom DGB ab – wo er als Referent tätig war – und holte den damals noch nicht einmal Vierzigjährigen in sein Wirtschaftsministerium. Dort avancierte Tacke 1992 zum »bekanntesten Staatssekretär der Republik« (*Süddeutsche Zeitung*), der alle wesentlichen wirtschaftlichen Entscheidungen des Regierungschefs mitbeeinflußte. Diesem Mann, so schrieb die *Süddeutsche Zeitung* weiter, verdanke Schröder »sein Image, ein Wirtschaftsexperte zu sein«.

Ebenso wie Tacke gehört Frank-Walter Steinmeier, Staatssekretär und Leiter der Staatskanzlei, mit zur »Viererbande« (*Der Stern*), mit der sich Schröder am intensivsten über anstehende Probleme berät. Weitere Mitglieder und engste Stützen des Ministerpräsidenten: Büroleiterin Sigrid Krampitz, eine gelernte Pädagogin, und Chefsekretärin Doris Scheibe, die schon seit Mitte der achtziger Jahre loyal und zuverlässig für Schröder arbeitet. Um diesen engeren Kern rankt sich ein Netzwerk von Beratern für unterschiedliche Politikfelder.

So gibt es im Leben des häufig sprunghaft erscheinenden, intuitiv agierenden Gerhard Schröder durchaus Konstanten, die Politikstil und vor allem -inhalte mitbeeinflussen. »Das, was ich hier in der Staatskanzlei habe«, so Schröder, »ist ein kleiner, aber vorzüglicher Apparat.«

Für das Erscheinungsbild nach außen tragen zwei Männer die Hauptverantwortung, die beide Routiniers im Umgang mit den Medien sind: Regierungssprecher Uwe-Karsten Heye, ein ehemaliger ZDF-Journalist (u.a. beim politischen Magazin »Kennzeichen D«), und Bodo Hombach, wirtschaftspolitischer Sprecher der SPD-Landtagsfraktion in Nordrhein-Westfalen und Manager der Preussag Handel, der in Düsseldorf schon anerkannt professionell drei Wahlkämpfe für Johannes Rau organisierte. Sie managen – unter der Gesamtleitung von SPD-Geschäftsführer Franz Müntefering – 1998 Schröders Versuch, die letzte Stufe auf seinem Weg nach oben zu erklimmen.

Immer nur die Treppe rauf

Liebling der Medien

Politik braucht Öffentlichkeit, Politiker die Medien, aber keiner liebt Öffentlichkeit und Medien so wie Gerhard Schröder – und die Medien scheinen es ihm zu danken. Es gibt wohl kaum einen deutschen Politiker der neunziger Jahre – neben dem qua Amt im Rampenlicht stehenden Bundeskanzler Helmut Kohl – der so viel mediale Aufmerksamkeit auf sich ziehen konnte wie Gerhard Schröder. An Schröder scheint für Journalisten kein Weg vorbeizuführen. Er ist immer ein lohnendes Objekt der Berichterstattung, versteht es brillant, die Klaviatur der Medien zu spielen. Wenn er sich äußert, so ist das meist auch eine Meldung wert – und sei es nur, weil er über Witz, Ironie, auch Selbstironie und Schlagfertigkeit verfügt, über Eigenschaften also, die auf der politischen Bühne der neunziger Jahre mehr und mehr zur Rarität geworden sind.

Während Helmut Kohl den Umgang mit Journalisten lange Zeit eher als notwendiges Übel empfunden hat, zu Beginn seiner Kanzlerschaft, wie sein Biograph Klaus Dreher schrieb, »als Fernsehdepp der Nation verschrien war« und erst spät einen etwas souveräneren Umgang mit dem Fernsehen lernte, ist Schröder »medial genial«, ein Naturtalent, immer dankbarer Gesprächspartner.

Und selbst wenn den Journalisten mal die Fragen ausgehen, hat er noch ein Bonmot parat: »Je weniger Fragen ihr stellt«, beriet er regionale Presseleute im Niedersachsen-Wahlkampf 1994, »um so größer könnt ihr das Photo machen.«

Mit vielen Berichterstattern überregionaler Tages- und Wochenzeitungen sowie der elektronischen Medien hält er regelmäßigen Kontakt. Er sei, befindet der Journalist Herbert Riehl-Heyse, »ein Kumpel vieler Pressemenschen aller politischen Richtungen, von denen im Zweifel jeder schon mal mit ihm in einer langen Parteitagsnacht viel Bier getrunken und viele witzige Bemerkungen ausgetauscht hat auf Kosten anderer«.

Persönliche Nähe zu Medienvertretern mag hilfreich sein, um zum »Liebling der Medien« zu avancieren, ausreichend ist sie indes nicht, um das »Medienphänomen« Schröder zu erklären. Schröder, würde man im Branchenjargon sagen, »kommt einfach rüber«.

Hellwach beim roten Lämpchen

Das Fernsehen gilt zu Recht als Leitmedium, als wohl wichtigstes Medium der politischen Meinungsbildung. Gewiß weniger für die ohnehin an Politik Interessierten, die sich ihre Meinung mittels des Studiums fundierter Analysen in diversen Zeitungen, Zeitschriften und Büchern bilden, dafür aber um so mehr für die breite Masse der politisch nur am Rande oder sogar fast überhaupt nicht Interessierten. Die nämlich bilden sich ihr Urteil über Politik vornehmlich über ihre Repräsentanten. Wichtig ist dabei nicht nur, *was* ein Politiker vertritt, sondern *wie* er es vertritt – und zwar ganz egal ob in der »Tagesschau« oder als Gast bei »Wetten daß ...?«.

Schröder hat immer gewußt, »daß eine Partei heute einfach Leute braucht, die im Fernsehen gut ankommen«, und er hat nie geglaubt, »daß es reicht, in einer Demokratie in der Politik nur gute und vernünftige Gedanken zu haben«. Vielmehr müsse man diese Gedanken haben und, so Schröder, »sie auch vermitteln können. Und Vermittlung guter und vernünftiger Gedanken hat etwas zu tun mit der Fähigkeit, Zugang zu den Massen zu finden. Und das passiert in einer durch die Medien bestimmten Demokratie über die Medien. Deswegen braucht jeder Politiker, wenn er nicht von vornherein erfolglos sein will, eine Beziehung zu den Medien. Die muß nicht kriecherisch sein – dann kriegt man ja auch gar keinen Respekt auf der anderen Seite –, sie muß aber offen sein. Und das hab' ich versucht aufzubauen«.

Dabei kam Schröder sein Talent vor allem im Umgang mit dem Fernsehen entgegen. »So müde kann Gerhard Schröder gar nicht sein«, schrieb Herbert Riehl-Heyse, »daß ein rotes Lämpchen auf einer Kamera ihn nicht hellwach machen würde: gleichzeitig hochkonzentriert und entspannt.« Locker und leicht agiert er, ironisierend und schlagfertig, etwa, wenn er dem Chefredakteur des Bayerischen Fernsehens, Sigmund Gottlieb, der ihm im Gespräch »eine Frage nicht ersparen« mag, entgegnet: »Sie sollen mir auch nichts ersparen, dafür sind Sie ja da. Sie müssen sich gar nicht entschuldigen« und ihn süffisant einen »exponierten Vertreter Bayerns« nennt.

Ein Mann für alle Formate

Zum Vorteil gereicht Schröder der Umstand, daß auch in klassisch-seriösen Nachrichtensendungen die Berichterstattung medienbedingt personalisiert wird. Der Politikwissenschaftler Thomas Meyer hat auf das im Fernsehen herrschende »Diktat der Kürze und des Tempos« hingewiesen und konstatiert: »Viele Sachverhalte sind zu komplex, um sie in wenigen Sekunden darzustellen. Und es gibt einen wichtigen Filter: Ins Fernsehen gelangen vor allem Beiträge, die sich illustrieren lassen. Versuchen Sie doch mal, die Gegenfinanzierung der Senkung des Solidaritätszuschlages durch die Streckung der Tilgung des Erblastentilgungsfonds zu bebildern. Ein Minister, der entschlossenes Handeln simuliert, indem er einen Grundstein legt, hat bessere Chancen, in die Nachrichten vorzudringen.«

Zwar legt Gerhard Schröder selten Grundsteine, aber er schafft es, »entschlossenes Handeln zu simulieren« – oder vielleicht besser: zu symbolisieren – und sich damit seine Präsenz in den Nachrichtensendungen zu sichern. Und nicht nur dort. Schröder ist sozusagen ein Mann für alle Formate, also Sendungen unterschiedlichster Art, von der Unterhaltung bis zum politischen Streitgespräch. Auch sein Privatleben hat er – zumindest in der Ehe mit Hiltrud Schröder – so wie in Deutschland wohl kein Politiker zuvor medienwirksam genutzt.

Der Geschäftsführer des Meinungsforschungsinstituts Emnid Klaus-Peter Schöppner nennt als Grund für die mediale Omnipräsenz des Politikers: »Schröder ist in der Mediendemokratie absolut der geeignete Mann, weil keiner so gut, ruhig, witzig und bedacht mit dem Fernsehen umgehen kann wie er.« Und deshalb gehört Schröder, wie die *Frankfurter Allgemeine Zeitung* schrieb, »zu den ganz wenigen Politikern, die auch dort noch wahrgenommen werden, wo man sich für Politik nur ganz am Rande interessiert, für Familiengeschichten aber um so mehr«.

Das zahlt sich aus: In einer Forsa-Umfrage aus dem Frühjahr 1998 bescheinigten 58 Prozent aller Befragten dem SPD-Spitzenkandidaten, er wirke im Fernsehen überzeugender als Helmut Kohl. Selbst unter CDU-Anhängern lag dieser Wert immerhin noch bei 30 Prozent.

Tanzen und surfen

Christine Kugler und Ronald Kurt von der Universität Konstanz untersuchten Fernsehauftritte Schröders in unterschiedlichen Sendungen unter medienwissenschaftlichen Gesichtspunkten, u.a. auch beim einstigen Polit-Magazin »ZAK«. In einer Ausgabe der Reihe wurde Schröder vom Moderator Friedrich Küppersbusch überraschend aufgefordert, das Wort »Weihnachtsmann« an eine Wandtafel zu schreiben – weil er irgendwann einmal dieses Wort auf einer Autogrammkarte ohne »h« geschrieben hatte. Schröder stellte sich sofort auf die neue Situation ein – und schrieb das Wort diesmal mit »h«, dafür aber nur mit einem »n«. Es sei einmal dahingestellt, ob Schröder sich einen Jux machte oder ob er sich wirklich als »Mensch mit einer deutlich zutage tretenden Schreibschwäche« zeigte, wie die Autoren der Studie meinen. Interessant ist, wie sie Schröders Verhalten interpretieren: »Indem er den plötzlichen Wechsel der Inszenierungsvorgabe annimmt, indem Schröder Herz, Verstand, Spontaneität und Tatkraft zeigt, bringt er für das fernsehende Publikum zum Ausdruck, daß er jemand ist, der etwas tut und den Augenblick gestalten kann – im Gegensatz zu den Politikdarstellern, die nur über Politik reden. Schröders Verhalten ist eine Verkörperung von Politik.«

Die Autoren bilanzieren: »Schröder ist, wenn man so will, ein Politiker, der die Einladung zum Tanz annimmt und vom Walzer bis zum Foxtrott alle Arten beherrscht. Während er in ›ZAK‹ den Populisten spielt, ist er ›Im Kreuzfeuer‹ (einer RTL-Sendung, d.V.) ganz pragmatischer Politiker, weil er dort als populistischer Spieler vorgestellt wird. Der einleitende Satz in ›Wetten daß ...?‹ ist Programm: ›Ich habe heute extra meine roten Socken angezogen.‹ Schröder ist auf jedes Medienformat vorbereitet: spontan bei ›ZAK‹, witzig bei ›Wetten daß ...?‹, ernsthafter Vertreter seiner Partei ›Im Kreuzfeuer‹.«

Schröder nahm zu der Studie in einem Brief folgendermaßen Stellung: »Bei Vorträgen und Pressestatements gehe ich kalkuliert vor. Bei Auftritten im Fernsehen, im Rundfunk oder im unmittelbaren Gespräch lasse ich mich vornehmlich von der Situation und natürlich von meiner Intuition leiten. Dabei spielt das Kalkül meist keine Rolle.«

In einer Reihe mit Bill Clinton und Tony Blair sehen die Soziologen der Konstanzer Universität Gerhard Schröder. Während Bundeskanzler Kohl für Kontinuität stehe, vermittle der Herausforderer den Eindruck von Dynamik und Wandel. Er sei, so Ronald Kurt, »Ausdruck unserer Zeit«. Mögen Clinton, Blair und Schröder auch noch so verschieden sein, eines haben sie gewiß gemeinsam: die Fähigkeit, wie Treibholz auf den Wogen der öffentlichen Meinung« tanzen zu können, oder – wie es der niedersächsische Oppositionsführer Christian Wulff formulierte, »auf dem Zeitgeist zu surfen« und so zu Wählerlieblingen zu avancieren. Alle drei verkörpern sie den Typus des postmodernen Politikers, des mediengewandten, flexiblen, machtbewußten Pragmatikers mit charismatischen Eigenschaften.

Im Sommer entspannt

Einer, der so gut im Fernsehen ankommt, ist für Medienstrategen wie Bodo Hombach, den Kurt Biedenkopf den

»wohl besten deutschen Wahlkämpfer« und Heiner Geißler den »gefährlichsten Gegner der CDU« nannte, natürlich auch die ideale Hauptfigur in der Medien- und Personality-Show namens Wahlkampf – wobei die Werbeprofis sich nicht immer auf die spontane Präsenz des Politikers verlassen. So mußte Schröder für einen Wahlkampfspot genauestens die Regieanweisung der Produzenten befolgen. Hinterher berichtete er in einem Interview für *Spiegel*-TV: »Fürchterlich, was die für einen Aufwand machen. Ich habe nie gesehen, wie ein Film entsteht. Jede Bewegung mußte ich sechsmal unter verschiedenen Gesichtspunkten machen.« Und auf die Frage: »Wissen Sie, wie der Spot aussehen wird?«, antwortete er: »Nein, das interessiert mich auch nicht. Das ist nicht meine Geschichte. Das muß man denen überlassen, das können nur die.«

Mehr und mehr wurde der Politiker Schröder in der Gesamtinszenierung des Wahlkampfs in ein Korsett eingezwängt. Dabei war die strikte Vorgabe, sich immer nur beim Hinaufsteigen einer Treppe, nie aber beim Herabgehen filmen zu lassen, noch das Harmloseste. Nach einem Bericht der Zeitschrift *TV-Today* gab es sogar einen »Verhaltenskodex« für den Kandidaten in Form eines Stufenplans für die Wahlkampfmonate. Im März und April 1998 »solle er Ziele setzen, zuhören, Rat einholen; im Sommer entspannt, persönlich und sympathisch wirken; in der heißen Schlußphase dynamisch konzentriert und zuversichtlich auftreten«.

Gesamtkunstwerk fürs Fernsehen

Erster Höhepunkt der »Schlacht namens Wahlkampf« (*Der Spiegel*) war der Leipziger Parteitag im April 1998.

Geboten wurde eine »Show, ein Kunstprodukt für einen Medienhelden«, wie Heribert Prantl *in der Süddeutschen Zeitung* befand. Ähnlich kritisch formulierten viele Berichterstatter, und in der Tat: Zumindest in der Bundesrepublik hatte man derartiges noch nicht erlebt, die Inszenierung eines Parteitages als Gesamtkunstwerk. Die SPD-Strategen lieferten speziell für das Fernsehen aus Leipzig ein fertig gestyltes Produkt frei Haus.

»Es scheint«, bemerkte Klaus Hartung treffend in der *Zeit*, »daß die Medieninszenierung der Politik auf Kosten der Medien geht. ... Aus der Inszenierung der Politik machen die Medien die Politik der Inszenierung. Sie blickten hinter den Vorhang – und sahen den Vorhang. Dabei war der Parteitag nicht trotz, sondern mit seiner Inszenierung inhaltlich spannend. Aber wir sind es gewohnt, die Metapher ›Inhalt‹ insbesondere für das Rascheln von Programmpapier vorzuhalten.«

Auch der Politikwissenschaftler Thomas Meyer befindet: »Eine unterhaltsame Inszenierung von Politik ist ja nicht gleichbedeutend mit Entpolitisierung. Richtig ist aber, daß sich die Grenzen zwischen politischem und journalistischem System verschoben haben. Das klassische Modell, das heute noch im Sozialkundeunterricht gelehrt wird – das autonome journalistische System beobachtet das autonome politische System – gilt nicht mehr. ... Die Politik organisiert heute ihre mediengerechte Vermittlung selbst.«

Gute Zeiten, schlechte Zeiten

Angesichts dieser Entwicklung fehlt es nicht an kritischen Einwänden. Oskar Lafontaine, über den die *Berliner Zeitung* spitz bemerkte, er wirke »im Vergleich zu Schröder im Fernsehen so wie Thomas Koschwitz im Vergleich zu Thomas Gottschalk«, warnte auf dem Bundeskongreß der Jungsozialisten im März 1998 vor einem reinen »Medienwahlkampf«. Auch im Medienzeitalter müsse die SPD vor allem ihr politisches Profil schärfen. Politische Inhalte zählten mehr als fernsehgerechte Inszenierungen.

Daran ist richtig, daß wohl jede Partei schlecht beraten wäre, über die mediengerechte Vermarktung den Gehalt ihrer politischen Angebote zu vernachlässigen. Denn so wichtig mediengerechte Kampagnen auch sein mögen, ihre Wirkungen sollten nicht überschätzt werden. Sie haben sicher Einfluß auf Wählerverhalten, ob sie aber einen Wahlkampf entscheiden können, ist fraglich. Es gibt psychologische Untersuchungen, nach denen die Wähler ohnehin nur die Botschaften zur Kenntnis nehmen, die in ihr Weltbild passen. Da kann eine gut gemachte Medienkampagne zwar Einstellungen verfestigen und bestätigen – sie wird aber kaum Gegner überzeugen.

Hinzu kommt, wie Herbert Riehl-Heyse zu Recht feststellte, daß die Allmacht des Fernsehens insofern gebrochen ist, als es zu viele Programme mit zu vielen Alternativangeboten gibt. Die großen TV-Schlachten zwischen Strauß und Schmidt, zwischen Kohl und Brandt seien Geschichte, die Videobänder der Elefantenrunden verstaubten in den Archiven. Inzwischen gebe es einfach zu viele Programme: »Und weil im Zweifel Kommissar Rex seine Zähne sogar noch ein bißchen publikumswirksamer bleckt als Kandidat Schröder, könnte es am Ende bei der Wahl vielleicht doch wieder auf Politik ankommen.«

Nur wer von Politik auf Serie zappt, der konnte Schröder – frei nach dem Motto »Ick bin all da!« – wiederbegegnen. So wie er bereits 1992 in Dieter Wedels ZDF-Vierteiler »Der große Bellheim« sich selbst gespielt hatte, so ging er auch im Wahljahr »in Serie«, mit einem Auftritt in »Gute Zeiten, schlechte Zeiten« und war – nach eigener Aussage – hocherfreut, »in der beliebtesten Jugendserie mitzumachen«. Bei seinem Kurzauftritt gratulierte er einem Bräutigam: »Glückwunsch zur Hochzeit. Ich weiß, wie schwer das ist.«

Charismatiker oder Medienphänomen

»Charisma, das war bei Willy Brandt Ergebnis einer großen Biographie. Charisma, das war bei Helmut Kohl Produkt von jahrzehntelanger unbeirrbarer Entschlossenheit. Solches Charisma verschleißt sich wieder in der politischen Kleinarbeit – siehe Adenauer, siehe Brandt und Kohl. Das Medien-Charisma ist von völlig anderer Art: Es kommt schneller, es vergeht früher«, so urteilte Heribert Prantl skeptisch über Gerhard Schröder. Und der Kohl-Biograph Alexander Gauland meinte, Schröder sei »zunächst nicht mehr als ein Medienphänomen«. Aber der Hinweis auf das Verfallsdatum, das jedem Medienzauber innewohnt, greift wohl zu kurz. Wirkung, Ausstrahlung und Charisma des Gerhard Schröder sind mehr als Ergebnis seiner Medienpräsenz. Sie sind Produkt seiner Biographie, seines steinigen politischen Lebensweges. Mit außergewöhnlicher Energie und anpassungsfähigem Geschick hat er sich vom Kind aus ärmsten Verhältnissen zum Bewerber um das wichtigste politische Amt eines 80-Millionen-Volkes hochgearbeitet.

Schröders Wirkung beruht maßgeblich auf Authentizität: Seine burschikose, manchmal plebejische Direktheit und Unverstelltheit verleihen ihm Glaubwürdigkeit, allen Widersprüchen und Wandlungen zum Trotz. Im Politikbetrieb der neunziger Jahre mit seinem Mangel an kraftvollen Persönlichkeiten ist einer, der wie Schröder daherkommt, willkommener Kontrast zur Fadheit der Formeln und Fassaden des Bonner Alltags. Er versteht es, nicht mit überhöhtem Anspruch aufzutreten, sich zu präsentieren als Menschen auch mit Schwächen, als einen »wie Du und ich«, der nichts davon hält, »Politiker nach anderen Maßstäben zu beurteilen als andere Menschen auch«. Auch das macht ihn für viele so anziehend.

Für so dumm jedenfalls darf man die Wähler nicht halten, daß sie ihn nur seiner Fernsehauftritte wegen über Monate in der Beliebtheitsskala deutscher Politiker an die erste Stelle setzten. Ohne politisches Charisma ließe sich das nicht erklären.

Verläßlich im Wandel
Aus wenig Großes machen

Gerhard Schröder hat auf seinem Weg vom linken Jungsozialisten zum Kanzlerkandidaten der »Neuen Mitte« manche Wandlung durchlebt, aber in der Konsequenz des Auftretens, im Politik-Stil und in verläßlichen Eigenschaften liegen die Konstanten Schröders auf seinem Weg nach oben.

Sicher, noch 1986 hatte er in dem Buch »Der Herausforderer« formuliert: »... ich bin nicht ›Mitte‹. Ich bin links und ich will das auch bleiben. Mitte ist ein imaginärer Begriff – und ich betrachte die SPD als eine Partei, die links von diesem imaginären Begriff ist.« Zwölf Jahre später brach er von Leipzig aus auf, um unter dem Etikett der »Neuen Mitte«, das Kanzleramt zu erstürmen. Und auf die Frage der *Leipziger Volkszeitung*, ob er sich noch zum demokratischen Sozialismus bekenne, antwortete Schröder: »Nein. Es gibt genügend gute sozialdemokratische Ideen.«

Sicher, Anfang der achtziger Jahre trieb er konservative Abgeordnete in Bonn zur Weißglut, wenn er im Pullover ans Rednerpult des Bundestages trat, heute trägt er lieber einen gediegenen Dreiteiler. Schröder hat sich auf seinem Weg nach oben verändert – äußerlich wie innerlich.

Aber seine Wandlungsfähigkeit mit Opportunismus gleichzusetzen, wäre verkehrt. Erstens gehören derartige Wandlungen zu jedem Lebensweg, ist Anpassungsbereitschaft auch Ausdruck von Lernfähigkeit. Zweitens ist es für Schröder charakteristisch, das, wovon er gerade überzeugt ist, auch deutlich, konsequent und lautstark zu vertreten. Vorsichtige, lavierende Äußerungen, wie sie für einen Opportunisten typisch wären, sind Schröders Sache nicht. Sonst gäbe es wohl kaum die unzähligen Interviews und Artikel, in denen er politische Positionen bezog und die ihm Gegner mit Hinweis auf Widersprüche später häufig genüßlich vorhalten konnten.

Kein Grund zu erbleichen

»Unter den Rechten«, schrieb Charles Baudelaire, habe man »eines vergessen: das Recht, sich zu widersprechen.« Gerhard Schröder macht von diesem Recht Gebrauch. Und darin liegt gewiß auch seine politische Attraktivität: in der unbefangen-pragmatischen Bereitschaft, dazuzulernen, Dinge zu überdenken und als falsch erkannte Positionen über Bord zu werfen. Flexibilität, so der fast einhellige Konsens politischer Analytiker, gehört neben Machtstreben und Charisma zu den wichtigsten Eigenschaften, um in der Politik Großes erreichen zu können.

Bert Brechts Herr Keuner traf nach Jahren einen Bekannten und begrüßte ihn mit den Worten: »Sie haben sich überhaupt nicht verändert.« Der Mann erbleichte. In diesem Erbleichen steckt die Erkenntnis, daß es absolut falsch, ja unmenschlich ist, sich nicht zu verändern. Seine Veränderungsfähigkeit und -willigkeit hat man Schröder häufig vorgeworfen. So bezeichnete ihn die *Frankfurter Rundschau* als »multiple Persönlichkeit«. Doch allen

Wandlungen zum Trotz, steht Schröder mehr denn je zu seiner Herkunft und hat nicht vergessen, wofür er die Macht, nach der er strebt, letztlich haben will: Vor allem dafür, sagt er nüchtern und unpathetisch, »daß die Menschen weiterhin ihr Einkommen und Auskommen über Arbeit erzielen«.

Irgend jemand soll schließlich regieren

Zum Thema Machtstreben hat Gerhard Schröder in seinem Buch »Die Reifeprüfung« Gültiges gesagt: »Was eigentlich hat jemand in der Politik zu suchen, der die politische Macht nicht will? Natürlich brauchen wir die Besonnenen, die Mahner, die für sich weder Amt noch Ruhm erstreben; die denen, welche die Macht ausüben, dafür um so kräftiger auf die Finger klopfen. Aber diese ›Unbestechlichen‹, die politischen Rechnungsprüfer machen doch nur Sinn, wenn es jemanden gibt, den sie zu kontrollieren haben. Irgend jemand soll schließlich regieren, und warum sollen die Wähler ausgerechnet ihr Kreuzchen für den Kandidaten machen, der zu erkennen gibt, daß er gar nicht gewinnen will?«

Nein, die Mehrheit der Bürger nimmt Gerhard Schröder das Streben nach Macht nicht übel. Sie weiß längst, daß die Hoffnung auf Macht für Politiker der Antrieb schlechthin ist, auch wenn die meisten dies leugnen. Daran, so Herbert Riehl-Heyse, habe »sich Schröder nie gehalten, dafür ist er von zu weit unten gekommen, dafür hat er als einziger von seinen Rivalen wirklich da leben müssen, wo es weh tut«. Politik ist eben nicht nur ein Wettstreit um neue und bessere Problemlösungen, sondern zumindest ebenso ein Kampf um Macht- und Interessenverteilung. Und die »Masse«, wie Schröder sagen würde, sie akzeptiert wohl auch einen Politikstil, der »politisch korrekte« Linke zur Verzweiflung treiben mag.

Daß Gerhard Schröder auf dem Weg zur Macht – auch aus taktischen Erwägungen – so manches Foul begangen hat, das an seine Zeit als mittelstürmender »Brecher« beim TuS Talle erinnerte – sollen es ihm ausgerechnet jene übelnehmen, die in den neunziger Jahren gelernt und ja auch aus der Politik zu hören bekommen haben, daß man sich schon durchboxen muß im Leben und daß Wettbewerb und Existenzsicherung im Zeichen der Globalisierung nichts für zarte Naturen ist?

»In der Politik geht es nicht moralisch zu«, so der Göttinger Politikwissenschaftler Franz Walter, »sondern große Politiker, von Adenauer bis Bismarck, haben häufig mit harten Bandagen kämpfen müssen, um sich durchzusetzen. Und das hat den Sozialdemokraten häufig gefehlt. Am ehesten hat es noch Herbert Wehner so betrieben, und er hat die Sozialdemokraten aus der langen Ohnmacht herausgeholt. Das Gegenteil ist Hans-Jochen Vogel, ein immer anständiger, ethischer Sozialdemokrat, mit dem man aber nicht vorangekommen ist. Insofern ist eigentlich dieses risikofreudige, dieses ellenbogenmäßige Vorwärtspreschen, wie es Gerhard Schröder praktiziert, etwas, was politisch völlig richtig ist. Es ist jedenfalls nicht verwerflich.«

Daß Gerhard Schröder mehr als einmal gegen die Parteilinie opponierte und auch für die Zukunft verkündete, Partei- und Parteitagsbeschlüsse seien das eine, was er als Politiker daraus mache, das andere – das werden ihm die Wähler nicht übelnehmen, sondern als Ausdruck von Eigenständigkeit und Vitalität werten.

Daß er sündhaft teure kubanische Zigarren raucht, sich in edle Anzüge kleidet und den Wiener Opernball besucht – das sind Aufsteiger-Attitüden, die in gutsituierten Kreisen und bei idealisierenden Intellektuellen Kopfschütteln erzeugen mögen. Aber die vielen sogenannten Normalbürger, jene, die jeden Samstag auf einen Sechser im Lotto hoffen und von einem Leben in Luxus träumen, sie werden es Schröder nachsehen und Verständnis zeigen für einen Sinnspruch, von dem Schröder selbstironisch meint, er passe zu ihm: »Leicht ist es, aus dem Vollen zu raffen. Schwer, aus wenig Großes zu machen.«

Happy-End auf Mallorca?

Der Aufsteiger Gerhard Schröder ist – bisher – viel näher bei den »Massen« geblieben, als sich dies mancher Leitartikler vorstellen kann. Zur sogenannten »Toskana-Fraktion« hat er jedenfalls nie gehört. Feinsinnige Erörterungen über die Steigerung der Arbeits- und Lebensqualität im Stile eines Björn Engholm sind seine Sache nicht, weil er ein sicheres Gespür dafür hat, daß es für die Mehrheit der Bevölkerung nach wie vor und heute mehr denn je nur um die nackte Existenz, um Arbeit an sich geht.

Wenn er einmal aufhören werde, Politik zu machen, so sagte er dem *Stern*, hätte er gern irgendwo ein Häuschen in der Sonne. »Natürlich Toskana«, entgegnete ihm sein Gesprächspartner. »Nee, da ist es auf Dauer nicht warm genug«, war Schröders Antwort. »Mallorca, das wäre was für mich. Dort möchte ich was haben, nicht an der Küste, sondern im Innern.«

Zuvor aber will er noch die größte denkbare Leistung eines Selfmademan schlechthin vollbringen: Er will Vorstandsvorsitzender der »Deutschland AG« werden und das »Chefzimmer« zunächst in Bonn und dann im neuen Bundeskanzleramt in Berlin beziehen.

Dazu aber muß er einen bezwingen, der sich bisher bei der Verteidigung der Macht allen Herausforderern überlegen gezeigt hat. Wenn Helmut Kohl über Schröder spricht, dann gerät er richtig in Rage, weist verächtlich auf die »katastrophale Bilanz« des »Herrn aus Hannover« hin und beschimpft ihn als »charakterlos«. Die Ausgangslage der Bundestagswahl hat Hans Ulrich Kempski treffend charakterisiert: »Hier der große, alte Mann, der eine historische Leistung vollbracht hat, aber verbraucht ist, und dort der vergleichsweise junge Manager der Macht, der einen Generationswechsel sowie politische Veränderungen anbietet, ohne dabei gefährliche Experimente oder gar revolutionäre Umwälzungen zu riskieren.«

Nach der Fernsehsendung »Brennpunkt – Der Kandidat« am 2. März 1998, anläßlich der Nominierung Schröders zum Kanzlerkandidaten, kam ZDF-Chefredakteur Klaus Bresser im Bonner ARD-Studio vorbei und überreichte Gerhard Schröder ein Paar Cowboystiefel mit der Aufschrift »*Denver-Summit*«. Es handelte sich dabei um ein Geschenk, das US-Präsident Bill Clinton Bundeskanzler Helmut Kohl 1997 auf dem Weltwirtschaftsgipfel in Denver überreicht hatte. Wie bei solchen Staatsgeschenken üblich, waren die Stiefel später bei einer Auktion versteigert worden. Ein Schröder-Anhänger hatte sie sich gesichert und Klaus Bresser gebeten, sie dem Kandidaten auszuhändigen.

Ob die Stiefel Gerhard Schröder passen, wird sich zeigen, falls Schröder den Sprung ins Kanzleramt schafft.

Seine Meinung dazu ist klar: »Ich glaube daran, daß ich das, was ich will, auch kann.«

II

Macher und Stratege

Ein Gespräch mit Gerhard Schröder

Die Autoren im Gespräch mit Gerhard Schröder
15. Mai 1998 in Hannover

Herr Ministerpräsident, Sie wollen Bundeskanzler werden. Einmal angenommen, es klappt, was wollen Sie dann im wichtigsten Amt in der deutschen Politik erreichen, oder anders gefragt, wie sollte Deutschland am Ende einer Kanzlerschaft des Gerhard Schröder aussehen?

Ich bin zwar sehr für Planungssicherheit in der Politik – aber an so viel Planbarkeit, daß ich heute angeben könnte, wie Deutschland in ein paar Jahren auszusehen hätte, an so viel Planbarkeit in der Politik glaube ich nicht mehr. Ich kann sagen, was wir anders machen werden. Ich denke, das Wichtigste ist, daß wir in Deutschland einen Zweiklang hinbekommen müssen: zwischen Modernität auf der einen Seite – Modernität in Wirtschaft, Gesellschaft, aber auch im Staat – und sozialer Verantwortung auf der anderen Seite. Anders ausgedrückt: Wir können den Sozialstaat in dem Maße erhalten, wie es uns gelingt, Staat und Gesellschaft insgesamt zu modernisieren. Das möchte ich erreichen. Ein wichtiges Instrument dafür ist ein Bündnis für Arbeit, mit dem Ziel, die großen volkswirtschaftlichen Akteure – Gewerkschaften, Arbeitgeber und Staat – für längere Zeiträume zusammenzubringen. Gemeinsam müssen diese Akteure definieren, was zu tun ist und dies dann auch in eigener Verantwortung umsetzen. Das ist meine Vorstellung, und um sie zu realisieren, braucht es mehr Zeit als eine Legislaturperiode, und deswegen darf man in bezug auf die Modernisierung der Gesellschaft nicht zu kurzfristig denken.

Weil es immer wieder bei der Schilderung ihrer politischen Laufbahn eine Rolle gespielt hat, einmal ernsthaft die Frage: Wann haben Sie zum ersten Mal daran gedacht, Kanzler werden zu wollen?

Es gibt ja diese schöne Geschichte, die ich nicht dementieren kann und will: Mit dem Rütteln am Zaun des Kanzleramtes. So ganz ernst war das nicht gemeint, auch wenn es eine schöne Sommernacht war, in der da gerüttelt worden ist. Ich kann gar kein Datum nennen, wann ich erstmals ernsthaft an die Kanzlerkandidatur gedacht habe. So etwas hat natürlich mit der eigenen politischen Entwicklung zu tun, hat etwas zu tun mit Erfolg in dem Amt, das ich jetzt habe. Erst dann kommt die Idee, nach dem höchsten politischen Amt greifen zu können, ohne daß es gleich die Sterne sind. Diese Möglichkeit hat sich erst im Laufe meiner politischen Arbeit herauskristallisiert.

Kann man den Zeitraum denn eingrenzen? Haben Sie bereits als Bundestagsabgeordneter die Kanzlerschaft angepeilt oder erst, als Sie Ministerpräsident waren?

Als Bundestagsabgeordneter – bis auf diese erwähnte Anekdote – sicher nicht. Denn Sie müssen bedenken: Ich war Abgeordneter, als Helmut Schmidt noch regierte, und war damals 35, 36 Jahre alt. Da habe ich nicht ernsthaft über so etwas nachgedacht. Das kam erst, als ich Ministerpräsident wurde und dieses Amt nach vier Jahren rot-grüner Koalition mit einer absoluten Mehrheit verteidigte. Als ich dann gegen Rudolf Scharping für den Parteivorsitz kandidierte – und verlor –, hatte ich natürlich dieses Ziel vor Augen. Ich habe es danach auch nicht mehr aus den Augen verloren. Aber so geplant, daß etwa mein ganzes Leben auf die Kanzlerkandidatur ausgerichtet gewesen wäre, war es wirklich nicht.

Im Gespräch mit meinem leider verstorbenen Kollegen Peter Gatter haben Sie einmal gesagt, Sie seien jemand, der eine Neigung habe, erst zu entscheiden und hinterher zu erklären. Gilt das noch? Oder anders gefragt: Wie finden Entscheidungsprozesse, findet Meinungsbildung á la Schröder statt?

Also, sagen wir es mal so: In der Regel habe ich eine klare Vorstellung von dem, was richtig und falsch ist, bei den Entscheidungen, die ich zu treffen habe. Aber es kommt schon vor und ist gelegentlich notwendig – das sollte dieser Hinweis an Peter Gatter bedeuten –, daß ich Entscheidungen sehr spontan treffe und dann mit Mitarbeitern darüber rede, was daran richtig, was daran falsch war, was man korrigieren muß oder was man vielleicht hätte anders machen können.

Das hat sich auch nicht geändert?

Na ja, das hat es schon. Die Schwerpunkte haben sich verschoben. Je wichtiger die Entscheidungen werden, um so nötiger ist die ernsthafte und gute, von Fachleuten unterstützte Vorbereitung. Also, die Spontaneität hat abgenommen zu Lasten der Vorbereitung über Akten, Vermerke und Gespräche, die ich mehr als Vermerke schätze.

Aber ganz habe ich noch nicht aufgehört – will ich auch nicht –, spontan zu entscheiden, aus dem Bauch heraus, wie man so schön sagt.

Akten lesen Sie nicht so gerne?

Ich lasse mir lieber vortragen und versuche dann mit demjenigen, der fachlich verantwortlich ist, im Dialog herauszufinden, was richtig ist und was falsch. Und vortragen heißt nicht, ausschließlich mit dem Staatssekretär oder dem Abteilungsleiter allein zu kommunizieren, sondern heißt, daß derjenige kommen muß, der einen Vorgang als Sachbearbeiter betreut. Und wenn der nicht in der Lage ist, mir in relativ kurzer Zeit darzustellen, um was es geht, dann ist die Vermutung sehr groß, daß er selbst das Problem noch nicht ganz verstanden hat. Dann muß er nochmal darüber nachdenken.

Sie haben einmal formuliert, die Konsequenz des Auftretens, das sei die eigentliche Kontinuität in Ihrem politischen Leben. Politik à la Schröder, definiert sich das mehr über Stil als über Inhalte?

Das wird mit unterstellt. Aber so ist es nicht. Man könnte nicht erfolgreich sein, wenn man nur an Formen hinge oder gar selbst nur Form wäre und nicht Inhalt. Sondern ich glaube, man muß gute Ideen haben, aber man muß sie auch vermitteln können. Insoweit ist das, was mir gelegentlich unterstellt wird, nämlich mit den Medien umgehen zu können (ob ich das wirklich kann oder nicht, kann ich am wenigsten beurteilen), nach meiner Meinung eigentlich nicht kritikwürdig. Denn was nützt es, wenn ich Vorstellungen habe, aber nicht in der Lage bin, sie in die breite Bevölkerung hinein zu vermitteln? Und diese Vermittlung geschieht nunmal über Medien. Entweder man kann das, dann ist es auch in den Köpfen und vielleicht, wenn es gutgeht, sogar in den Herzen. Oder man kann es nicht, dann hilft einem auch das, was man Gutes anzubieten hat, inhaltlich überhaupt nicht. Also, es muß ein angemessenes Verhältnis geben zwischen Inhalt und Form.

Nun haben Sie aber im Verlaufe Ihres politischen Lebens so manche Position gewechselt.

Ja, das ist wohl wahr!

Welche Rolle spielt für Sie das Recht auf Irrtum?

Ich halte das Recht auf Irrtum für ein Menschenrecht. Und ich finde schon, daß wir gelegentlich auch ganz bewußt dieses Recht in Anspruch nehmen sollten. Denn wenn man es nicht in Anspruch nimmt, kriegt man Angst vor Entscheidungen. Wenn man bei jeder Entscheidung, die man trifft, davon ausgehen müßte, daß ein Irrtum nicht erlaubt ist, also absolute Richtigkeit die Voraussetzung der Entscheidung ist, das würde, glaube ich, zu Entscheidungsunfähigkeit führen. Nein, ich habe manchmal sogar Spaß an meiner Irrtümern. Den habe ich immer gehabt, und ich habe dort, wo ich es nötig fand, Entscheidungen auch korrigiert. Ich glaube, man muß keine Angst haben vor Menschen, vor Politikern, die zugeben können, daß sie gelegentlich Fehler machen und bereit sind, Fehler zu korrigieren. Eher muß man Angst haben vor denen, die glauben, sie wüßten alles und machten nie Fehler.

Wie halten Sie es denn mit Irrtümern Ihrer politischen Gegner? – Sind Sie da auch so tolerant wie gegenüber sich selbst?

Irrtümer erlaube ich auch anderen – wobei ich mir vielleicht ein wenig mehr verzeihe als anderen. Das ist, glaube ich, menschlich. Aber ich gehöre nicht zu denjenigen, die hergehen und sagen: Wissen Sie, vor 20 Jahren haben Sie doch das und das gesagt, das steht doch im erstaunlichen Widerspruch zu dem, was Sie heute sagen. Das ist ja eine beliebte Form der politischen Auseinandersetzung. Den Leuten, die so verfahren, kann ich nur sagen: Was vor 20 Jahren gesagt worden ist, ist in der politischen Auseinandersetzung in aller Regel gezielt auf eine Wirklichkeit, die vor 20 Jahren galt. Also auch gezielt auf ein Verständnis von Problemen und Konstellationen, das vor 20 Jahren mit den Möglichkeiten von damals angemessen zu bewältigen war. Aber die heutige Wirklichkeit ist ganz anders. Es gibt ja eine fortschreitende Erkenntnisfähigkeit, und die hat etwas mit Erfahrung zu tun. Der Vorwurf, der mir gelegentlich gemacht wird – und der ja dann im Opportunismus-Vorwurf gipfelt –, stört mich weiter nicht.

Bleiben Sie mal beim Stichwort Opportunismus: Es gibt ja im Prozeß der Willensbildung in der Demokratie für Politiker zwei Aspekte: Wer führen will – politisch –, der muß Ziele haben, der muß Vorstellungen haben, wo er hin will, vielleicht auch Visionen. Das ist eine Seite. Die andere Seite ist: Wer in der Demokratie Mehrheiten gewinnen will, der muß die Hand sehr nahe am Puls der Bevölkerung haben, der muß dem Volk aufs Maul schauen, vielleicht auch manchmal nach demselben reden. Beides ist nicht immer automatisch identisch. Wie agieren Sie zwischen diesen Ansprüchen?

Sie haben ja recht. Aber: Den Populismusvorwurf lasse ich nur gelten, wenn damit der Vorwurf gemeint ist, daß man Themen erfindet, von denen man glaubt, daß sie in der Bevölkerung gut ankommen. Aber Populismus ist es nicht, wenn ein demokratischer Politiker Ängste, Sorgen, Nöte aufnimmt, um damit konzeptionell umzugehen. Ich will mal ein Beispiel sagen, damit es nicht zu abstrakt wird: Was die ›Innere Sicherheit‹ angeht – da halte ich es nicht für Populismus, wenn man zur Kenntnis nimmt, daß es ganz massive Ängste gibt. Diese Ängste müssen beobachtet werden, aber in doppelter Weise: Zum einen müssen die Erscheinungsformen von Kriminalität bekämpft werden, zum anderen aber auch die Ursachen. Und wer das tut, der darf auch Ängste aufnehmen und der darf dann auch deutlich formulieren, daß er das tun will – zumal dann, wenn er lediglich die Gesetzeslage wiedergibt.

So, wie Sie es getan haben in einem Interview zur ›Inneren Sicherheit‹, das in der ›Bild am Sonntag‹ unter der Überschrift »Kriminelle Ausländer raus« erschienen ist. Haben Sie Ihre drastischen Äußerungen von damals je bereut? Stehen Sie heute noch dazu?

Ja, hierzu stehe ich nach wie vor.

Ihre Einlassungen zur ›Inneren Sicherheit‹ gehören also nicht in die Kategorie jener Zitate, von denen Sie eben gesagt haben, die sollte man Ihnen wegen des zeitlichen Abstands heute nicht mehr vorhalten?

Nein. Die meisten meiner früheren Äußerungen mag ich ja noch gern hören, schon deswegen weil sie in aller Regel sprachlich deutlich sind.

Drei Eigenschaften hat Max Weber genannt, die entscheidend für die Qualität eines Politikers seien: Leiden-

schaft, Verantwortungsgefühl und Augenmaß. Was bedeuten Ihnen diese Begriffe?

Ich finde, damit kann man ganz gut zurechtkommen. Leidenschaft ist sicher nötig, wenn man den Streß des Politikmachens weitgehend unbehelligt überstehen will. Mit unbehelligt meine ich, was das innere Gleichgewicht angeht. Und Leidenschaft ist eine Voraussetzung, die man für jeden Beruf braucht, wenn man ihn gut machen will. Wenn man einfach nur vom Beruf leben will, dann geht es auch ohne Leidenschaft. Aber wenn man anspruchsvolle Berufe gut machen will, dann braucht man Leidenschaft. Das ist in der Kunst so, das ist in der Politik und im Journalimus sicher auch so. Leidenschaft, da hat Max Weber Recht, ist eine Voraussetzung für einen guten Politiker.

Wie wichtig ist Verantwortungsgefühl?

Das ist etwas, was jeder erwachsene Mensch in seinem Beruf braucht. Man muß sich schon überlegen, was man tun und was man lassen kann. Das ist jeweils spezifisch auf den Beruf zugeschnitten. Jemand, der Bilder malt, kann anders mit dem Begriff ›Verantwortung‹ umgehen als jemand, der Ministerpräsident ist. Ich denke, Verantwortungsgefühl ist eine der wichtigsten Voraussetzungen für Politik. Und auch Augenmaß, jedenfalls dann, wenn man auf Dauer erfolgreich sein will – wobei man aufpassen muß, daß man dieses Augenmaß, das ja mit dem Verantwortungsgefühl zusammenhängt, nicht überzieht. Man sollte sich auch noch gelegentlich erlauben, ein Stück Spontaneität erkennen zu lassen. Das kann man natürlich nur, wenn man auch über sie verfügt. Wenn ich Weber zu korrigieren hätte, dann würde ich diesen

Aspekt hinzufügen. Aber mein Respekt vor ihm ist so groß, daß ich das nicht wage.

Sie gelten ja als Pragmatiker und sehen sich auch gern als solchen. Sie haben mal gesagt: Politik sei gerade heute immer weniger Instrument zur Realisierung von Träumen. Aber gehören nicht auch Träume zur Politik, und welche politischen Träume haben Sie noch?

Meine Träume hängen zusammen mit meiner Herkunft. Ich habe das, was ich erreicht habe in meinem Leben, erarbeiten müssen, und zwar gegen Widerstände. Das meiste habe ich mir über Bildung erarbeitet. Und ich möchte das, was ich individuell erreicht habe, also den Zugang zur Bildung, gern Menschen zukommen lassen, die heute in einer vergleichbaren Situation sind. Ich halte viel davon, Chancengleichheit über Bildung zu verwirklichen. Es ist ja ein uralter sozialdemokratischer Wert, daß Wissen Macht ist. Und Wissen eröffnet individuelle Chancen in der Gesellschaft. Deswegen gehört es zu den Konstanten in meinem Leben, für Chancengleichheit einzutreten. Individuell habe ich sie mir erkämpft, aber das genügt mir gesellschaftlich nicht. Diese Position hat dann politisch ganz konkrete Auswirkungen, etwa bei der Schulbuchfreiheit oder bei der Frage der Studiengebühren.

Soviel zur Chancengleichheit. Aber ist das etwas, was man als politischen Traum oder gar als Vision bezeichnen könnte?

Chancengleichheit ist schon – und immer noch – eine Vision! Für ganz viele Menschen, die nicht mit dem goldenen Löffel im Mund geboren wurden, ist der Zugang zur

Bildung die Voraussetzung, um mit dem Leben fertig zu werden – besser, als es vielleicht die Generation vor ihnen konnte. Für mich war das jedenfalls so. Dann gibt es weitere Träume – ich träume ja selten und wenn, dann höchstens in anderen Zusammenhängen. So habe ich die Vorstellung von einer Welt, in der jeder Einkommen und Auskommen für sich findet, in der man arbeiten kann, und zwar sicher arbeiten kann. Und dann gibt es die Träume, die etwas mit Gerechtigkeit zu tun haben. Ich glaube wirklich, daß auf Dauer nur eine gerechte Gesellschaft erfolgreich sein kann. Was das ist – gerecht –, das wird sich in der politischen Auseinandersetzung in der demokratischen Gesellschaft zeigen. Dabei stehe ich auf der Seite derjenigen, die Gerechtigkeit einklagen müssen, weil sie nicht von vornherein alles mitbekommen haben. Es gibt also eine Reihe von Konstanten in meinem Leben, die ich verfolgt habe, die ich weiter verfolge, mit wechselnden Instrumenten allerdings. Um den Gerechtigkeitsbegriff aufzunehmen: Vor 25 Jahren bei den Jusos habe ich geglaubt, das ginge am besten durch die Vergesellschaftung der Produktionsmittel. Nur so käme man zu einer Gesellschaft, die auf Dauer gerecht sei. Das glaube ich nicht mehr, weil es sich als falsch erwiesen hat.

Marx also spielt keine Rolle mehr?

Der Marxismmus ist ein interessanter philosophischer Ansatz. Und Marx hat ja nicht automatisch zu dem geführt, was Lenin daraus gemacht hat. Das muß man ja auseinanderhalten. Insoweit würde ich immer noch sagen: Die Beschäftigung mit Marx ist hilfreich. Ich würde sie jedem immer noch empfehlen. Aber nicht in dem Sinne, daß Marx zu einer Ersatzbibel wird. Das wäre problematisch.

In der Jugend Marxist zu sein ist eine gute Voraussetzung, um im Alter für soziale Gerechtigkeit einzutreten. Meinen Sie das so?

Das würde ich so nicht sagen. Wer in der Jugend Marxist war, kann wohl ein guter Sozialdemokrat werden. Wobei man ja wissen muß, daß die moderne Sozialdemokratie ihre Wurzeln sowohl im Marxismus als auch in der christlichen Soziallehre oder in den Vorstellungen der Demokratietheoretiker hat. Insoweit hat Marx für die SPD immer eine Rolle gespielt, als Ideengeber.

Nun waren Sie schon bei Marx, bei Weber waren wir auch schon. Wegen Helmut Schmidt, haben Sie mal gesagt, sind Sie in die SPD eingetreten. Schmidt hat als Bundeskanzler immer Wert darauf gelegt, auch anzuknüpfen an politische Theorien, an politische Denker. So hat er gern Kant zitiert und beispielsweise ein besonders intensives Verhältnis zu Sir Karl Popper gehabt. Gibt es in Ihrem Leben politische Denker, Philosophen, die eine besondere Rolle spielen, Sie beeinflussen, die Sie lesen, die Sie geprägt haben?

Ich habe sehr viel gelernt durch Diskussionen mit anderen – mit Soziologen, mit Philosophen, mit Juristen, deren Horizont über das reine Handwerkszeug hinausging. Ich habe sehr viel gelernt durch Gespräche mit Oskar Negt, mit Jürgen Seifert und mit anderen Universitätslehrern, die ich seinerzeit hatte und zu denen ich immer noch Kontakt habe. Ich habe gelesen, was man zu jener Zeit las. So hab ich mich mit Habermas beschäftigt, seine Bücher allerdings manchmal auch weggelegt, wenn es zu kompliziert wurde – das habe ich einzuräumen. Einen Lehrer aber in dem Sinne, daß ich sage, in dessen Traditionen bewege ich mich, den habe ich wohl nicht. Ich habe nie das Bedürfnis gehabt, pragmatisches Handeln auf theoretische Weise zu legitimieren. Mir hat das Ergebnis gereicht.

Gibt es spezifische ethische Wurzeln, die Sie für Ihre Politik in Anspruch nehmen, die Sie geprägt haben?

Sicher, die Wertvorstellungen, die ich Ihnen genannt habe, haben ja ethische Wurzeln. Dann gibt es die erworbene, nicht von vornherein vorhandene Fähigkeit, totalitären Anforderungen zu widerstehen. Ich habe mich immer wieder gefragt: Wie wäre es dir wohl ergangen, wenn du in der DDR hättest aufwachsen müssen. Und ich bin mir nicht sicher, ob ich von vornherein zu denen gehört hätte, vor denen ich Respekt habe, die in die innere Emigration gegangen sind oder die gar als Bürgerrechtler Widerstand geleistet haben. Ich bin nicht sicher, ob ich die Kraft dazu gehabt hätte. Heute hätte ich sie. Und ich führe das darauf zurück, daß man solche Fähigkeiten oder solche Einstellungen, die einen zu Widerstand gegen Totalitäres befähigen, entweder aus der Familie mitkriegen muß – etwa über eine christliche Erziehung – oder aber sich erwerben muß, indem man politische Auseinandersetzungen durchlebt. Und diese Erkenntnis, daß ich unsicher bin, ob ich von vornherein widerstanden hätte, bringt mich zu zwei Schlußfolgerungen: Erstens habe ich großen Respekt vor jenen, die das gekonnt haben. Zweitens: Mit allen, die sich angepaßt haben, die mitgelaufen sind, ja die vielleicht sogar kleine Funktionäre waren, sollten wir sorgsam umgehen. Bevor wir sie verurteilen, sollten wir immer wieder fragen, wie denn wohl unsere Karriere verlaufen wäre. Ich würde jede Hochnäsigkeit den Menschen gegenüber ablegen, die in der früheren

DDR haben leben müssen und die es nicht zu Widerständlern gebracht haben. Denn ich wüßte nicht, welche Rolle ich unter den Bedingungen der DDR gespielt hätte.

Christliche Erziehung haben Sie eben gesagt – als Stichwort. Was bedeutet Ihnen Religion?

Ich finde, daß Religion eine höchst private Angelegenheit ist und auch bleiben sollte.

Würden Sie sich als Agnostiker bezeichnen?

Ich habe was gegen Schubladen. Vielleicht komme ich einmal in eine Situation, in der ich mich mit Religion mehr auseinandersetzen will und in der ich mehr Zeit habe für diese Auseinandersetzung.

Jetzt halte ich Ihnen mal ein früheres Zitat entgegen, auch wenn Sie – wie vorhin angeführt – das nicht schätzen: »Ich bin nicht Mitte. Ich bin links und ich will das auch bleiben. Ich betrachte die SPD als eine Partei, die links von diesem imaginären Begriff der Mitte steht.« 1986 haben Sie das gesagt. Gilt das heute noch?

Wir versuchen eine Position zu bestimmen, die das ein bißchen präziser beschreibt. Ich denke, wer sich um die Mehrheitsfähigkeit der SPD sorgt, der kann es bei dieser Beschreibung nicht bewenden lassen. Auch ich habe sicher den einen oder anderen Schritt getan, hin zur Mitte. Das ist auch ein Resultat des Älterwerdens, von Erfahrungen im Beruf und Anpassung an die Wirklichkeit.

Helmut Kohl ist geprägt von den spezifischen Erfahrungen seiner Generation, von Krieg, Nachkriegszeit, dem

Wiederaufbau, der deutschen Teilung, dem Europa-Gedanken. Was sind die spezifischen Generationserfahrungen eines Gerhard Schröder?

Das ist zunächst diejenige, die jeder gemacht hat, der 1944 geboren wurde und deswegen vom Krieg nur als Baby etwas mitbekommen hat: Das ist eben keine Kriegserfahrung. Aber es gibt dann die Erfahrungen, die ich im Elternhaus (ich hatte ja nur meine Mutter) gemacht habe, das durch Entbehrungen geprägt war – im Materiellen, nicht im Emotionalen. Denn meine Kindheitserfahrungen sind die eines glücklichen Kindes. Wir hatten allerdings wenig materielle Möglichkeiten. Wir konnten uns nicht so kleiden, so ernähren, wie ich das jedem Kind wünsche. Aber wir haben weder hungern müssen, noch sind wir in Lumpen rumgelaufen. Dennoch war es eine Generationserfahrung, die von materieller Entbehrung gekennzeichnet war. Aber gleichzeitig gab es viel Zuwendung im Emotionalen – durch meine Mutter, die trotz aller Anspannung, aller Arbeit, die sie zu verrichten hatte, das immer gekonnt hat, ihren Kindern gegenüber. Später war mein Leben gekennzeichnet durch Arbeit und individuellen Aufstieg.

Spitzenpolitiker führen ein Leben weitab vom Alltag der Normalbürger. Haben Sie heute noch Berührungspunkte, Beziehungen, Freundschaften zu sogenannten »einfachen Bürgern«? – Wie informieren Sie sich über die Lebensumstände, die Sorgen, die Nöte der einfachen Leute?

Das verliert man nicht: Erstens sind meine Geschwister, mit denen ich nicht häufig, aber gelegentlich Kontakt habe, »normale Menschen geblieben«. Zweitens hilft die SPD, weil das immer noch – nicht ausschließlich, aber im Schwerpunkt – eine Partei ist, die in diesen Milieus verankert ist. Aber vor allen Dingen ist prägend, daß man seine Herkunft nie vergißt – ich jedenfalls nicht. Und wenn man weiß, wo man herkommt, weiß man eben auch, wo man hingehört. Das ist ganz einfach.

»Freunde pflastern seinen Weg«, hat der Stern unlängst getitelt. – Stimmt das? – Und was bedeuten Ihnen politische Weggefährten?

Ich gehe mit dem Begriff »Freund« sehr vorsichtig um. Und zwar deswegen sehr vorsichtig, weil man zur Entwicklung von Freundschaft in des Wortes wirklicher Bedeutung Zeit braucht. Es gibt wenige, von denen ich sagen würde, da kannst du hingehen, wenn es dir schlecht geht. Aber ein paar gibt es schon. Und die, um die es geht, bedeuten mir sehr viel. Und umgekehrt gilt für die das gleiche. Das sind Freunde. Politische Freunde, das ist ein Widerspruch in sich, weil man in der Politik für die Entwicklung von Freundschaften kaum Zeit hat. Politik ist ja dadurch gekennzeichnet, daß man sich im Job begegnet, und da hat man wenig Zeit füreinander. Die Zeit, die mir bleibt, verbringe ich sinnvollerweise mit echten Freunden oder mit der Familie.

Erhard Eppler hat einmal einen sehr wohlwollenden Artikel über Sie geschrieben und hat dann ein interessantes Resümée gezogen. Ich zitiere das mal: »Überdurchschnittliches wird aus Politikern nur, wenn es auch im Privaten, in ihm selbst genügend Gegenkräfte gegen die Sucht gibt«, die Sucht der Macht. – Welches sind Ihre Gegenkräfte im Privaten?

Ich glaube, was man braucht, ist die Fähigkeit, das, was man tut, nicht zu ernst zu nehmen. Der ausgerollte rote

Teppich, über den man geht, der muß zur Selbstironie anregen und nicht zum Schreiten. Und solange das der Fall ist, ist man auf dem Teppich, im wahrsten Sinne des Wortes. Wenn das aufhört und man das Äußere für das Wesentliche hält, dann wird's gefährlich. Dann ist man abgehoben. Und das fällt dann auch schnell auf.

Kommen wir einmal zum Zustand unserer Demokratie: Das deutsche Nachkriegs-Staatswesen ist ja gegründet worden nach den Erfahrungen mit dem Dritten Reich, sehr stark darauf zielend, Macht auszubalancieren, d. h. Macht auf viele Institutionen, Instanzen zu verteilen, zu kontrollieren. Das bedeutet natürlich auch, daß ein solches politisches System sehr behäbig ist, daß sich Reformen schwer durchsetzen lassen, und wenn die politische Debatte der letzten Monate oder gar Jahre von Stillstand geprägt war, hat das ja auch damit zu tun. Brauchen wir künftig nicht nur Reformen im System, sondern auch Reformen am System?

Nein, ich denke mal, unser sehr sorgfältig ausbalanciertes System hat sich eigentlich bewährt. Wir sind ja damit gut gefahren. Jemand, der Prinzipielles ändern will, weil er sich davon Effizienzsteigerungen erhofft, der muß schon begründen, warum er etwas, was sich dermaßen bewährt hat, etwas so Stabiles verändern will. Das heißt ja nicht, daß man beispielsweise bei 16 Ländern bleiben muß. Also: Wenn man die Möglichkeit hätte, die Zahl der Länder zu reduzieren, würde ich mich dafür stark machen. Ich habe nur bei der Verfassungslage Zweifel. Wir haben ja in extenso den Nordstaat diskutiert. Ich halte es für Zeitverschwendung, diese Debatte ewig weiterzuführen. Ich hätte mich gefreut, wenn die Fusion von Berlin und Brandenburg geklappt hätte. Aber dies sind eher graduelle Reformschritte, keine prinzipiellen. Prinzipiell ist das politische System in Deutschland in Ordnung.

Zum politischen System in Deutschland gehört ja auch ein bestimmtes Staatsverständnis: Ein Staat, dem man im internationalen Vergleich heute nachsagt, daß er sich sehr intensiv um seine Bürger kümmert, oder negativ formuliert, seine Bürger bevormundet in allen Lebensbereichen, also ein fast paternalistisches Staatswesen. Das extreme Gegenmodell in der politischen Theorie ist der Nachtwächterstaat, der sich aus allem raushält und nur für äußere Sicherheit und das Nötigste sorgt. – Was ist Ihr Staatsverständnis? – Was glauben Sie, welchen Staat brauchen wir künftig?

Wenn ich sage, das politische System sei prinzipiell in Ordnung, dann meine ich, daß auch das Verhältnis zwischen Staat und Gesellschaft im Prinzip in Ordnung ist. Wir können Effizienzgewinne erzielen, wenn wir die Dichte von Regelungen, die wir uns selbst geschaffen haben, in einem ständigen Prozeß überprüfen. In Niedersachsen geschieht dies auf allen Ebenen. Das ist einer der Schwerpunkte, die wir hier in der Landespolitik verfolgen. Wir haben in der Tat die Regelungsdichte übertrieben und damit zuviel Staat im Alltag. Das muß man abbauen. Der Staat kann schlanker werden, indem Aufgaben an Private zurückgegeben werden. Das betrifft sicher nicht die klassischen Staatsaufgaben wie Polizei, Justiz, Steuern. Aber jenseits dessen halte ich einen sehr pragmatischen Umgang mit der Frage für richtig: Was soll der Staat selber tun, was können Private besser? – Wenn sie es besser können, effizienter können, bei gleicher Sicherheit der Erbringung von Leistungen, dann sollten sie es machen. Unter diesen Umständen muß man sich jeden einzelnen Bereich anschauen. Der Staat hat die Tendenz, seine Aufgaben zu vervollkommnen und damit auch in Freiheitsrechte von Bürgern dort einzugreifen, wo er eigentlich nichts zu suchen hat. Alles in allem aber glaube ich, daß der »Staat der Bürger«, wie wir ihn geschaffen haben, schon ganz richtig ist. Wir haben ja nicht den preußischen Obrigkeitsstaat, sondern wir haben durch vielfältige Kontrollen ein System geschaffen, das dem Einzelnen auch erlaubt, sich zu wehren.

Einen Obrigkeitsstaat haben wir gewiß nicht, aber wir haben ein Staatswesen, in dem jede zweite Mark durch die Hände des Staates fließt. Was im internationalen Vergleich ungewöhnlich viel ist. – Ist das Verhältnis Staat-Gesellschaft bei uns außer Proportion geraten?

Ja, das liegt zum Teil auch an unterbliebener Privatisierung. Aber es liegt vor allen Dingen aktuell an der Notwendigkeit, die Einheit materiell zu vollziehen, d. h. sie durch erheblichen Transfer in die neuen Bundesländer zu finanzieren. Wenn Sie die herausrechnen, kommen wir auch in Deutschland auf eine Staatsquote, die international nicht aus dem Rahmen fällt.

Nach dem Kanzler der Einheit, Helmut Kohl, wären Sie, wenn es denn zur Mehrheit reichen sollte, der Kanzler, der die Einheit vollenden müßte. Wie soll das gehen?

Vollenden heißt, die Lebensbedingungen in den beiden Teilen Deutschlands einander anzugleichen. Das geht in der Weise, wie wir das angefangen haben. Vielleicht ein bißchen intelligenter als in der Vergangenheit. Das Geld, das jetzt zur Verfügung steht, muß auch weiter zur Verfügung stehen. Aber es sollte weniger ausgegeben werden für den Bau von Bürotürmen, die keiner braucht, und für Luxuswohnungen, die keiner bezahlen kann. Wir müssen mehr ausgeben für den Aufbau von Forschungsstätten in den neuen Ländern, für sinnvolle und nicht überteuerte Infrastruktur und für die Eigenkapitalausstattung kleiner und mittlerer Unternehmen. Das alles wäre sehr viel besser als das, was jetzt gemacht wird. Die Einheit materiell und im Bewußtsein der Menschen zu vollenden, das ist tatsächlich die Aufgabe des Kanzlers, der in Berlin residiert. Denn damit wird auch deutlich, daß das ökonomische, das politische, das kulturelle Geschehen sich von der Rheinschiene verlagert. Mit dem Umzug nach Berlin wird auch deutlich, daß es um das ganze Deutschland geht und nicht nur um die Hälfte, die schon immer von Bonn aus regiert worden ist. Einheit vollenden – das bedeutet auch, daß man Spaltung nicht weiter vertieft. Dies tut jene Kampagne, die die Union jetzt versucht und die der ehemalige Bundespräsident, Richard von Weizsäcker, gerade kritisiert hat, nämlich die Kampagne der sogenannten »Roten Socke«. Wir sollten die PDS, die im Denken und im Fühlen relevanter Teile der ostdeutschen Bevölkerung leider eine gewisse Rolle spielt, nicht als Schlagstock in der politischen Auseinandersetzung benutzen. Indem man das tut, benutzt man die Menschen, die Wähler der PDS, als Schlagstock. Das hat die Union wohl übersehen – um es freundlich zu formulieren.

»Er hat kein Gefühl für die Größe der Aufgabe« hat Helmut Kohl gesagt über Gerhard Schröder und Europa. Haben Sie ein Gefühl für die Größe der Aufgabe, und würde sich was ändern in der Europapolitik eines Kanzlers Schröders?

Ich glaube, was Helmut Kohl über andere, so auch über mich sagt, das soll man nicht so ernst nehmen. Das ist das Granteln eines alten Mannes, der spürt, daß seine Zeit sich überlebt hat. Und deswegen gehe ich immer sehr freundlich mit den Charakterisierungen des Helmut Kohl um, verliere trotzdem meinen Respekt vor ihm nicht. Das will ich auch gerne beibehalten, gleichgültig, was er in der nächsten Zeit auch tut. – Wenn es um Europa geht, dann muß man Kohl antworten: Die strategischen Höhen sind wohl besetzt, jetzt beginnt die Mühsal der Ebene! Und Mühsal der Ebene heißt, daß man den Überbau, der ideell errichtet ist, ergänzen muß. Es gibt eine gemeinsame Währung für einen gemeinsamen Markt. Es gibt den Willen, es nicht bei Westeuropa zu belassen, sondern Europa als Ganzes aufzubauen. Soweit die strategischen Höhen. Mühsal der Ebenen heißt dann, daß man sich um die Bedingungen der Realisierung in Zukunft mehr kümmern muß als in der Vergangenheit. Ich will das mal an einem Beispiel festmachen: Ich weiß nicht, ob Helmut Kohl eine zureichende Vorstellung davon entwickelt hat, was es für ein Legitimationsproblem gibt, wenn wir, bezogen auf den Beitrittskandidaten Polen, in fünf Jahren die Freizügigkeit der Arbeitnehmerinnen und Arbeitnehmer innerhalb Europas haben. Ich weiß wirklich nicht, ob er sich darüber zureichend Gedanken gemacht hat. Hätte er es getan, dann hätte ich schon mal was gehört darüber, wie er denn das Problem, das wir etwa in Berlin haben, lösen will: 30 000 arbeitslose deutsche Bauarbeiter, gleichzeitig 30 000 zum Teil illegal, jedenfalls aber zu Dumping-Löhnen Beschäftigte. Wenn dies in anderen Bereichen ebenso eintrifft, dann sehe ich ernsthaft Probleme für die Legitimation Europas. Wir müssen aufpassen, daß das Europa eines wird, zu dem die Menschen, um die es letztlich geht, die deutschen Arbeitnehmerinnen und Arbeitnehmer, ja sagen können. Und zwar deshalb ja sagen können, weil sie nicht Angst haben müssen, daß sie mit Lohndumping, mit Sozialdumping kaputt konkurriert werden. Wie also geht man damit um, wenn man, was ich für richtig halte, über Osterweiterung nachdenkt? Welche Folgen hat das für die Landwirtschaft in Deutschland? Wie schafft man es eigentlich, Größe im wahrsten Sinne des Wortes zu kontrollieren? In Brüssel ist eine Bürokratie entstanden, die mit ihren Regelungen in die Lebensverhältnisse von Menschen massiv eingreift, ohne daß sie hinreichend demokratisch kontrolliert wäre. Da tauchen Legitimationsprobleme auf, die es zu lösen gilt. Das wird eine harte Arbeit, in der übrigens auch innerhalb Europas Interessenunterschiede deutlich werden, die noch angeglichen werden müssen.

Heißt das auch, daß Sie in Ihrer Europapolitik versuchen würden, so etwas wie verbindlich soziale, ökologische Standards als einheitliche Rahmenbedingungen für die nationalen Volkswirtschaften festzulegen?

Ja sicher, das ist die Folge der Euro-Entscheidung. Wir brauchen auf der einen Seite Harmonisierung, etwa bei den Steuern, etwa bei den ökologischen Standards, also bei allem, was die Wettbewerbsfähigkeit bestimmt, was die Rahmenbedingungen von Wirtschaft bestimmt. Und zum anderen brauchen wir Mindeststandards im Sozialen, damit das, was ich am Beispiel polnischer Bauarbeiter beschrieben habe, eben nicht passiert. Diese Mindeststandards müssen erkämpft und durchgesetzt werden.

Sie haben sich nie gegen, aber immer skeptisch gegenüber dem Euro ausgesprochen. – Wie wollen Sie denn die auch in der Bevölkerung vorhandene Euroskepsis überwinden?

Man kann das nur, indem man die Bedingungen dafür schafft, daß der Euro ein Erfolg wird. Ich glaube, das einzige, was die Bevölkerung versöhnt mit dieser Entscheidung, ist Erfolg – das ist die Aufgabe, die jetzt ansteht.

Sie haben einmal gesagt, Kohl wolle uns weismachen, wir brauchen den Euro zur Bewältigung unserer Vergangenheit. Ich will nicht länger über den Euro reden, möchte Sie aber fragen: Welchen Stellenwert hätte die deutsche Vergangenheit in der Außenpolitik eines Kanzlers Schröder?

Unterschiedlich. In den Beziehungen zu Israel spielt natürlich die Geschichte eine viel aktuellere Rolle als in den Beziehungen zu einem ostasiatischen Staat oder südamerikanischen Staat. Und von daher denke ich, daß man, bezogen etwa auf das deutsche Verhältnis zu Israel, viel sensibler mit der Geschichte umgehen muß als in anderen Beziehungen. Denn Holocaust hat natürlich Auswirkungen, wird sie immer haben, auf die politischen Beziehungen, die es zwischen Deutschen und Juden gibt. Wenn man das mal auf das deutsch-französische Verhältnis bezieht, das ja in doppelter Weise interessant ist, bilateral, aber auch in seiner Bedeutung für Europa, dann möchte ich sagen, daß wir dort eine Schwerpunktverlagerung brauchen. Ich habe großen Respekt vor denen – Helmut Kohl gehört dazu –, die die deutsch-französischen Beziehungen nicht nur als Motor für Europa betrachten, sondern vor allem unter dem Blickwinkel der Versöhnung. Aber ich glaube, es wird immer schwieriger, meiner Generation und denen, die danach kommen, diesen Blickwinkel klarzumachen. Wir müssen mehr und mehr Perspektive in diese Beziehung bringen. Wenn man mit Franzosen darüber redet, sehen die dies ebenso. Sie wünschen sich ein selbstbewußtes Deutschland als Partner. Eines, das sich seiner eigenen nationalen Identität sicherer ist, als wir das gegenwärtig sind, und das auch durchaus nationale Interessen erkennt und formuliert. Die Bereitschaft, deutsches Selbstbewußtsein – nicht Überheblichkeit – als etwas ähnlich Selbstverständliches hinzunehmen wie das eigene nationale Selbstbewußtsein in Frankreich, in England, in anderen europäischen Ländern, ist größer, als wir gelegentlich denken. Und diese Unbefangenheit, nicht Geschichtslosigkeit, wird die Diskussionen verändern, wird sie auch leichter machen.

Manche fürchten ja bei jemandem, der so die Wirtschaft in den Mittelpunkt seines politischen Handelns stellt wie Sie, Außenpolitik könnte zur reinen Außenwirtschaftspolitik verkümmern. Nun gibt's ja ein klassisches Spannungsfeld, zwischen wirtschaftlichen Interessen in der Außenpolitik und beispielsweise Menschenrechtsfragen. – Wo wäre denn da Ihre Linie?

Dies ist nur von Fall zu Fall zu entscheiden. Wir haben ja Erfahrungen damit gemacht, wie sehr das Verfolgen wirtschaftlicher Interessen in den Ländern, mit denen man das betreibt, Offenheit erzwingt. Die Entspannungspolitik ist die Geschichte einer Außenpolitik, die Demokratie und Menschenrechte über wirtschaftlichen Austausch erzwungen hat. Und der Niedergang des Kommunismus ist undenkbar ohne wirtschaftlichen Austausch und die damit erkämpften und damit verbundenen Freiheitsgrade, die notwendig waren, um diesen wirtschaftlichen Austausch von beiden Seiten her zu ermöglichen. Ähnliches ist heute in China festzustellen. China muß heute sehr viel stärker auf westliche, auf kulturelle Einflüsse reagieren, als es das vor 20 Jahren mußte. Das hat etwas zu tun mit dem erreichten Stand der Verflechtung der Weltwirtschaft. Und insofern glaube ich sagen zu können, Außenpolitik ist nicht nur, aber eben auch Außenwirtschaftspolitik. Das ist erstens legitime Interessenvertretung, zweitens hat es Auswirkungen auf die Felder klassischer Außenpolitik. Deutschland kann durchaus eine Schwerpunktverlagerung hin zu mehr Außenwirtschaftspolitik gebrauchen. Nicht zuletzt deswegen, weil die wichtigsten Konkurrenten auf den Weltmärkten sich in dieser Frage viel unbefangener verhalten wie wir. Wenn sie die Entschiedenheit ansehen, mit der die Amerikaner ihre Wirtschaft auf allen Märkten der Welt unterstützen, die gewaltige Power, die sie politisch haben, dann kriegt man ein Bild davon, daß allzu große Zurückhaltung letztlich nicht im Interesse unserer Menschen liegt.

Bleiben wir einmal bei Ihrem Lieblingsthema, der Wirtschaft: Das Wirtschaftsprogramm der SPD, hat der Ihnen ja wohlgesonnene Unternehmensberater Roland Berger gesagt, sei so etwas wie ein Kompromiß zwischen den Überzeugungen des Gerhard Schröder und Teilen der SPD. – Haben Sie Ihre wirtschaftspolitischen Vorstellungen auf dem Weg zur Kanzlerkandidatur verwässert?

Nein. Ein wirtschaftspolitisches Konzept, das die SPD für richtig hält, muß notwendig kompromißhaft sein, nämlich ein Kompromiß sein zwischen Effizienz in der Wirtschaft, Modernität und sozialer Gerechtigkeit. Und das muß bereits bei der Formulierung des Programmes deutlich werden. Das heißt, die SPD kann gar kein Programm formulieren, das nur angebotsorientiert wäre. Wir können uns nicht nur die Kostenstrukturen der Wirtschaft anschauen, sondern müssen immer auch die Nachfrageseite sehen. Übrigens ist das auch wirtschaftspolitisch vernünftig, wenn man sich mal die realisierten Programme erfolgreicher Wirtschaftsgesellschaften, wie etwa der Niederländer, aber auch der Amerikaner, anschaut. Die haben eine Wirtschaftspolitik – Geldpolitik eingeschlossen – betrieben, die sorgsam und sehr pragmatisch ein vernünftiges Verhältnis zwischen Angebots- und Nachfrageorientierung versucht hat. Die Zeit der Friedman-Boys (gemeint ist der Wirtschaftswissenschaftler Milton Friedman, d. Verf.) ist ja in der praktischen amerikanischen Politik und auch in jenen europäischen Ländern, die wirtschaftlich besonders erfolgreich sind, längst vorbei. Insoweit denke ich, daß der Vorwurf des Kompromißhaften oder besser, des Ausgleichs zwischen Angebots- und Nachfrageorientierung, kein Vorwurf, sondern ein Vorzug ist.

Wenn man Ihre Wirtschaftspolitik als Mischung aus klassischen sozialdemokratischen Ansätzen – etwa im Bereich der Technologie-, Bildungs- und Sozialpolitik – einerseits und neoliberalen Versatzstücken andererseits bezeichnen würde, würden Sie sagen, das trifft zu?

Es gibt angebotsorientierte Vorstellungen in unserem Konzept, etwa bei der Kostenentlastung vor allem kleiner und mittlerer Unternehmen. Ich würde das aber nicht neoliberal nennen. Wir suchen ein pragmatisches Verhältnis zwischen Angebotsorientierung und Nachfrageorientierung. Und ansonsten werden wir von Fall zu Fall entscheiden, was in der jeweiligen Situation zu tun ist. Das ist hochgradig vernünftig. Daß es bei jedem Programm, das so umfangreich ist wie das Wahlprogramm der SPD, auch Formulierungen gibt, denen man sich, rational betrachtet, weniger nah fühlt als anderen, das ist ja auch klar.

Betrachtet man die Aufgaben, die wirtschaftspolitisch anstehen, dann sind das – ich will das nur mal in Schlagworten nennen – viele, die in einem Spannungsverhältnis zueinander stehen: Staatsquote reduzieren, Steuern senken, den Faktor Arbeit billiger machen und die Sozialsysteme finanzierbar erhalten. Dagegen ist die Quadratur des Kreises doch ein bißchen was für Anfänger?

Das ist richtig. Aber wenn's leichter wäre, könnte es ja auch ein anderer machen.

III
Anhang

Stimmen über Gerhard Schröder
Pressestimmen zum Kanzlerkandidaten

»Viele SPDler würden lieber eine Woche mehr garantierten Urlaub wählen als ein Jahr in der Regierung. Herr Schröder ist dieser Partei verpflichtet, sie wird seine Fessel sein. Er braucht seinen Vorsitzenden, Oskar Lafontaine, um Einigkeit zu verbreiten. Der letztere wird Deutschlands geheimer Herrscher sein, wenn Herr Schröder zum Kanzler aufsteigt.«
The Times, London

»In der Tat: Schröder ist kein Blair, aber eine Art deutscher Wim Kok könnte er durchaus werden. ... ohne Zweifel wird Schröder auf den Widerstand der Traditionalisten und Parteilinken stoßen. Aber: Die destruktiven Energien dieser Kohorte sind weitgehend erloschen, sind nur noch ein matter Abglanz jener wütenden innerparteilichen Opposition, die Helmut Schmidt das Leben als Kanzler noch bitter schwer machte. ... Und eine stürmische Emanzipationsbewegung ist in der Sozialdemokratie nirgendwo zu entdecken. Das macht die Partei zwar ziemlich langweilig, aber es macht jedem sozialdemokratischen Kanzler das Regieren unendlich viel leichter.«
Die Woche, Hamburg

»Schröder will keine radikalen Veränderungen in Deutschland, er will offensichtlich einfach der bessere, moderne Kohl sein, ein Bundeskanzler, der agil, kompromißbereit und durchsetzungsfähig ist. Schröder kann das erreichen, was Tony Blair in Großbritannien oder Bill Clinton in den USA so gut gelungen ist. Sie schafften es, versteinerte Strukturen und Rituale aufzubrechen, die vorher vom Volk zwar mit Unbehagen, aber quasi gottgegeben hingenommen wurden. Und beide werden von einer Woge der Sympathie im Land getragen, die Widerspruch von vornherein ausschließt. Schröder ist auf dem besten Weg dorthin.«
Der Standard, Wien

»Denen es in der Politik um ›Wahrheit‹ geht, muß Schröder in seinem Wankelmut und seiner Lust an der Übertretung linker Sprachtabus eine Qual sein. Die innerparteiliche Sicht auf Schröder hat mit dem öffentlichen Urteil über ihn kaum noch zu tun. Andererseits wurde er außerhalb der SPD gerade wegen seiner Nicht-Zugehörigkeit interessant – weil er kein Astronaut im Raumschiff Bonn war und kein Parteiorthodoxer ist.«
Frankfurter Rundschau

»Schröder wäre ein Kanzler auf Bewährung: Matador oder Marionette? Das wird sich bei der ersten Krise einer SPD-geführten Bundesregierung zeigen – wenn Schröder sie meistert, hat er Lafontaines Lizenz zum Regieren. ›Ein Kanzler bewährt sich nicht im Wahlsieg, sondern in der Krise‹, lautet das Credo der Schröder-Skeptiker.«
Focus, München

»Wenn Herr Schröder einem anderen Kandidaten gleicht, dann ist es am ehesten Bill Clinton im Jahr 1992 mit sei-

ner diffusen Links-von-der-Mitte-Botschaft und der Überzeugung, den Widersacher als einen Mann abzustempeln, der seinem Land gut gedient hat, aber jetzt müde, unbeweglich und abgehoben ist.«
International Herald Tribune, New York/Washington

»(Schröder) kann auf seine Popularitätswerte in den Umfragen hinweisen und darauf, daß er in Niedersachsen, bei einer Wahl, von der jedermann wußte, daß es nicht nur um den Ministerpräsidenten in Hannover ging, mit plebiszitärem Öl gesalbt wurde. Außerdem lebt Schröder nicht nur seit Jahren gut damit, daß er auf Distanz zu den ›Gremien‹ der SPD hält; sein Ansehen beruht auch darauf, daß er in der Öffentlichkeit nicht nur als ›Parteimann‹ gilt. Es könnte paradoxerweise dahin kommen, daß dosierte Reibungen zwischen der Partei und ihrem Kandidaten sowohl dem Kandidaten als auch der Partei nützen.«
Frankfurter Allgemeine Zeitung

»Der Stefan Effenberg der Sozialdemokratie.«
Der Spiegel, Hamburg

»Wie kein zweiter in der deutschen Politik verbindet Schröder Sein und Schein zu einer schlagkräftigen Rezeptur im Kampf um die Macht.«
Neue Zürcher Zeitung

»So klar wie möglich oder aber so unklar wie möglich? Gerhard Schröder zieht letzteres vor. Er weiß um den Wunsch der Deutschen nach einem Wechsel in Bonn. … Ergo ist Schröder lieber kantig als konkret: So gewinnt man einen ›emotionalen‹ Wahlkampf, und so ignoriert man jene leidigen Bürger, die es genau wissen möchten, weil sie noch immer zum Rationalen neigen; zu jenem

Störgeist der Aufklärung, aus dem die heutigen Demokratien hervorgegangen sind.«
Die Zeit, Hamburg

»Gerhard Schröder ist ein UFO, das am Sonntag abend am Himmel der europäischen Linken einschwebte. Wenn er Kanzler würde, wäre sein niedersächsisches und protestantisches Deutschland gewiß ein anderes als jenes rheinische und katholische von Helmut Kohl. Das Europa Schröders wäre nicht mehr jenes französisch-deutsche, sondern hätte auch ein britisches Ufer.«
Corriere della Sera, Mailand

»Schröder sprach sich strikt gegen neue Formen der Besteuerung von Spekulationsgewinnen aus. Er befürchte, daß eine Spekulationssteuer zu ›massiver Kapitalflucht‹ führen werde. ... Der SPD-Politiker verwies darauf, daß im Falle einer Einführung der Spekulationsabgabe zugleich eine ›Steuererhöhungsabgabe vom Zaun gebrochen‹ werde. ›Das können wir nicht brauchen.‹ Die Sozialdemokraten seien gerade dabei, Wege zu finden, ›um insbesondere die kleinen und mittleren Unternehmen, die Handwerker, von zu hohen Belastungen zu entlasten.‹ «
Handelsblatt, Düsseldorf

»Gerhard Schröder antwortete 1992, als er noch nicht mal den Kandidaten spielen durfte und auch sonst nicht wirklich ein Gewinner war, auf die Frage nach seinem liebsten Popsong: ››In the Ghetto‹ – weil das der beste Song von Elvis ist.‹ Inzwischen sieht der Mann wie ein Sieger aus und braucht nicht den Elvis von Hannover zu spielen, obwohl er die Frisur und die Figur dazu hätte.«
Süddeutsche Zeitung, München

Freund und Feind mit Lob und Kritik

»Mit Gerhard Schröder wird es so sein, wie wenn Sie einen Aal fangen – den festzuhalten ist sehr schwierig.«
Helmut Kohl, CDU

»Der bisher charakterloseste Herausforderer.«
Helmut Kohl, CDU

»Schröder ist ein jüngerer, modernerer Kohl.«
Gregor Gysi, PDS

»Ein ›political animal‹, wie es in dieser Republik bisher noch kein halbes Dutzend gegeben hat, und ein mutiges dazu. ... Ganz so schlecht kann es um die deutsche Demokratie doch nicht bestellt sein, wenn ein so machtbewußter, wohl auch machthungriger und überdies blitzgescheiter Vollblutpolitiker darin lernt, auf den Diskurs zu setzen.«
Erhard Eppler, SPD, 1993

»... ich weiß nicht, ob ich heute noch für Schröder werben würde. An seiner Begabung zweifele ich nach wie vor nicht. Aber ein sozialdemokratischer Politiker, bei dem man nicht weiß, wofür er morgen und erst recht übermorgen steht, wird auf Dauer nicht erfolgreich sein.«
Erhard Eppler, SPD, 1996

»Bei Gerhard Schröder bin ich mir sicher, daß er die Macht will. Wofür er sie dann jeweils nutzt, ist nicht so sicher.«
Hans-Jochen Vogel, SPD-Ehrenvorsitzender, 1996

»Jedermann weiß, daß zum Politiker auch Leidenschaft gehört, auch das Streben nach Geltung und nach Macht! Wenn aber diese Kräfte sich im Gleichgewicht paaren mit den unverzichtbaren Tugenden, mit dem Bewußtsein der Grundwerte und mit dem Bewußtsein der eigenen Verantwortung; wenn außerdem eine große persönliche Ausstrahlung hinzukommt – so wie im Falle Gerhard Schröders –, dann haben wir eine gute Wahl getroffen.«
Helmut Schmidt auf dem Leipziger Parteitag der SPD 1998

»Sie ist, sagte einmal Ella Fitzgerald über Hildegard Knef, ›die größte Sängerin, die keine Stimme hat.‹ Er ist der größte Redner, der nichts zu sagen hat – das aber mit Pathos; kein Naßkämmer der Rede, aber ein gefönter Redner.«
Fritz J. Raddatz, Publizist

»Gott segne Sie, Herr Schröder, ich hoffe, Sie werden Kanzler.«
Erzbischof Desmond Tutu, beim Besuch Schröders in Südafrika 1995

»Gerhard Schröder wird Bundeskanzler, und Helmut Kohl tritt in bestem Trappatoni-Deutsch vor die Kameras und sagt: ›Haben regiert wie Flaschen leer, haben fertig, das war's‹.«
Oskar Lafontaine

»Gerhard Schröder träumt von der Kanzler-Kandidatur. Das ist ein Fortschritt für die SPD, denn Rudolf Scharping träumte während der Kanzlerkandidatur.«
RTL Samstag Nacht, 1997

»Das verlogenste und das hinterhältigste Arschloch in der deutschen Politik.«
Patrick Döring, FDP (Junge Liberale). Er entschuldigte sich für die Äußerung offiziell bei Schröder und nannte ihn dann einen »ehrenwerten Mann«.

»Gerhard Schröder hat die Kraft der zwei Zungen – vor den Gewerkschaften redet er links, vor den Unternehmern redet er rechts.«
Andreas Schmidt, CDU

»Der Unterschied zwischen unseren Währungsreserven und Gerhard Schröder von der SPD besteht darin, daß die Währungsreserven unterbewertet, Gerhard Schröder dagegen total überbewertet ist.«
Andreas Schmidt, CDU

»Eine Zigarre allein macht noch keinen Ludwig Erhard.«
Wolfgang Schäuble, CDU

»Gerhard Schröder betreibt eine Kraut-und-Rüben-Politik, deren programmatischer und konzeptioneller Gehalt nur schwer auszumachen ist.«
Wolfgang Gerhardt, FDP

»Wenn die Mehrheit es morgen erfordert, daß er sich zu Kaiser Wilhelm stilisiert, würde er sich einen wunderbaren Zwirbelbart zulegen. Und wenn es notwendig wäre, als bayerischer König Ludwig II. ins Kanzleramt zu kom-

men, würde er im Starnberger See schwimmen und einen Schwan küssen.«
Joschka Fischer, Bündnis 90/Die Grünen

»Erst Hillu, dann wir.«
Protestrufe von ca. 30 Frauen gegen den Umstand, daß für das 1998er Kabinett Niedersachsens nur noch zwei Ministerinnen ernannt wurden

»Schröder ist der Richard Kimble der deutschen Politik, immer auf der Flucht vor seinen eigenen Aussagen.«
Norbert Blüm, CDU

»Mit einem echten Sozialdemokraten hat er soviel gemein wie ein Chamäleon mit einem Wasserbüffel.«
Theo Waigel, CSU

»Schröder tickt immer auf zwei Ebenen, er ist kühler Rechner und aufgeregtes Kind zugleich.«
Freimut Duve, SPD, 1986

»Abrißbirne sozialdemokratischer Programmatik.«
Andrea Nahles, Juso-Bundesvorsitzende, 1997

»Daß ich mit Gerhard Schröder im persönlichen Umgang keine Probleme habe, ist gut. Aber Freundschaft, das bewegt sich doch auf einer ganz anderen Ebene. Dazu gehört eine grundsätzliche Übereinstimmung. ... Gerhard Schröder verkörpert eben eine politische Konstellation mit Rotgrün, die in vielen Dingen konträr zu meiner liegt.«
Edmund Stoiber, CSU

»Sieger kann man nicht aufhalten.«
Wolfgang Thierse, SPD

Zeittafel

7. April 1944
Geburt von Gerhard Fritz Kurt Schröder in Mossenberg bei Detmold

Oktober 1963
Eintritt in die SPD

1964
Mittlere Reife im erweiterten Bildungsweg in Göttingen

1966
Abitur am Westfalen-Kolleg in Bielefeld

Winter 1966/1967
Beginn des Studiums der Rechtswissenschaften in Göttingen

1968
Heirat mit Eva Schubach

1969
Wahl zum Vorsitzenden der Jusos in Göttingen

1971
Wahl zum Vorsitzenden der Jusos im Bezirk Hannover
Erstes juristisches Staatsexamen

1972
Heirat mit Anne Taschenmacher

1976
Zweites Staatsexamen und Eintritt in die Kanzlei Holtfort, in der Schröder zuvor als Referendar gearbeitet hatte

11. Februar 1978
Bundeskongreß der Jusos in Hofheim. Schröder wird zum Vorsitzenden gewählt

1978
Gründung einer Rechtsanwaltskanzlei in Hannover, zusammen mit Hela Rischmüller-Pörtner und Dietrich Buschmann

1. April 1979
Bundeskongreß der Jusos in Aschaffenburg, Wiederwahl Schröders zum Bundesvorsitzenden

5.10.1980
Einzug in den Bundestag als Abgeordneter des Wahlkreises Hannover Land 1

6. März 1983
Erneuter Einzug in den Bundestag über die niedersächsische Landesliste

1984
Heirat mit Hiltrud Hampel

15. Juni 1986
Wahl zum niedersächsischen Landtag.
Schröder unterliegt als SPD-Spitzenkandidat dem amtierenden Ministerpräsidenten Ernst Albrecht

19. Juni 1986
Wahl zum Oppositionsführer im niedersächsischen Landtag. Niederlegung des Bundestagsmandats

28. August 1986
Schröder wird auf dem SPD-Parteitag in Nürnberg erstmals zum Mitglied des Parteivorstandes gewählt

13. Mai 1990
Wahl zum niedersächsischen Landtag. Die SPD wird mit 44,2 Prozent stärkste Partei

21. Juni 1990
Schröder wird Ministerpräsident Niedersachsens an der Spitze einer rot-grünen Koalition

13. Juni 1993
SPD-Mitgliederbefragung über den neuen Parteivorsitzenden. Schröder (33,2 Prozent) unterliegt Rudolf Scharping (40,3). Heidemarie Wieczorek-Zeul wird Dritte (26,5)

13. März 1994
Wahl zum niedersächsischen Landtag. Schröder erreicht mit der SPD die absolute Mehrheit der Mandate und wird Regierungschef einer reinen SPD-Regierung

16. Juni 1994
Schröder wird Landesvorsitzender der niedersächsischen SPD

August 1994
Schröder wird Mitglied im Schattenkabinett des SPD-Kanzlerkandidaten Rudolf Scharping. Er ist als Minister für Wirtschaft, Verkehr und Energie vorgesehen

16. Oktober 1994
Bundestagswahl. Die SPD unter Spitzenkandiat Rudolf Scharping verliert. Schröder bleibt in Hannover

1997
Heirat mit Doris Köpf

1. März 1998
Wahl zum niedersächsischen Landtag. Schröder gewinnt erneut die absolute Mehrheit für die SPD. Er wird vom SPD-Parteivorsitzenden Oskar Lafontaine zum Kanzlerkandidaten der SPD vorgeschlagen

17. April 1998
Auf dem SPD-Wahlparteitag in Leipzig wird Gerhard Schröder mit 93,4 Prozent der Stimmen offiziell zum Kanzlerkandidaten der SPD gewählt

Bibliographie

Anda, Béla und Rolf Kleine: Gerhard Schröder. Eine Biographie. Akt. und erw. Aufl. Berlin 1998

Baring, Arnulf: Machtwechsel. Die Ära Brandt-Scheel. Stuttgart 1982

Busche, Jürgen: Helmut Kohl. Anatomie eines Erfolgs. Berlin 1998

Brandt, Willy: Erinnerungen. Frankfurt 1990

Carr, Jonathan: Helmut Schmidt. 4.Aufl. Düsseldorf und Wien 1985

Dönhoff, Marion Gräfin: Von Gestern nach Übermorgen. Zur Geschichte der Bundesrepublik Deutschland. Hamburg 1981

Dreher, Klaus: Helmut Kohl. Leben mit Macht. Stuttgart 1998

Fischer, Joschka: Für einen neuen Gesellschaftsvertrag. Eine politische Antwort auf die globale Revolution. Köln 1998

Gatter, Peter: Gerhard Schröder. Der Herausforderer im Gespräch mit Peter Gatter. München 1986

Gauland, Alexander: Helmut Kohl. Ein Prinzip. Berlin 1993

Glaser, Hermann: Kleine Kulturgeschichte der Bundesrepublik Deutschland 1945-1989. 2.Aufl. Bonn 1991

Großkopff, Rudolf: Der Zorn des Kanzlers. Gefühle in der Politik. Bonn 1995

Lafontaine, Oskar und Christa Müller: Keine Angst vor der Globalisierung. Wohlstand und Arbeit für alle. Bonn 1998

Lafontaine, Oskar und Gerhard Schröder (Hg.): Innovationen für Deutschland. Göttingen 1998

Merseburger, Peter: Der schwierige Deutsche. Kurt Schumacher. 2.Aufl. Stuttgart 1995

Roß, Jan: Die neuen Staatsfeinde. Was für eine Republik wollen Schröder, Henkel, Westerwelle und Co? Eine Streitschrift gegen den Vulgärliberalismus. Berlin 1998

Rovan, Joseph: Geschichte der deutschen Sozialdemokratie. Frankfurt 1980

Scharping, Rudolf: Was jetzt zu tun ist. München, Zürich 1994

Schmidt, Helmut: Weggefährten. Erinnerungen und Reflexionen. Berlin 1996

Schröder, Gerhard: Reifeprüfung. Reformpolitik am Ende des Jahrhunderts. Mit Reinhard Hesse. Köln 1993

Schröder, Hiltrud: Auf eigenen Füßen. Akt. Aufl. München 1997

Sontheimer, Kurt: Das Elend unserer Intellektuellen. Linke Theorie in der Bundesrepublik Deutschland. Hamburg 1976

Streich, Jürgen: Monika Griefahn. Politik, Positionen, Perspektiven. Köln 1977.

Unger, Frank, Andreas Wehr und Karen Schönwälder: New Democrats, New Labour, Neue Sozialdemokraten. Berlin 1998

Personenregister